教育部人文社会科学规划一般项目"社会性别视角研究"（项目编号：11YJA880044）的最终成果

社会性别视角下瑶族女童教育研究

雷湘竹　著

科学出版社

北　京

内 容 简 介

在两性教育公平中，女童教育备受人们关注。由于受历史与现实的制约，瑶族女童教育至今仍处于极为弱势的境地。

本书主要通过社会性别的视角，考察瑶族女童学校教育的状况，分析瑶族女童学业自我的特点和心理发展的水平，结合女性主义观点和交叉性理论工具，深入剖析阻碍瑶族女童获得公平发展的诸多因素。在追求瑶族女童教育公平、提升瑶族女童生命质量的目标展望中，从宏观、中观、微观三个层面提供了政策建议和行动策略。

本书可供民族教育工作者、中小学教师及高等院校民族学、女性学专业的师生阅读，也可以供相关研究人员参考。

图书在版编目（CIP）数据

社会性别视角下瑶族女童教育研究 / 雷湘竹著. —北京：科学出版社，2018.5

ISBN 978-7-03-055621-9

Ⅰ. ①社⋯　Ⅱ. ①雷⋯　Ⅲ. ①瑶族-女性-少数民族教育-儿童教育-研究-中国　Ⅳ. ①G759.2

中国版本图书馆 CIP 数据核字（2017）第 288588 号

责任编辑：乔宇尚 / 责任校对：何艳萍
责任印制：张欣秀 / 封面设计：润一设计
编辑部电话：010-64033934
E-mail：edu_psy@mail.sciencep.com

科 学 出 版 社 出版
北京东黄城根北街 16 号
邮政编码：100717
http://www.sciencep.com
北京建宏印刷有限公司 印刷
科学出版社发行　各地新华书店经销

*

2018 年 5 月第 一 版　开本：720×1000　B5
2018 年 5 月第一次印刷　印张：17 1/4
字数：300 000
定价：**99.00 元**
（如有印装质量问题，我社负责调换）

序　言

　　性别平等是当今社会的热点问题，也是亟待解决的问题之一。随着我国社会的发展和进步，女性的地位有了很大的提高，男女平等在许多方面有所体现。但作为一项基本国策，与环境保护、对外开放等其他国策相比，男女平等尚未得到切实的贯彻执行。社会上仍存在男女不平等、不能公正对待女性的现象，影响着社会的公平与和谐。

　　我国教育领域在实现男女两性平等方面，无疑取得了历史性的成就。然而，对于两性教育公平，我国在实践中推进的着眼点一般限于男女入学机会的平等，对教育过程、学业成就、教育结果方面的性别平等，事实上关注不够。长期以来实行的对男女童无性别差异的教育，表面上看有助于女童平等参与学校生活、公平获得全面发展，实质上由于客观存在的社会性别偏见、性别刻板印象及潜在的女童发展障碍，反而强化了女童受教育缺损的现实，导致女童在学校教育的内外环境、资源分配与使用、教育过程与结果等方面，与男童存在着不少的差距。具体到瑶族山区女童身上尤其如此。

　　瑶族是我国人口较多的少数民族，聚居在我国华南与西南的山区，尤其以广西境内为主要聚居地。瑶族有着自身独特的发展历史和传统文化。比较而言，瑶族地区经济发展相对落后，教育发展较为困难，其中女性的文盲率较高，女童的义务教育巩固率、升学率较低。长期以来，人们往往将瑶族教育特别是女童教育发展落后的原因归结为家庭贫困。深入研究发现，经济因素固然制约着民族教育的发展，但对于瑶族女童教育而言，社会性别文化的影响似乎更为关键。

《社会性别视角下瑶族女童教育研究》一书，描述了瑶族教育历史、瑶族性别文化，梳理了我国改革开放以来瑶族女童教育发展的历程，考察了瑶族女童学校生活的状态、学业自我的特点、心理发展的水平，着重从社会性别视角，辅以交叉性理论工具，对影响瑶族女童教育与成长的家庭、学校、教师、女童自身及城乡、阶层、民族身份等因素进行深入的剖析和思考。

该书关注瑶族女童主体学校教育经验，倾听女童主体声音。作者采取质性研究与量化研究相结合的方法，既关注瑶族女童群体学校生活状况、心理发展水平，更关注女童个体在学校教育中的情感体验和经验差异，并通过女童主体的声音和话语，探寻瑶族女童学校教育的发展需求，进而从女童的本体经验中揭示影响瑶族女童教育机会、过程与质量公平的内部和外部因素。在此基础上，从宏观、中观、微观三个层面提出促进瑶族女童教育公平、提升瑶族女童生命质量的政策建议和行动策略。

该书作者雷湘竹大学本科在广西师范大学学习，获教育学学士学位，之后在中山大学教育学院深造，获法学硕士学位。她曾在华南师范大学心理学系做高级访问学者，参加密歇根大学与复旦大学联合举办的社会性别学博士课程班学习。近两年在广西民族大学攻读博士学位，研究方向为民族教育学，我担任她的指导教师。多年来，雷湘竹以自身的知识背景、学术涵养和专业态度，从关注学前教育、学生心理健康教育、农村女童教育，到研究民族教育、瑶族女童教育，一路走来取得了丰硕的成果。

雷湘竹是一个勤学、好思、笃行的研究者。为了研究瑶族女童教育，她查阅、学习了大量的政策法规和学术文献，对有关问题作了初步思考和论证，同时克服诸多困难，多次深入广西瑶族聚居山区开展调研，每次少则三五天，多则半个月，吃住在乡镇或学校，与瑶区学校的师生共同生活，融入他们当中，用心感受，了解与瑶族女童教育关系密切的性别文化及相关因素,把握其影响机理和作用大小。通过田野考察和实证研究,她不仅收集了大量的第一手资料,同时与瑶族师生、女童甚至家长建立了深厚的感情。

　　该书是雷湘竹在教育人类学研究方面的第一本专著,接下来她的博士论文将围绕瑶族婚育文化与学校教育的关系展开,在研究的关注点上更加集中和细微。我相信有了开阔的视野和广博的基础,加上潜心学术,持续开展深入的研究,她将来定会有更高水平的成果奉献出来。希望她能够保持勤学好思、探索创新的精神,继续深入民族地区教育实践,关注教育改革与发展中的现实问题,更好地发挥学术研究对社会发展的促进作用。

钟海青

2017 年 7 月 5 日于南宁

序言

绪　论

　　第一次接触瑶族学生是在 2007 年 12 月，那时笔者参与了中英西南基础教育项目（简称"中英项目"）研究。当时广西的项目县共有 6 个，其中边境县 1 个——那坡县。该县绝大多数人口是壮族，少部分乡镇有一些瑶族村屯也纳入基线调研范围。笔者随着县教育局两名干部，坐车跑了三个多小时山路，到一个瑶族村屯教学点。那是半山腰的两间教室，有一名男教师和 1～3 年级的 30 多名学生，学生的年龄在 6～13 岁之间；教师是壮族人，年龄在 50 岁左右，能说一点瑶话。这些瑶族孩子平时很少见到外乡人，对调研团队既好奇，又十分害羞腼腆。在观察与听课中，笔者看到孩子们大多面色黑黄，头发散乱，衣服单薄，课间活蹦乱跳，课上半懂不懂，作业常被打叉，古诗背不上几句，不禁有些揪心和感叹。

　　离开教学点，调研组去了乡里的中心校。该校也有相当一部分瑶族学生，孩子们的着装也差不多，宿舍是两个人共一个床铺，深冬的季节，只有一张席子和一床被子。孩子们每餐吃的都是自己从家里带的米和黄豆，学校用蒸柜帮大家蒸熟。大多数孩子都是半盒饭、半盒黄豆汤。多数孩子还从家里带一瓶辣椒酱到学校，每餐用一大勺子的辣椒酱来送饭。看到孩子们在长身体的时候只能勉强填饱肚子，笔者心里很不是滋味。然而表面上看起来，孩子们对自己的生活却是十分满足，脸上没有半点忧伤。这是笔者第一次深入边远山区瑶族孩子所在的学校，其实也是笔者第一次在学校接触除壮族以外的本土少数民族学生。当时触动较大，孩子们艰苦的生活条件及特别质朴的样子令笔者至今记忆犹新。

　　第二次了解瑶族孩子受教育情况是 2008 年 5 月，笔者到那坡县一所乡村中学参加项目工作现场会。这所学校里主要是壮族学生和少数瑶族学生，吃午饭时笔者注意到有几个男生离大伙比较远，静静地在操场一角吃饭。笔者问陪同的老师，回答说他们是瑶族孩子，比较内向，不太合群。问起瑶族女生，老师说很少有瑶族女生来读初中。这一回答令笔者既费解，又难过。

回到南宁后，笔者开始查阅瑶族学生受教育的资料，并向研究瑶族的民族学教授请教，从中了解到山区瑶族儿童受教育情况还很不理想。瑶族女童则更为突出，相当多的女生在小学高年级就辍学了，甚至在 20 世纪 90 年代初，一些瑶族地区小学还有纯男生班，因为当地没有一个女孩上学读书。

那两年，笔者正好在复旦大学与密歇根大学合作举办的社会性别学博士课程班学习，对于性别议题较为敏感，并逐步意识到，经济困难固然是影响教育发展的重要因素，但绝不是唯一的因素。在同样艰难的条件下，瑶族家庭为了送男孩子读书可以克服很多困难，为什么女孩就没有机会读书？其实质定是性别的不平等，说明在瑶族的传统文化中不平等的性别观念仍有着很大的影响。

当然，性别不平等问题并非某一个民族独有，它是一个世界性的问题。就我国而言，从宏观数据上看，女性无论是受教育年限，还是在高等教育中所占比例都在不断提高。1990 年我国男女两性人均受教育程度差异为 1.9 年，到 2000 年差异为 1.3 年，到 2010 年差距下降为 0.8 年，这说明两性受教育程度差距不断缩小。[1]在接受高等教育比例上，1980 年我国高校中女生所占比重仅为 23.4%，到 2015 年该比重上升到了 53.08%。[2]

宏观数据显示，我国男女两性受教育情况差距似乎已不大。这是否意味着人们性别观念的改变，在送男孩子和送女孩子读书方面没有差别了呢？易翠枝博士根据 1980—2004 年高校女生占比与人均 GDP 的协整分析发现，我国在城市严格执行的独生子女政策对高等教育中女生比例的增加有显著影响，它使得高校女生比例的极限值提高了 20 个百分点。由此她判断：从宏观数据看到的女性教育投资的大幅增加和教育性别差异的缩小，可能并不是人们观念转变的结果，而是被独生子女政策所导致的城市家庭对女孩的强制性教育投资所掩盖，从而导致人们忽视在农村地区还严重存在的教育性别差异。[3]

这一研究结论，与相关学者在农村特别是偏远的少数民族地区调查所得数据比较一致，具有较强的说服力。以广西为例，2010 年农村女性平均受教育年限为

---

① 第二期中国妇女社会地位调查课题组. 2001. 第二期中国妇女社会地位抽样调查主要数据报告. 妇女研究论丛，（05）：4-12.

② 中华人民共和国教育部. 各级各类学校女学生数. http：//www.moe.gov.cn/s78/A03/moe_560/jytjsj_2015/2015_qg/201610/t20161012_284506.html

③ 易翠枝. 2007. 独生子女政策对教育性别差异的影响. 经济研究导刊，（04）：189-192.

6.6 年，比城镇女性平均受教育年限 9.5 年相差 2.9 年；[①]6 岁以上人口中，小学文化程度农村女性的比例为 40.7%，城镇仅为 17.9%，而瑶族女性（包含城市）小学文化程度的比例为 50.2%，高出广西农村女性平均水平 10%，加上文盲占 9.6%，两项合计达 59.8%，接近 60%。[②]这些数据还不包括那些没有户口的孩子，在一些偏远的山区，瑶族家庭少则三四个孩子，多则八九个孩子，超生的孩子一般都没有户口，没有户口就没有补助，他们上学就更为困难了。由此可见，广西瑶族女性受教育程度远低于广西农村妇女平均水平。

瑶族内部相比，女童的受教育程度也远低于男童。如，2010 年人口普查数据显示：瑶族 6 岁以上人口中，女性文盲人口占瑶族文盲人口总数的 73.8%，而男性文盲人口仅占 26.2%；瑶族男性初中生与高中生的比例，均高于瑶族女性 15%左右。

目睹差距如此之大的数据，笔者产生了进行瑶族女童教育研究的强烈愿望，希望能为占广西少数民族人口第二位、有着悠久文化传统的民族——瑶族的发展做一些努力，于是在 2011 年申报了教育部人文社会科学规划课题，开展了长期深入的研究。

基于上述事实，本书侧重从性别视角来考察瑶族女童在教育方面处于劣势的原因。从性别视角研究瑶族女童教育，并不是说瑶族在学校教育上存在的性别不平等状况比别的民族更严重或更突出，而是由于相当多的瑶族群众仍生活在大山深处，计划生育政策对其影响相对较小，其特殊的地理位置又使得计划生育检查与落实难度更大，因此女童受教育情况没有因当时的独生子女政策得到改变。加上瑶族传统性别文化的影响，通过性别视角进行研究更能直观地看到影响瑶族女童教育的内外因素。确定了瑶族女童教育研究的主基调后，笔者开始了漫长的研究之旅，在研究中不断深入思考，并运用交叉理论将城乡、阶层、民族等因素结合在一起，丰富了女童教育的理论分析框架。

一、研究思路和方法

1. 研究思路

首先是进行历史研究。分为两个时间段，一是对瑶族的历史特别是教育历史

---

① 广西妇女社会地位调查课题组. 2015. 广西妇女社会地位研究（2000—2010）. 北京：中国妇女出版社：63.

② 该数据根据广西壮族自治区人口普查资料计算得出.

和传统性别文化进行梳理，以便从历史纵深把握一个民族的发展历程及其文化习俗，从而更好地理解瑶族女童教育的历史成因；二是对改革开放以后瑶族女童教育的发展、成就及面临的挑战进行归纳和分析。

其次是开展实地调研。笔者多次深入瑶族聚居区及瑶族学生所在的中小学进行实地调研。主要选取了都安、大化瑶族自治县的布努瑶（包括隆福、板升和雅龙乡），贺州平桂区的尖头瑶和土瑶（公会镇茶坪村、鹅塘镇的明梅村、槽碓村），昭平县的盘瑶（仙回瑶族的茅坪村），富川瑶族自治县的平地瑶（朝东镇石林村），金秀瑶族自治县六巷乡的多个瑶族支系、忠良乡的盘瑶，龙胜各族自治县的红瑶（泗水乡），上思县的花头瑶（南屏乡）及位于边境线上的防城港市的大板瑶（板八村）等瑶族支系为研究对象，其中布努瑶、盘瑶、土瑶、尖头瑶、花头瑶等偏远山区、自然条件较差的瑶族聚居区是本研究的重点。从 2012 年至 2016 年，笔者一方面利用每年的暑假与研究团队到一个瑶族村寨住上 15～20 天，走家串户，观察不同瑶族支系村寨的风俗习惯，与瑶族妇女聊她们的生活体会，了解她们对子女的要求及对教育的态度；与女孩们聊她们对学校的感受、继续上学或不再上学的原因；另一方面在学校开学期间，每年抽出累计一个月的时间，到瑶族孩子所在的各类学校去听课，观察她们的学习与生活，了解她们如何争取来之不易的上学机会，与她们一同感受课堂中或有趣或难熬的时光；也走访瑶族女大学生，听她们讲自己的求学故事，追踪她们成长的经历和动力；访问校长与教师，倾听他们的教学感悟，谈他们对瑶族学生的评价及对瑶族教育的思考。2017 年上半年为补充资料，又到都安、大化等地对之前部分访谈对象进行了追踪调研（图 0-1）。

在五年半时间里，笔者共深入了 10 个乡镇、20 多个村寨、30 多所不同类型的学校（包括教学点、村完小、乡镇中心校、乡镇中学、民族中学、普通高中），访谈人数达 100 余人，对涉及瑶族女童教育的方方面面进行了较为深入的调查研究，与瑶族女童及当地教师、群众及一些公益组织的负责人、志愿者建立了深厚友情。

在进行质性研究的基础上，笔者结合量化研究，对瑶族女童学业自我、个性心理品质、心理健康状态进行问卷测试及统计分析，在一个更广泛的层面上了解瑶族女童总体的学业态度及心理水平。

最后是进行理论分析，运用社会性别理论和交叉性理论来分析瑶族女童教育现状的主要原因，在此基础上探索解决之道，致力于帮助瑶族女童教育走上良性发展之路。

图 0-1　在大化板兰小学参加祝著节欢庆活动

2. 研究方法

在研究方法上，主要运用文献分析、田野调查、问卷调查与统计分析等方法收集文献、资料和数据。在收集和分析材料时注意历史性和共时性相结合、定性与定量相结合。在研究过程中，特别重视走出关闭的书斋，进入开阔的园地，走进少数民族学生的日常生活，不着眼于研究内容的新异性，而是实地观察、捕捉研究对象——普通瑶族女童的学习生活状态、内心情感体验，从社会性别视角对那些"显而易见"的事实进行分析，从"他者"的视角中透析出更丰富、也更真实的世界。

本书大量采用半结构的深度访谈，半结构化的目的是做到事先有所准备，使问题有所聚焦，但同时又是开放的。深度访谈最重要的价值在于能"深入事实的内部"，"深度"了解某事乃至获得关于它的更多的细节知识，了解表面上简单直接的事情在实际生活中如何变得更为复杂。[①]

此外，研究中还使用了实物收集法。本书将实物作为资料来源之一，大量使用了学生的日记、作文和书信。在某种意义上，实物比访谈中受访者使用的语言

---

① 杨善华，孙飞宇. 2005. 作为意义探究的深度访谈. 社会学研究，（5）：53-54.

更有说服力，可以表达一些言语无法表达的思想与情感。而且，实物分析与其他渠道获得的材料可以进行相互补充和检验。

二、核心概念及理论

1. 女童教育

一般是指 6 周岁以上、14 周岁以下的女儿童所应受到的正规教育。依照国际惯例，则是将 18 周岁以下女性所须享受的学校教育统称为女童教育，这是女童在现代社会生存和发展必不可少的基础。[①]女童教育是人权问题、人口问题、妇女问题、民族问题、贫困问题在教育上的综合反映，是妇女解放历史进程中的重要组成部分，也是衡量一个国家或地区社会进步程度的重要标志。

2. 性别文化

性别文化是指"作为文化形态存在着的男女两性生存方式及所创造的物质与精神财富，它包括迄今为止整个人类发展过程中的性别意识、道德观念、理想追求、价值标准、审美情趣、行为方式、风俗习惯等"[②]。它是通过交际而习得的代代相传的关系系统。传统文化中的性别文化，主要是指文化中基于男女性别差异而产生的对女性地位、权利及行为的制度约定及其物化形式。性别文化通过一定历史阶段的社会制度，为生活在其中的女性提供了生存和发展的特定空间和内容，塑造了社会对女性的种种观点，并且以性别差异为基础，赋予或剥夺了女性包括教育在内的各种权利和机会。

3. 社会性别

社会性别，是英文词 gender 的意译，在性别研究中，常常将它与"性"，即 sex 相对比。国内外学术界普遍认为：性（sex）是生物学术语，是指男女两性在生理结构、机能、特征方面与生俱来的生理差异。而社会性别一词，则用来指社会文化形成的对男女差异的理解，以及在社会文化中形成的属于女性或男性的群体特征和行为方式。社会性别关注男女之间由于社会结构性原因所形成的差别，社会性别不仅指个体层次上的认同和个性，而且指结构层次上的在文化预期和模式化预期下的男子气和女子气，社会性别是在社会文化中形成的男女有别的期望特点及行为方

---

① 王舟. 2008. 女童教育研究二十年的回顾与反思——我国教育研究的个案分析. 兰州：西北师范大学硕士学位论文：1.

② 魏国英. 2003. 性别文化的理念建构与本土特征. 内蒙古大学学报，35（4）：35-40.

式的综合体现。因此，社会性别不是身体的一种属性，而是仅存于人类的一种东西，是"因一种复杂的政治机制，而产生于身体行为和社会关系间的一套效应"[①]。

社会性别是西方 20 世纪 60 年代女权主义浪潮中女权主义理论家在探讨性别角色和妇女受压迫地位的关系、追寻性别角色形成的过程中提出的一个分析范畴。美国学者盖尔·卢宾最早使用了"性/社会性别制度"这一概念，"是社会将生物的性转化为人类活动的产品的一整套组织，这些转化了的性需求在这套组织中得到满足"。她指出，社会性别并非隶属于政治、经济，而是与它们并行的人类社会制度之一。[②]任何文化中都有自己的社会性别制度，即种种的社会习俗把人组织且镶嵌到规范好的"男性"和"女性"的活动中去，社会性别是人类社会的一种基本的组织方式，也是人的社会化过程中的一个最基本的内容。也可以说，人的社会化的过程是一个社会性别化的过程。社会性别的规范无处不在，它潜移默化地影响着每个人的成长。同时，社会性别又是表示权利关系的一种基本途径，比如"男尊女卑"。而每个人在塑造自己的主体身份时，正是在受到无处不在的社会性别观念、语言、符号等强有力的影响下完成的。这个过程无处不在，使得人们对这个过程忽略甚至缺乏理性和意识层面的认识，人们自然地认同了把社会对男人和女人的性别角色规范看作天经地义的自然状态，包括许多家庭社会学的学者们也认同家庭是妇女的领域，是妇女应该完成任务的地方，这类学术论述就是把社会文化的作用自然化了。

社会性别理论是一个动态、有活力的理论，会随着时代的变化而发展。同时，尽管不同研究者对社会性别界定有所差别，且存在争论，但他们对其实质还是有较为统一的认识。首先，社会性别是特定社会、文化建构的产物。其次，社会性别习俗界定了男、女社会角色和社会功能之间的差别。对女性而言，建立在父权制基础上的社会性别是一种压迫她们的体制化、系统化的社会关系，是一种男性控制女性的权力结构制度。这些理论大大丰富了女权主义的社会性别理论。

4. 交叉性理论

"交叉性理论"是国外女性主义研究的重要范式，也是分析社会中性别现象的重要方法。它发端于 20 世纪 70 年代，在美国女权主义运动中，一部分学者批判社会类别的一致性理论。她们提出，女性群体内部存在差异性，认为对女性所

---

① 米歇尔·福柯. 1989. 性史. 张廷深，林莉，范千红，等译. 上海：上海科技文献出版社：127.
② 卢宾. 1998. 女人交易：性的"政治经济学"初探//王政，杜芳琴. 社会性别研究选译. 北京：生活·读书·新知三联书店：21-81.

遭受的社会压迫的讨论不应该仅限于社会性别分析框架。她们坚持认为，同一社会性别的群体即使存在一定的共同特征，但仍然会因为内部的阶级、种族、公民身份差异而缺乏一致性。在她们的推动下，从20世纪80年代末到90年代中期，许多女权主义者都开始反思社会性别研究，转而关注女性内部的差异，包括年龄、身体机能、公民身份、性向等。在这样的观点指引下，黑人女权主义者率先从不同身份"交叉"的角度出发来批判各种社会不平等，从而形成了"交叉性理论"概念、视角和方法，如今已为国外女权主义分析所广泛应用。

5. 性别敏感教育

美国教育哲学家简·罗兰·马丁在批判柏拉图的性别中立教育和卢梭的性别化教育的基础上，提出了"性别敏感教育"的理念，主张教育活动要敏于关注性别的自然差异及社会意义。马丁承认性别的自然差异，但认为其影响较为微弱，不宜过度夸大。她认为应当对性别角色期待具备高度的敏感性，特别是对容易导致学生对性别进行刻板化、不公正的理解来源要具备敏感性。从教育者来说，要进行性别敏感教育，需要对传统的社会性别文化有一定的反思与重新建构的能力。

三、本书内容及结构

1. 本书内容

本书主要探讨瑶族女童教育发展的历史、现状及其影响因素，重点描述瑶族女童学校生活的状态，分析她们的心理体验与变化，透析她们所受到的性别文化及城乡、阶层、民族等因素的影响，从中探寻突破瑶族女童教育发展困境、促进教育公平、提升其生命质量的策略与途径。

2. 本书结构

本书除"绪论"外，共有七章内容。

绪论部分交代研究的背景，介绍研究思路和方法、核心概念和理论范式及本书内容和结构等，意在说明这项研究的时代背景、理论主题和基本关注点。本书以提高教育质量、推进教育公平为主题，侧重从性别视角进行研究，为促进瑶族女童教育公平、提升其生命质量献言献策。

第一章介绍瑶族的族源、支系的概况，瑶族人民生产生活的地理环境及其人口分布状况，梳理瑶族教育历史发展的脉络，便于人们理解瑶族的族群习俗、文化、心理，及其对瑶族女童教育的影响。同时，详细描述瑶族社会传统性别文化的主要方面及其当代表现，目的在于揭示瑶族性别文化对于男女童的相关权利尤其是受教育权利有着深远的影响。

第二章分三个阶段阐述我国改革开放以来瑶族女童教育的发展历程、成就和推动力量，分析当今瑶族女童教育发展的新机遇和面临的挑战，从中可以看出瑶族女童教育的起伏、政策措施之得失，以及瑶族女童教育的有利和不利条件。

第三章以质性研究的方式，通过对瑶族女童学校生活的观察与深度访谈，展示瑶族女童在学校的学习、生活情况。比如，她们如何看待自己的学习？她们对未来有何打算？她们如何看待自己的性别身份？女性的身份是否给予她们特殊的体验？她们如何与老师、同伴相处？她们如何看待自己的民族身份？

第四章以量化研究的方式，将瑶族女童与瑶族男童及在一起生活和学习的壮族、汉族学生进行比较研究，了解她们的学业自我个性心理品质及心理健康状态，以及她们在与瑶族男童比较时，是否存在差距，差距有多大，便于人们对瑶族女童的心理状况有一个总体上的认识与了解。

第五章主要是对瑶族女童成长环境进行社会性别分析，即描述家庭、社会、学校等不同环境中人们性别文化观念的表现和固化，以及这种观念对瑶族女童学业成就和个性心理的影响。

第六章运用交叉性理论和方法，对造成瑶族女童学业劣势的相关因子（城乡、阶层、民族）进行分析，在一定程度上揭示对瑶族女童发展不利的深层机制。

第七章根据前述各章所论的内在逻辑，从宏观、中观、微观三个层面，提出要提升瑶族女童的生命质量，必须追求实质性的教育公平。

第一章

瑶族教育历史与性别文化

第一节　瑶族概况

瑶族是中国古老的民族，相传是古代东方"九黎"中的一支。瑶族支系众多，具有大分散、小聚居的特点，是中国华南地区分布最广的少数民族之一。同时，瑶族又是一个世界性的民族，境外主要分布在东南亚和北美洲的一些国家和地区。瑶族以其历史悠久、迁徙频繁和文化独特而为世人瞩目。

一、历史起源

瑶族的历史可追溯到几千年前的远古，其最早生活在黄河流域。在《盘瓠》《渡海》《长鼓》三个神话传说中，瑶族先民曾是一支比较强盛的氏族，生活在中原一带。蚩尤是传说中苗瑶先民的先祖。在距今几千年前，以蚩尤为首领的名为"九黎"的部落联盟生活在我国黄河下游和长江中下游一带。正如《国语·楚语》注中所载："九黎，蚩尤之徒也"。《书·吕刑释文》《吕氏春秋·荡兵》《战国策·秦》高诱注，亦称蚩尤是"九黎"之君。蚩尤部落被炎帝、黄帝击败后，遗裔南逃，退至长江中下游，形成"三苗"。在四千年前，以尧、舜、禹为首的北方华夏部落与"三苗"发生战争，"三苗"被击败。从此，"三苗"部落分崩离析。

商末，瑶族先民从居住地华中洞庭湖周围白山间峡谷一带，缓慢南移，聚居在长沙郡、武陵郡，与当地的土著民族融合。

秦朝采取迁谪戍民于边疆民族地区的政策，从中原派大批汉人进入长沙、武陵地区。西汉时，武陵地区的瑶族先民按丁计税，到了东汉由于"徭税"过重，不时激起包括瑶族先民在内的群体抗争。《资治通鉴》说："武陵蛮精夫相单程等反"，"长沙蛮反，屯益阳，零陵蛮寇长沙"。

南北朝时期，部分瑶族先民以衡阳、零陵等郡为居住中心，分布到"东连寿春（今安徽寿县），西通上洛（今陕西商县一带），北接汝颍（今河南东部及安徽西北部）"的广大地区。隋唐时期，瑶族先民主要分布在今天的湖南大部、广西东北部和广东北部山区。所谓"南岭无山不有瑶"的俗语大体上概括了瑶民当时山居的特点。①

由于广西人口相对稀少，且山岭连绵，适合以垦山为业的瑶族居住，因而吸引越来越多的瑶族南迁。宋、元、明三代，瑶族持续大量从湖南、贵州等地迁入广西。至明末，广西东北部、广东北部取代湖南，成为瑶族最主要的聚集地。至清代，大体形成了今天瑶族在我国华南地区"大分散、小聚居"的格局。②

二、瑶族支系

瑶族支系繁多，各界对瑶族支系的划分没有统一的标准，大多以语言、服饰、生活地域来区别。赵明在毛宗武、蒙超吉、郑宗泽对瑶族语言分类的基础上，通过综合瑶族语言、民俗等方面研究所形成的成果，对瑶族支系按"支系—分支—小支"进行划分，大致分为4大支系16个分支39个小支。瑶族主要分为盘瑶、布努瑶、茶山瑶、平地瑶4大支系，分别操勉语、苗语、侗水语和汉语。盘瑶是瑶族中人口最多的主干支系，其次是布努瑶，而茶山瑶是瑶族人口最少的一个支系。③

1. 盘瑶支系的分支和小支

这一支系语言属于汉藏语系苗瑶语族瑶语支语言，包括5个分支23个小支（其中3个小支与分支同属）：盘瑶（优勉土语集团）——过山瑶、盘古瑶、红头瑶、顶板瑶、大板瑶、土瑶、本地瑶、坳瑶、小板瑶；蓝靛瑶（金门土语集团）——蓝靛瑶、山子瑶、平头瑶、沙瑶、坝子瑶、贺瑶、黑瑶、青衣瑶、长衣瑶、民瑶；排瑶（藻敏方言集团）；东山瑶（标敏土语集团）；交公瑶（交公勉土语集团）。该支系人口最多，分布面较广，分布在6省（区）107个县（市）内，在广西主要

---

①　玉时阶，胡牧君，等. 2009. 公平与和谐：瑶族教育研究. 北京：民族出版社：4-6.
②　张有隽. 2001. 瑶族历史与文化. 南宁：广西民族出版社：29.
③　赵明. 2011. 瑶族支系如何划分. http://yaozu.baike.com/article-71831.html. [2016-05-16].

分布在桂林、梧州、来宾及贺州等市所辖范围内。

2. 布努瑶支系的分支和小支

这一支系语言与苗族较接近，属于汉藏语系苗瑶语族苗语支语言，包括 5 个分支 10 个小支（其中 4 个小支与分支同属）：布努瑶（布瑙方言集团）——背篓瑶、山瑶、背陇瑶、白裤瑶、黑裤瑶、长衫瑶；花蓝瑶（炯奈方言集团）；八姓瑶（巴哼方言集团）；花衣瑶（唔奈方言集团）；红瑶（优诺方言集团）。该支系中，布瑙方言的布努瑶人口最多，占 97%，主要分布在广西河池地区，云南、贵州及湖南也有分布。

3. 茶山瑶支系的分支和小支

这一支系语言也称拉珈语，与壮侗语族侗水语支较接近，属于侗水语支语言，其只有 1 个分支 1 个小支（小支与分支同属）：广西金秀的茶山瑶，主要生活在金秀瑶族自治县的金秀、长崛、岭祖、六段一带。

4. 平地瑶支系的分支和小支

这一支系语言主要是汉语，包括 5 个分支 5 个小支（小支与分支同属）：平地瑶（炳多尤话集团）、平话红瑶（优念话集团）、山仔瑶（珊介话集团）、瑶家（优嘉话集团）、乐舞人（景东县瑶族）。平地瑶主要分布在广西富川、钟山和恭城县内和湖南的江华和江永等县。平地瑶居住在平原山川，生产条件较好。

有研究者认为平地瑶是从盘瑶分化而来，除语言受汉族影响改变较大外，其历史传统、生活习俗和宗教信仰基本保留了盘瑶的特点，故属于盘瑶的一个支系。[①]

对于瑶族的各个支系是否来自同一个族源，仍存在争议。例如费孝通先生在 1978 年再次对金秀大瑶山进行考察后，提出大瑶山的五个支系可能有不同的来源，他指出："不同来源的民族集团在共同敌人的威胁下，为了生存必须团结一致，形成一股自卫的力量。这种凝聚力使他们形成了一个共同体，接受共同的名称。他们在语言上、风俗习惯上的区别并不成为离异的因素，因而得以长期共同生存下来。"[②]因此，无论瑶族的各个支系源于哪个民族，他们都曾经是一个不断迁徙、从游耕到定居的民族，在长期的历史发展过程中，形成了具有共同命运及

---

① 奉恒高. 2007. 瑶族通史（上卷）. 北京：民族出版社：6.

② 费孝通. 1983. 序//胡起望，范希贵. 2016. 盘村瑶族——从游耕到定居的研究. 北京：民族出版社：2-3.

共同文化心理的民族共同体。

在长期的迁徙过程中，瑶族形成了"大分散、小聚居"的分布特点。各地瑶族由于所处生态环境的差别、经济生活的不同，以及与周边不同民族接触和交往，导致各瑶族集团极富地域特点。虽然总体上来说，瑶族是个山地民族，中华人民共和国成立前各支系多数人都过着刀耕火种的游耕生活，但由于自然条件不同，刀耕火种的程度也有较大差别，其经济社会发展甚不平衡，人们的生活水平差距较大。其中，平地瑶与茶山瑶条件较好，而盘瑶、布努瑶由于条件所限，发展较为滞后。平地瑶主要居住在湘桂边界的丘陵、石灰石山区的平坝地区，主要以农田水稻和旱地作物为主，兼营林副业；茶山瑶虽然分布在广西大瑶山内，但由于其进入大瑶山的时间较早，占有了金秀河沿岸的肥土沃壤，主要以农田水稻经济为主，兼营林副业，自然条件较好，农业经济较发达；盘瑶大部分住在有水、有土的高寒山区或半丘陵地带，少部分居住在高寒山区的半石半土地带，主要以旱地农业经济为主，兼营林业，或以林业经济为主，兼营农副业，刀耕火种，"食尽一山，则移一山"的游耕经济对他们影响较大；布努瑶主要聚居在大石山区或半石半地的山地，石多土少，水源缺乏，主要从事刀耕火种的旱地农业经济，自然条件最差（图1-1）。

图1-1　研究人员与长发瑶妇女交谈

三、地理环境

瑶族是中国南方一个比较典型的山地民族。瑶族大部分散居在海拔1000米以上的高山和密林之中，少部分居住在石山或半石山地区，或丘陵、河谷地带。广西民谚说：高山瑶，半山苗，汉人住平地，壮侗住山朝。贵州民谚说：布依住水边，水苗在中间，瑶族在山岭。云南民谚说：汉族住街头，傣族住坝头，瑶族住山头。

我国境内的瑶族分布区域较为广阔，东起广东南雄，西至云南勐腊，南达广西防城，北至湖南辰溪的山区，都是瑶族人民长期活动的地带。五岭、十万大山、都阳山、雪峰山、罗霄山、六韶山、哀牢山等山脉横亘其境，山峦起伏，千溪万涧，纵横交错，形成若干大小不等的山麓陡坡。大多数的瑶族散布在两广与湖南接壤的五岭南北地区，形成"南岭无山不有瑶"的分布局面。

一方面，瑶族主要生活在高山密林或者石山、半石山地区，居住在有水田和丘陵地带的很少。总体上看，瑶族同胞的生存条件相对恶劣，因而当地的生产力水平较低，各项社会事业发展滞后。如广西都安瑶族分布于大石山地区高山深坳，岩石裸露，土地贫瘠，半山腰上"碗一块、瓢一块"的山地星罗棋布，人们生产、生活条件极其艰苦。大部分地方没有河流或小溪，人畜饮水十分困难。干旱是都安瑶族生存的一大挑战。又如贵州荔波瑶麓是个瑶族乡，其四面环山，中间是一块山间盆地，俗称"坝子"，地平而狭长，属于喀斯特地貌，山地风化严重，地表水少而短，地下水虽丰富但难以利用，生产、生活用水只能靠天下雨，所以农业生态系统脆弱。

另一方面，瑶族居住地域主要处于亚热带地区，除了布努瑶聚居的石山地区缺水比较严重以外，其他瑶族支系居住的地域土地资源不足，交通闭塞，但气候宜人。部分地方森林资源、矿产资源和旅游资源较丰富。如广西凌云县金保寨蓝靛瑶居住的地方，年平均气温一般都在20度左右，光照和雨水充足，山坡上八角、杉木、油茶、油桐等作物，成了村里群众的主要经济来源。又如被誉为"中国瑶族文化中心"的广西金秀瑶族自治县，其境内峰峦叠翠，树木参天，溪水潺潺，景致宜人。如今莲花山、圣堂山、老山、天堂岭和长滩河等五大景区成了国内外游客的天堂。整个大瑶山动植物种类繁多，是中国植物医药的宝库。

总的来说，除平地瑶（民瑶）外，瑶族主要聚居于远离城市的偏僻山区，山高路远，交通不便。长期以来瑶族社会以自给自足的自然经济为主，导致文化生活相对封闭，并深刻地影响着教育的发展。

四、人口分布

瑶族分布的特点是大分散、小聚居，主要居住在山区。依山建村立寨，一般是几户至几十户聚居成村，周围与汉、壮、傣、侗、哈尼、苗族的村落毗邻，也有不少瑶族与其他民族同村寨居住。国内的瑶族人口主要分布在广西、广东、湖南、云南、贵州、江西等省区。瑶族又是一个世界性民族，从明清时期开始从广西、云南迁往东南亚一带，20 世纪 70 年代末，部分瑶族又从东南亚陆续漂洋过海移民到美国、加拿大、墨西哥、法国等国家。其中越南瑶族人口最多，目前约有 80 万人。按照 2010 年第六次全国人口普查统计，中国的瑶族人口为 279.6 万，其中有 52.6%在广西壮族自治区（147.2 万），25.2%在湖南省（70.5 万），7.3%在广东省（20.3 万），6.8%在云南省（19.1 万），1.6%在贵州省（4.4 万）。

中华人民共和国成立后，先后在瑶族聚居的地方建立 10 个瑶族自治县（不含瑶族与其他民族联合自治县）。其中，广西 6 个（金秀、富川、恭城、都安、大化、巴马），广东 2 个（连南、乳源），湖南 1 个（江华），云南 1 个（河口）。

广西境内瑶族人口约占我国瑶族总人口的一半以上，可以说是"世界瑶族大本营"。广西的瑶族主要分布在 6 个瑶族自治县，以及其他 28 个县（区）的一些乡镇。1951 年，广西建立了第一个民族乡——全州县东山瑶族乡，到目前为止广西共建立了 49 个瑶族乡，分布在除来宾、崇左、玉林、钦州和北海 5 市外的 9 个市，约占广西民族乡总数的 83.1%。

就广西境内而言，瑶族四大支系中，盘瑶和平地瑶相对聚居在桂东北，即主要分布在恭城、富川两个瑶族自治县，其余的在桂北和桂中均有不同程度的分布，只是盘瑶主要居住在高山地区，平地瑶主要居住在平坝地区；布努瑶相对聚居在桂西北一带，即主要分布在河池市的都安、大化、巴马三个瑶族自治县，其余的散居在东兰、凤山、马山、上林、忻城、平果、田东等县的边远山区；茶山瑶相对聚居在桂中的大瑶山地区，即主要分布在金秀瑶族自治县，其余的分散在荔浦、鹿寨、象州、武宣、桂平、平南、蒙山等县（市）的山区。

第二节　瑶族教育历史概述

教育是与人类社会相始终的一种活动。自从有了人类社会，人类的教育活动也就产生了。从这个意义上讲，瑶族教育的历史可以追溯到远古时期。按照教育历史发展的阶段来划分,瑶族教育大致可以分为远古时期的瑶族教育(隋唐以前)、近古时期的瑶族教育(唐代以后至 1840 年)、近代时期的瑶族教育(1840 年至清末)、民国时期的瑶族教育、中华人民共和国的瑶族教育。[①]

史料表明,中央封建王朝在瑶族地区开办学校,对瑶族子弟进行文化教育始于宋代。以此作为分水岭,瑶族教育可分为瑶族传统教育和瑶族学校教育。前者是指瑶族地区学校教育出现以前的各种瑶族教育活动,包括瑶族的家庭教育和社会教育,当然这些教育活动不仅存在于过去的瑶族社会,而且传承于当今的瑶族社会,今后仍将会对瑶族社会产生重大影响。后者则专指瑶族地区学校教育出现之后,通过建学校、兴教化等措施对瑶族子弟进行有目的、有计划地培养人才的活动。

一、瑶族传统教育

历史上,瑶族一直处于山居游耕状态,族群分散,居无定所,瑶族人民长期受压迫和剥削,生活十分贫困,而学校教育兴起较晚,发展又极不平衡,因而瑶族的传统教育一直占据着主导地位。各个时期的统治阶级为了加强对瑶区人民的统治,也曾在瑶区办了一些官学,但学校数量少,有时经费和师资难以保障,学校时办时停,教育规模和教育质量无从谈起。中华人民共和国成立后,瑶族学校教育逐渐走上正规化和快速发展的道路。与此同时,瑶族传统教育一直发挥着独特而不可替代的作用。

瑶族传统教育主要是依靠家庭教育和社会教育两种形式进行。

(一)家庭教育

瑶族十分重视家庭教育。父母、祖父母等长辈通过言传身教对瑶族年轻一代传授生活常识、生产劳动知识、伦理道德、家史家规等,从而使瑶族后代继承和掌握本民族日常礼仪、生活习俗、生产技能,树立正确的道德观、人生观、价值观。其主要内容包括:

1. 生活常识教育

随着子女的成长,家长循序渐进地教给子女一定的生活常识。当儿女年纪还小时,家长就做一些简单的玩具给他们玩。玩具多为瑶族用来捕野兽的索套、夹具、压具等,并教他们玩具的名称、用途和使用方法等。同时用直观教学法,教

---

① 韩达.1998.中国少数民族教育史(第三卷).南宁:广西教育出版社:455-456.

育子女认识各种动植物，如将家中所养的家禽牲畜，以及打猎所得猎物的生活习性、捕捉方法告诉小孩。子女稍大后，就通过口授的方式教育儿女基本的算术知识。十以内的加减往往用手指辅助，十以上的计算则用玉米粒或小石头作演示。此后，相继教授辨认方向、计量、观测天气等更为复杂的知识。教育子女辨别方向，家长先让儿女明确前后左右，然后以太阳为基准，早上太阳升起时，面向太阳，则前面是东，后面为西，左边是北，右边是南。计算长度以寸、尺、丈为单位，成年人的拇指和食指张开伸直为五寸。教育子女观察天气变化，家长总结了一些经验和简单的方法：东方闪电不断，刮东风，乌云密布，肯定下大雨；久旱无雨，忽然闷热无风，山蛙叫不停，则预示将要下雨，等等。①

　　2. 生产劳动教育

　　远古时期，瑶族先民的生产劳动主要是采集和打猎。随后，刀耕火种、禽畜饲养、纺织刺绣等逐渐发展起来。瑶族人民在长期的生产劳动中积累了丰富的经验，他们在日常生活中十分注重把这些经验传授给年轻一代。比如，通过采集实践教会小孩辨识野菜、野果，告诉小孩什么东西能吃，什么不能吃；哪种可以生吃，哪种要煮熟才能吃。教小孩捕鱼，会让小孩掌握不同的方法，如弩鱼，先教如何制作弩箭；塞鱼，先教游泳和潜水，再教赶鱼入鱼笼；涝鱼，则教如何塞断水流，将辣汁搅入水坑，使鱼浮出水面，然后将鱼捉住。学习打猎时，由熟练的老猎手带领初次去参加围猎的小伙子，先在出发前将围猎应注意的事项告诉小伙子，到了围猎点后根据围猎的地形加以指点。此外，围猎结束后一般做总结，表扬勇敢守纪的猎手，批评胆小迟缓的猎手。

　　瑶族家庭还结合季节对儿女进行基本生产知识教育。瑶家孩童一般长到八九岁，就开始跟随大人到地里参加生产，以掌握基本的生产技能，割猪草、挖木薯、收玉米、掘芋头、点播畲禾等。对于较难掌握的生产技能，如点播畲禾，大人就反复示范、讲解并指导小孩动手操作。瑶族常常利用一些生产歌来传授劳动经验，比如有一首《农事安排歌》是这样唱水稻生产的："正月雷公唤，二月犁耙向地行，三月耙田撒谷子，四月芒种插禾秧，五月担粪泼田水，六月担锹看田塘，七月得见禾胎现，八月得见禾浪花，九月禾熟垌垌熟，十月收禾禾满仓，十一月开仓扬白米，十二月酿酒好过年。"②

---

① 玉时阶，胡牧君，等. 2009. 公平与和谐：瑶族教育研究. 北京：民族出版社：37-38.
② 韩达. 1998. 中国少数民族教育史（第三卷）. 南宁：广西教育出版社：469.

3. 道德礼仪教育

瑶族历来很重视对小孩的道德礼仪教育。从小伊始，瑶家就教育小孩要尊老爱幼，讲究礼貌。比如招待客人，一般都要遵守这些基本礼仪：见到客人，要打招呼、让座，早晚要给客人打水洗脸、洗脚；与客人同桌吃饭，夹菜只夹自己面前的，不准全盘乱翻挑好吃的；若自己先吃完，要陪同客人，请客人慢慢吃；待客人吃完，要给客人递水净口；客人要走，需送到门口，并邀请客人以后有空再来等。绝大多数地方，瑶族都十分热情好客，每当客人临门，必盛情款待。比如广西全州县东山瑶族，无论男女老少均能饮酒，客人到家，往往不以茶招待，而用一种叫"糟酒"的杂粮酒待客。而且客人进门要连敬三碗酒，客人若不喝，被视为失礼。敬三碗酒他们有个说法：客人喝第一碗酒，还站在门外；喝第二碗酒，客人只有一只脚跨过了门槛；喝第三碗酒，客人两只脚都跨过了门槛，进了主人屋，成了主人真正的朋友。[①]

此外，瑶族还随时随地对小孩进行道德教育。如在路边发现野蜂窝，但旁边已有记号的，家长就告知子女，这窝蜂虽是野生的，但别人先发现并作了记号，就属于别人的了，其他人就不能要。在路上捡到别人遗失的东西，家长就告诉子女，这是别人不小心丢失的，要把它放在显眼的地方并打个草结，让失主自己来找回，倘若是钱或贵重物品，则要找到失主再归还。此外，家长还教育子女不能偷人家的东西，偷东西是最可耻的行为。如果小孩不听从教育偷了别人的东西，被家长知道后，轻则教育一番，重则挨鞭打。还要把所偷的东西拿到物的主人面前跪下赔礼道歉，并把东西还给人家。如果偷的好吃的东西已被吃掉，则要如数赔钱，但是主人往往不收，只是告诫小孩以后不要再偷。对于女孩的教育，除了以上所述外，母亲或嫂嫂还要教育成年的女孩在社交中要保持贞洁，婚前绝对禁止两性关系行为。

4. 家史家规教育

为了使儿女了解家族的来源、发展和奋斗的历程，瑶族重视家族历史教育。广西金秀大瑶山盘瑶要求其晚辈牢记"过山榜"，因为"过山榜"上记载盘瑶支系的起源、发展、搬迁路线等历史情况。茶山瑶的老人则要求子孙在吃饭时要请已故先人进餐。每年农历七月十四祭祖时，大瑶山各支系都要由家长由远而近念历代先人辈分及名字，目的就是要让后代牢记家族历史。广西龙胜红瑶每逢清明节祭祖、正月宗族吃年饭或办各种喜宴时，家族中的男女老少都聚集在一起，

---

① 韩达. 1998. 中国少数民族教育史（第三卷）. 南宁：广西教育出版社：483-488.

由本族中德高望重、熟悉本宗族历史、会讲《大公爷》的人讲族史，让后代懂得祖先的来历，如何辗转迁徙而来，如何遵守家规家教、艰苦创业、勤俭持家，把自家的好门风世代相传，族中人要在旁静听，讲完《大公爷》后才能进餐，以示"不忘祖恩"。[1] 在瑶族尊祖敬祖的习俗中，以自称"拉珈"（住在山上的人）的茶山瑶最为虔诚。他们父教子、子教孙，代代传承这样的敬祖思想：先辈们披荆斩棘、艰苦创业，才使后辈子孙得以传承家业，分享祖先之福分，后继者应当对前辈感恩谢德。因此，拉珈瑶人每家每户都立有"香火"神位供奉自家的祖先，以示敬仰，并通过举行"供餐""做三日""做二六""做三年""做清明""做十四"等各种祭祀仪式，来表达缅怀祖先之情。[2]

瑶族各族系十分重视生活常规教育。他们历代形成一些具体的规定，就是生活常规教育的准则。比如吃饭时，左手端饭碗，拇指须扳碗边，另四指须托紧碗底，以免掉饭；吃食时，不许嘴巴发出声响，并要嚼碎才吞下肚。凡到别人家里喝酒，不许乱坐上位，也不得把脚跷起来。扫地时，扫把要挨紧地面扫去，不能让扫帚尾挑起灰尘；正月初一扫地，要从门口扫进神龛前，即向内扫，而不能相反。在婚姻关系上，红瑶历来很注重夫妻关系、伦理道德，恪守本分，不许同本家族内的人谈恋爱、通婚，违者视为乱伦、对家族不尊敬，由族长率众人进他家杀猪或宰羊大吃大喝一餐以示惩罚。[3]

（二）社会教育

社会教育是在瑶族村寨或社区，通过寨老组织、乡规村约及相关文化传承途径所开展的有意识地培养人的活动。在一定程度上它和瑶族家庭教育相交织，所含内容又比家庭教育更为丰富和广泛，实施的方式更灵活多样。

1. 生产活动

在瑶族的生产劳动中，除了家长进行一定的生产技能教育外，也通过一定的社会教育形式进行。中华人民共和国成立前广西都安布努瑶的"放养"生产活动就是较为突出的例子。每年年初，瑶族的人都把自家的羊赶上山去放养，既不派人看管，晚上也不赶回家。到年底，大伙才一起上山赶羊回家。这时很多母羊已生了羊羔。羊羔归谁呢？他们将羊集中到一起，由大家共同辨认，看羊羔长得像哪家的母羊，就归哪家。此外，还要辨认羊羔像哪头公羊，以此判定是哪头公羊配

---

① 粟卫宏. 2008. 红瑶历史与文化. 北京：民族出版社：256.
② 韩达. 1998. 中国少数民族教育史（第三卷）. 南宁：广西教育出版社：485-486.
③ 龙胜各族自治县民族局. 2002. 龙胜红瑶. 南宁：广西民族出版社：40.

的种，并规定增添羊羔的户主过年杀羊要送给公羊的户主三斤肉。违规者就会受到大家的批评教育，屡教不改者则被禁止和大家一起放羊。显然，这种生产活动同时也是一种道德教育活动。

在瑶族的集体围猎活动中，青年人既学到了狩猎的技能，同时又学到了长辈们的勇敢机智及集体主义精神。由于瑶族传统社会生产力较为低下，瑶族人民自古就形成了生产中的团结互助、勤劳勇敢、平等待人的优良品质。这些优良品质和各种生产劳动技能，在瑶族的集体生产劳动中一代一代地得到传承和发展。

2. 社会组织活动

瑶族传统社会存在着形式不一的各种社会组织，如金秀大瑶山的石牌组织、南丹白裤瑶的油锅组织、都安和大化的布努瑶密诺组织、十万大山山子瑶的村老组织、大瑶山和桂北部分瑶族的社老组织等。这些组织的各种活动，往往也是瑶族青少年接受本民族的伦理道德、生产知识、习俗礼仪、族规民约教育的重要途径。如石牌组织的"料话"，从盘古开天地讲起，到祖先迁徙的经过、进入瑶山的艰苦创业，瑶山以往发生过的有关石牌的大事，如匪盗、某人作恶触犯石牌法之类，接着逐条讲解所制定的有关维护瑶族社会生产、生活和保障社会秩序、治安的石牌条规，最后要求大家互相监督，共同遵守，使得地方太平，安居乐业。显然，这种"料话"活动很大程度上也是一种对社会成员的行为规范、民族历史教育活动。[①]

3. 宗教活动

瑶族利用宗教传播文化知识和道德观念的历史十分久远。瑶族中最初的知识分子就是熟悉宗教的巫师、道士，俗称"师公"。师公一般是识汉字、有知识的人，甚至是掌握中草药知识、精通瑶医、能以巫术驱邪的人。明清以后，瑶族社会从师学道之风盛行。一些瑶族子弟虽然未能进校读书，但通过跟从师公学习，也可以学到许多汉字，掌握一定的知识。此外，瑶族通过宗教方式，利用人们害怕神灵惩罚的心理，教育社会成员要遵守一定的行为规范和道德准则。比如，南丹的白裤瑶中，某人做了偷鸡摸狗之类的坏事，寨老先到其家中吃罚，教育违规者，若不奏效，就采取到社庙向神灵赌咒的方法解决。赌咒仪式由庙老来主持，先砍鸡头，后赌咒谁（违者）做了坏事就受到神灵的惩罚，如同被砍头的鸡，不得好死。事实上，瑶族宗教意识和人们对大自然、人类社会的认识已融为一体，在一定程度上推动了社会知识和历史文化的传播。

---

① 覃锐钧，徐杰舜，张劲夫，等. 2011. 接触与变迁——广西金秀花蓝瑶人类学考察. 北京：民族出版社：37-39.

4. 节日庆典活动

在漫长的历史发展过程中，瑶族形成了众多的民族节日。在节日期间，瑶族人民身着盛装，尽情宴饮，进行着各种各样的节日庆祝活动，如对歌、跳舞、赛芦笙等。瑶族丰富多彩的节日庆典，囊括了各种约定俗成的节日集会，涵盖了瑶族人们在节日期间的衣、食、住、行，以及各种各样的社交、宗教、文娱、生产、纪念等活动。它既是瑶族传统物质文化和精神文化的融汇、交流和展现，也是瑶族共同心理、共同风俗习惯、共同感情的文化之窗。就在这些缤纷多彩的节日集会和庆典活动中，瑶族传统文化一代又一代地传承了下来。

二、瑶族学校教育

（一）古代瑶族地区的学校教育

古代瑶族地区的学校教育始于宋代。在宋代，瑶族主要聚居在湖南，当时中原封建势力逐渐深入瑶族地区，部分瑶族开始了封建化进程。在这一过程中，阶级矛盾和民族矛盾日益尖锐，为维护中央封建王朝在瑶区的统治地位，宋王朝在瑶族地区建立学校，实行所谓"开化"教育的政策。

元明清时期，瑶族地区的学校教育比宋代有了较大的发展，兴办了一批县学、社学、义学、瑶学，鼓励瑶族子弟入学读书。相较而言，平地瑶、民瑶、熟瑶由于生活地域比较靠近汉族，经济文化相对发达，学校教育发展稍好；而山瑶、生瑶由于主要住在偏远地区和高山上，经济文化落后，学校教育发展缓慢，甚至流于形式。[①]

元朝建立之后，继续沿袭了办学传统，但由于元朝统治时间不长，且一直实行民族歧视政策，对瑶族教育不够重视，所以新建的学校并不多，甚至宋代建立的学校也在社会动荡中处于停滞状态，以致瑶族地区的学校教育总体上发展缓慢。

明代比较重视学校教育，把教育视为治国安邦之本，在全国大兴办学之风。《明史·选举志》："学校有二：曰国学，曰府州县学。""国学"始称"国子学"，后称"国子监"。学生来源有两种，一是官生，包括土司子弟，二是民生。明王朝规定地方府州县官和府州县教官每年有向朝廷贡"土"的义务，这对推动瑶族地区教育的发展，起了一定的作用。[②]

---

① 奉恒高. 2007. 瑶族通史（上卷）. 北京：民族出版社：402.

② 张有隽. 2001. 瑶族历史与文化. 南宁：广西民族出版社：234-235.

　　明代瑶族地区的学校教育与先进的中原地区和周边的汉族地区相比，还是处于较落后的阶段。瑶族地区学校教育基础差、生员少，一些官员为节省地方财政开支，又将新设置的学校停办。最后保留下来的学校，招收的多是地方的官吏、豪绅的子弟，瑶族百姓子弟并未能受其实惠。"由于府、州、县学未能使大多数瑶族子弟入学，于是，为了加强对瑶族人民进行封建伦理道德教育，明王朝又在瑶区普遍设立社学，进行启蒙教育。"①这些措施，客观上促进了瑶族地区学校教育的发展。

　　到了清代，瑶族地区的教育得到了进一步的发展。除了保留明代开办的府、州、县学和多数社学之外，清王朝还广开社学和义学，以补地方官学之不足。由于瑶区的义学多建在县、乡之下，为贫困的瑶族子弟入学创造了有利条件，加上义学仍与官学一样，有官银资助，所以瑶区的义学得到了迅速发展。除了官办义学，平地瑶地区也有私人出资兴办义学。清代各府、州、县所办义学之多，前所未有。在一些经济较发达的瑶族地区，还出现了私塾，因由家庭、宗族和村寨设立的不同而分为家塾、村塾和族塾等形式。私塾的兴起突破了官办教育的藩篱，使瑶族地区的教育发展达到了一个新的水平。为了"开化"瑶族，进一步推动瑶族地区的教育事业，清王朝在瑶区办学的基础上，又开科举之门，提倡和鼓励少数民族参加考试。由于瑶族在经济文化上与汉族存在着一定的差距，如果按同等分数录取，瑶族生童往往会落选，所以清王朝规定设立专门的名额录取瑶族考生。②

　　清末时期，在一些瑶族地区出现了新式学校，甚至有的还为瑶族女子举办了专门的学校。如，1905 年富川县开始设立公立高等小学堂和女子初级小学等新式学校。1909 年广西大瑶山金秀、六拉、白沙、昔地专设"化瑶小学"。③

　　清代瑶族地区的教育虽然有较大的发展，但这个发展是不平衡的。在湘、桂、粤边界和靠近汉族的瑶族地区，由于历史上开发得早，经济较发达，教育发展较快，读书的人较多。但对居住在山上的大部分瑶族来说，清朝政府采取的这些办学措施并未起到实质性作用。瑶族地区教育的总体发展水平远远低于汉族和壮族地区。历代封建统治阶级的民族压迫、经济文化的落后、交通不便及频繁迁徙，是山区瑶族教育发展滞后的重要原因。

（二）民国时期瑶族地区的学校教育

　　民国时期，国民党统治者继续在瑶族地区设立学校，吸收瑶族子弟读书，"开

---

① 奉恒高. 2007. 瑶族通史（上卷）. 北京：民族出版社：404.
② 奉恒高. 2007. 瑶族通史（上卷）. 北京：民族出版社：405-409.
③ 广西社会科学院. 2015. 广西民族地区发展报告. 南宁：广西人民出版社：77.

化"瑶民。两广省府成立"化瑶局",设立"化瑶小学",分期举办宣传队、简易识字学校等,进行"开化"活动。在广西全省推行所谓三位一体的国民基础教育,先后在南宁、桂林开办"特种教育师资训练学校",在各县的苗瑶青少年中选拔人才,免费送入学校学习。此外,还设立"苗瑶民众教育馆",对瑶族成年人进行教育。所培养和训练出来的瑶族子弟,大多回到瑶山工作。这批人对瑶族社会文化的变迁起到了一定的促进作用。国民党政府在各瑶族地区开设学校,主观上是为了加强统治,但学校的设立、汉文的传播,客观上却给瑶族地区带来了先进文化和生产技术,在一定程度上促进了瑶族经济、文化的发展。当然,这种学校教育也是极为有限的,由于生活的极端贫困,加上阶级压迫、民族歧视,瑶族子弟能入学读书的寥寥无几。

民国以来,私塾教育作为传统封建教育的形式继续发挥着作用。我国大多数瑶族地区于清代已设立私塾,进行私塾教育。到了民国时期,瑶族地区的教育出现了不同的状况。一部分经济发展、交通方便、国民党势力到达的瑶族地区(主要是平地瑶),大部分私塾改为国民基础学校,施行正规的国民学校教育;另一部分瑶族地区,虽在国民党管辖之内,但政府鞭长莫及,加上经济条件差,主要仍延续着私塾教育;还有一些瑶族地区,此时才开始设立私塾。如广西田东县平略乡的瑶族,由于生活贫困,上学的人很少,直到民国初年时,这里才开始有私塾出现。至民国十年(1921年)左右,平略乡已有三个私塾(三卡、陇力、平坤)。教师由外地雇聘,经费由学生家长捐献筹集,每个学生25公斤或50公斤玉米不等。教师每年也都是250到300公斤玉米。[①]

就广西而言,20世纪20年代中期以前,小学教育还十分落后。"民国十三年(1924年),省长公署颁布《广西省实施义务教育大纲》《筹施广西全省义务教育程序案》《广西省推行义务教育标准》",[②]提出推行义务教育的计划。然而,由于当时省内战乱,政局动荡,义务教育计划没有得到贯彻执行。民国十五年(1926年),新桂系召开全省第二次教育行政会议,讨论义务教育问题。民国二十年(1931年)5月,广西政治委员会颁布《广西推行义务教育计划概要》。提出义务教育计划的目标,是使全省儿童都接受4年的义务教育。而在广大乡村,根据各自的情况,可以实施变通的办法,但是必须完成初小的全部课程,补足应受的教育。1932年前,广西少数民族区域只有不到50所学校。到了1937年,

① 广西壮族自治区编辑组.1987.广西瑶族社会历史调查(第6册).南宁:广西民族出版社:122.
② 蒙荫昭,梁全进.1999.广西教育史.南宁:广西人民出版社:361.

全省少数民族区域已设立中心国民学校 40 所，国民基础学校[①]将近 650 所，在学儿童近 3 万人，在学成年人达 2 万人。[②]

可以说，经广西省政府多方面的努力，广西各县少数民族区域内就学情况有了很大改变。不过，这只是少数民族的整体情况，根据 20 世纪 50 年代广西瑶族社会历史调查资料显示，瑶族学生并不是很多。例如："都安县（今都安瑶族自治县）胜利乡，在中华人民共和国成立前，只有 1 所初小学校，学生不到 50 人。"[③]1934 年，广西省政府颁布了《广西中等学校政治教育实施纲要》，在纲要中规定中等学校政治教育的目标是：教育瑶族青年要信仰三民主义，认识并按照三自政策提高青年认识。鉴于 1933 年的瑶民起义，新桂系统治阶级认为光靠血腥屠杀不能彻底消灭民族意识，从而企图利用教育这个工具，对少数民族进行思想麻痹。于是，广西省教育厅成立了针对苗族、瑶族的"苗瑶教育委员会"，策划苗瑶"开化"教育，来实现瑶族与统治阶级意愿相符合，减少瑶族地区不稳定因素，可以说用心良苦。这种化瑶小学一直到 1935 年广西全省推行所谓三位一体的国民基础教育，瑶山各处原有的"化瑶小学"才改名为"国民基础学校"。

尽管国民政府出台政策推动瑶族的教育发展，但由于瑶族居住分散，村屯大小不一，许多地方要数村联合才能建立一所国民小学，那些位于深山老林或石山里零星的瑶村，更是根本无法建立学校。同时，由于瑶族群众生活困难，求学意愿不强，一些地方如金秀在 1941 年开办"化瑶小学"和成人识字班过程中，无视瑶族群众的意见和接受"化瑶"的程度，派警员到瑶民家里强迫瑶民子女读书，对不愿入学的成年人采取罚款和关押的惩处手段，引起瑶族人民的不满，造成不良影响。[④]此外，在 20 世纪 40 年代后，随着国民党军队的溃败和日本帝国主义入侵广西，致使广西政治、经济全面崩溃，特种教育的办学经费得不到保障，严重影响了民族学校教育的开展，因而大多数瑶族儿童与学校教育无缘。

"直到 1949 年，整个瑶山（指金秀大瑶山）才有 19 间小学，270 名小学生，能入学的不到瑶山人口的 1%，至于中等教育，瑶山根本没有学校，能到附近县读初中的也是极个别人。至广西解放时为止，金秀瑶山被送到桂林师范读书的也仅有 25 人。""拥有十余万人口的都安县，时至 1948 年，才在七百弄设置了 1 所高

---

① 民国时期推行国民初等小学教育，在少数民族地区建立的这类学校，名称不完全一致，有的叫国民基础学校，有的叫国民小学，人口比较集中的地方，则建立中心国民学校，简称中心校。
② 梁彩华. 1996. 二十世纪三十年代广西"特种部族教育"述论. 广西社会科学，（2）：49-65.
③ 广西壮族自治区编辑组. 2009. 广西瑶族社会历史调查（第 9 册）. 北京：民族出版社：63.
④ 金秀大瑶山瑶族史编纂委员会. 2002. 金秀大瑶山瑶族史. 南宁：广西民族出版社：254.

小，在 32 名学生中，瑶族只有 4 名。"①龙胜红瑶世代住在大山里，在中华人民共和国成立前生活很困难，一年到头衣不蔽体，食不果腹，小孩子只有在家带弟妹、做家务或跟父母学干农活，没有读书的机会。不少村屯，男女老少无一人识字，祖祖辈辈采取以物换物、刻木记事。

当然，新桂系政权为了进行民族同化的需要，在广西少数民族当中实施"特种教育"，大力推进少数民族基础教育，客观上促进了民族文化的发展。特别值得一提的是，国民政府关注到了少数民族的女子教育。在民国初期的《壬子癸丑学制》中提到，专为女子设立女子高等小学、女子中学、女子师范和女子实业学校。②这一举措突破了我国传统文化中重男轻女思想的束缚。在广西，特种教育师资培训所所长刘介也十分重视女子教育，1941 年春季开始招收特族女子简易师先修班 1 班，招收 50 名学员，由各县从苗、瑶、侗等民族中选送，不仅免费提供膳宿书籍，还免收其他各项杂费，另外每月还发放购置生活学习用品的补助。③

此外，特种教育师资训练所的开办，为少数民族培养了一批师资。到 1949 年，该师资训练所共计毕业学生 505 人。他们绝大多数回原籍任小学教师，为少数民族的教育事业发挥了积极作用。不过，人数毕竟有限，其中瑶族师资更少，大多数教师都来自汉、壮地区，不会讲瑶话，不能和瑶族学生进行交流，从而严重影响了瑶族区教育教学工作的开展。

（三）中华人民共和国成立后至改革开放前瑶族地区的学校教育

1. 中华人民共和国成立初期

中华人民共和国成立后，党和政府高度重视瑶族地区中小学教育。20 世纪 50 年代至 60 年代初，各级政府在瑶族聚居区举办了一大批小学和中学，其覆盖面之广、招生之多，是前所未有的。如，广西金秀瑶族自治县 1951 年在恢复原有的 19 所小学外，新办了 10 所小学，1958 年开办民办小学 41 所，1966 年小学校数增加到 136 所；湖南江华县 1950 年在瑶族聚居山区专设小学 11 所，1951 年又发展 20 所，1955 年建立瑶族自治县后，次年新建了一所民族中学，专设的瑶族小学 64 所，兼设的小学 21 所。④这一时期，我国瑶族地区教育事业的快速发展，主

---

① 广西壮族自治区编辑组.1985. 广西瑶族社会历史调查（第 5 册）. 南宁：广西民族出版社：377.

② 蒙荫昭，梁全进.1999. 广西教育史. 南宁：广西人民出版社：321.

③ 付广华.2008. 论新桂系政权的民族同化政策. 桂海论丛，（5）：74-78.

④ 韩达.1998. 中国少数民族教育史（第三卷）. 南宁：广西教育出版社：523-524.

要体现为学校数量和师生人数的增长。

这一时期瑶族教育发展快速，与1958年的"大跃进"有着很大关系。当时倡导全党、全民办教育，提出"村村有初小，社社有完小，乡乡有初中"的口号，学校数量、师生人数猛增在一定程度上满足了群众子女入学的要求，但是师资的水平和教育的质量并不高。

在促进瑶族子女入学上，各级政府采取了一些特殊政策。针对瑶族多数住在山区，交通不便、居住分散、语言不通、家境困难的实际，通过举办民族中小学和民族班寄宿制学校、女童班及开展双语教学等多种形式来发展瑶族教育。民族中小学和民族班主要招收家庭困难的瑶族学生入学读书，国家对学生的学费、杂费、住宿费、生活费等给予补贴或全免。女童班主要在多民族聚居的杂居区开办，目的是解决瑶族女童因家务多、家庭困难或重男轻女陋习的影响无法上学的问题，入学的女童多为小学生或初中生，国家对女童班学生的学费、杂费、住宿费、生活费给予补贴或减免。

2. "文化大革命"十年

历史已经证明，"文化大革命"对我国政治经济及各项社会事业都带来了严重的损害，其中教育领域是"文化大革命"的"重灾区"。党的民族政策被破坏，民族教育事业遭受严重摧残。全国1 000多所民族学校先后被撤销，国家对少数民族学生的照顾一再减少。少数民族和汉族在文化教育上已经缩小的差距又拉大了。在这样的大背景下，瑶族地区的学校教育受到很大的冲击，总体上发展缓慢，学校教育质量和办学水平低下。

当然，从客观上讲，由于教育"面向农村"这一政策得到较好的落实，这一期间我国农村教育在规模和数量上有所发展。1971年，《全国教育工作会议纪要》提出，"大力普及教育，扫除文盲。争取在第四个五年计划期间，农村普及小学教育，有条件的地区，普及七年教育。要采取多种形式办学，把学校办到家门口，让'农民子女就近上学方便'"。1974年，国务院科教组提出"继续大力普及农村小学五年教育"，"在农村有条件的地区普及七年教育"的目标。与此同时，全面下放教育管理权限，实行"小学不出村，初中不出队，高中不出社"，教育中心全面下移，大大调动了群众办学的积极性。因此，我国农村教育普及取得一定的成绩，农村儿童入学率较大提高，甚至像瑶族山区这样偏远、困难的地方，人民群众的子女都能够在家门口上学，这在历史上是从来没有过的。

3. 改革开放到 20 世纪末

改革开放以后，各地认真落实了党的民族政策，建立健全了学校教育各项规章制度，增加了对教育事业的资金投入，瑶族地区教育事业又重新焕发了勃勃生机，进一步完善具有民族特色和时代特点的瑶族教育体系，特别是瑶族自治县，初步形成了从幼儿园、小学到中学、中等职业教育及成人教育的瑶族教育体系，各级各类学校中瑶族在校学生不断增多。

在教师队伍方面，党和政府十分重视瑶族师资队伍的建设。规定各地的师范院校和民族院校要招收一定比例的少数民族学生，同时在各瑶族自治县开办师范学校或教师进修学校，招收瑶族学生进行培养和培训，提高瑶族教师的教学水平，或与各高等院校联合开办函授班，对瑶族地区的民办教师和中小学教师进行培训。据统计，1978—1984 年都安瑶族自治县离职进修的瑶族教师有 254 人，参加中师函授学习的瑶族教师有 202 人。通过不同方式的培训、进修、学习，不仅培养了一定数量的瑶族教师，而且使瑶族教师的整体素质得到了进一步的提高。1979 年，恭城瑶族自治县师范学校开办广西函授大学恭城教学辅导站，设中文、数学、物理、化学、英语 5 个专业，经过学习、考试、实习，到 1982 年共有 40 人顺利毕业。[①]

4. 21 世纪以来

进入 21 世纪以来，经过"十五""十一五""十二五"连续三个五年计划的实施，瑶族地区教育事业实现了跨越式的发展。2001 年国家在贫困地区实行"一费制"，2006 年国家免除西部地区农村义务教育阶段学生的学杂费，2007 年对贫困家庭学生免费提供教科书并补助寄宿生生活费，2010 年在农村地区全部实行免费义务教育，所有这些政策对促进瑶族地区教育事业发展都起到了积极的作用。

2013 年，广西瑶族地区（以 6 个瑶族自治县为统计口径）小学学龄儿童入学率、小学毕业生升学率高于广西平均水平，6 个瑶族自治县的小学学龄儿童入学率分别是 99.8%、99.7%、99.8%、99.9%、100%、99.9%，广西平均为 99.6%；都安、大化、金秀、富川、恭城 5 个瑶族自治县的小学毕业生升学率分别是 100%、98.7%、100%、100%、99，广西平均为 98.3%。从初中毛入学率来看，2013 年，都安、大化、恭城 3 个瑶族自治县均高于 100%，其中大化瑶族自治县为 124.5%，高于广西平均水平（108.8%）。[②]

① 广西社会科学院课题组.2002.广西少数民族教育与贫困山区劳动就业问题之研究：56.

② 奉媛.2015.2015 年广西蓝皮书：广西民族地区发展报告.南宁：广西人民出版社：78-79.

以巴马瑶族自治县为例。到 2015 年底，巴马瑶族自治县共有中小学 279 所，学生 4 万余人；幼儿园有 99 所，在园幼儿有 1.3 万人；全县教职工 2410 人；小学阶段入学率 100%，初中阶段毛入学率 98.5%，初中三年巩固率 98.1%，九年义务教育完成率 88.1%。2006—2015 年，巴马县共投入约 2.8 亿元用于建设教育教学基础设施，实施学校改造、农村学校设施改造、教师安居工程、食堂建设等项目 448 个，惠及 200 多所学校；发放家庭困难学生生活补助资金、助学金等各类惠民、资助资金累计约 1.75 亿元，15 万人次受益；争取中央和自治区资金 6500 多万元，260 所农村义务教育学校全部开设营养餐，受益学生 13.6 万人。[1]

从上述数据看，21 世纪以来瑶族地区中小学受教育面进一步扩大，基础教育改革与发展成效显著。在瑶族地区教育取得较大发展的形势下，瑶族女童接受学校教育状况如何？将在后续章节中进行详细论述。

第三节　瑶族性别文化及其当代表现

聚居在中国西部贫困地区的少数民族中，一些少数民族的女性教育长期处于边缘化发展状况。女性受教育程度普遍偏低，教育需求没有受到足够的重视，她们获得的受教育机会总是少于男性，而其中以瑶族女性为甚。据 2000 年全国人口普查数据显示，全国瑶族文盲人口中，瑶族女性文盲人口占比为 72.3%，到 2010 年全国人口普查时这一比例为 73.8%，比例不减反增。近年来，瑶族女童的入学率虽然较高，但在小学高年级和初中的流失率同样很高，一些地方的辍学率甚至超过 50%。[2]为什么这些年来国家采取了那么多强有力的政策措施，大力推动民族教育实现了跨越式的发展，而瑶族女童教育的情况仍然不理想呢？

女性受教育状况与男性之所以有较大的差异，根源并非局限于教育本身，它是众多社会因素交织下的产物。在这些影响因素中，笔者认为社会文化中的性别文化是最大的影响因素。为此，笔者通过分析瑶族的传统性别文化，结合观察其

---

① 梁绍恩，鹏雁. 民族团结共建小康社会 同心同德筑梦世界巴马——巴马瑶族自治县成立 60 周年发展纪实. 广西日报，2016-11-16（006）.

② 根据全国人口普查 2000 年、2010 年资料统计.

在当代的表现，深入了解与把握影响瑶族女童教育发展的内在机理。

一、瑶族传统性别文化

一个民族的文化传统及其变迁历史，往往又是该民族性别文化的发展史。从广义上来看，"凡是超于本能的、人类有意识地作用于自然界和社会的一切活动及其结果，都属于文化；或者说'自然的人化'即文化"[①]。有学者借该定义来看什么是性别文化，认为：性别文化可以简要地概括为人类卓立于自然的，关于性本能、性别的自然属性的"人化""人类化"[②]。性别文化的核心是关于性别的价值观，即人们怎样看待不同性别的价值，这是贯穿于所有性别文化事象的灵魂。性别文化无处不在，渗透在社会生活的方方面面，作为一种无形的力量，左右人们的行为和社会生活。性别文化体现在具体的社会机制（如从夫居的婚姻制度，父系制家庭制度男女隔离的社会空间等）、习俗（对女性的贞操要求）及男女的性别分工等方面。

人类性别文化经历了三个阶段，分别是原始社会平等的性别文化阶段、传统社会不平等的性别文化阶段、当代社会趋于平等的性别文化阶段。传统社会不平等性别文化的主要特征表现在以下三个方面：①男尊女卑、男主女从，女性失去独立的人格；②男主外、女主内，女性活动空间受到严格限制；③男女有别、男权至上，女性受到不公正待遇。[③]从性别的价值来说，男性的价值远远高于女性的价值。进入工业文明之后，现代性别文化兴起，妇女平等参与社会生活成为主流，然而其过程还十分艰难，重男轻女的性别文化在某些地域仍发挥着作用。

瑶族由于支系众多，其社会发展不平衡，大多数瑶族支系在中华人民共和国成立前已进入封建社会，少数支系保留着原始社会的一些生产方式。多样态的生产方式和生产关系，表现在性别文化上则是具有多样性，即部分瑶族支系还保留了原始的平等的性别文化，妇女有一定的自主与自由，而多数地方瑶族与汉族一样建立起了传统的以男性为主的性别文化。由于多数瑶族群众生活在偏远山区，远离政治经济中心城市，其经济社会发展相对缓慢，自给自足的农业经济仍是以男性为中心，因此人们对妇女价值的认识也没有像发达地区那样有较大的改变。

---

① 张岱年，方克立. 2004. 中国文化概论. 北京：北京师范大学出版社：3.
② 韩贺南. 2013. 试论性别文化之所以可能. 云南民族大学学报（哲学社会科学版），30（01）：63-70.
③ 吕红平. 2010. 中国性别文化的变迁及其现实意义. 河北大学学报（哲学社会科学版），35（05）：12-16.

有学者认为："男尊女卑一直是瑶族社会的普遍现象。"①

（一）瑶族传统婚姻中的性别文化

在我国传统的父权社会中，男娶女嫁是最主要的婚姻形式。女子出嫁，长期在夫家生活。家庭的继嗣以父系为轴心，社会评价妇女最重要的尺度是能否生得了男孩，妇女的观念是"妇凭夫贵，母凭子贵"，妇女的社会地位比较低。当然，在瑶族一些支系中还保留着另一种婚姻形式，即"入赘婚"。瑶族入赘婚最早起源于何时已不可考究，学者多认为这是母系社会的产物。从史料看，从清代至民国时期，各地瑶族都有这种婚姻形式。如广东乐昌九峰西坑熟瑶"惟女不适人，招婚入赘，不限于其族"②，榴江县瑶人"多喜入赘"③。时至今日，广西、广东、湖南等地的一些瑶族支系，特别是盘瑶仍然存在着入赘婚。

1. 男娶女嫁

男娶女嫁是瑶族主要的婚姻形式，实行从父居，不仅确定了丈夫对妻子和子女的所有权，而且保证了父系财产继承的制度。不过，从一些瑶族支系的结婚仪式和习俗中，多少能感受到从母权社会过渡到父权社会的抗争过程。例如，一些地方保留了"抢婚"的习俗。"抢婚"是指通过抢劫妇女来缔结婚姻关系，发生在男子从妻居住向女子从夫居住过渡的时期。当妻方亲属或妻子本人要坚持旧传统，男子就用抢婚的强制手段来实现让女子从夫居的愿望，并由最初的个别偶然的行动变为普遍流行的风俗。在传统社会里，瑶族女孩子并没有婚姻的自主权。事实上，一些地方瑶族嫁女都要收取聘礼，从而才有钱为自己的儿子娶妻。那些未经女孩同意的婚姻实际上就是买卖婚。最初的买卖婚是以实物支付妻子的身价，随着商品交换的发展，又以货币为聘礼，作为支付妻子身价的主要手段。南丹县瑶族男子结婚时，也必须给女方亲属一定的聘礼，一般是钱四五十元，其中三分之二给女方舅父，三分之一给女方父母。此外，还要给鸡 4 只、猪肉 4 斤、米 20 斤、酒 20 斤、糯米饭 10 多斤等。伴随着买卖婚的出现，妻子也被视为家里的一宗动产。明人王仕性说："（瑶）兄死，弟妻其嫂；弟死，兄亦如之。"④这实际上是意味着妻子毫无婚姻自主权，她们丧偶后不能外嫁，必须转嫁给丈夫的兄弟或同姓亲属。

---

① 玉时阶. 2009. 公平与和谐：瑶族教育研究. 北京：民族出版社：366.

② 民国《乐昌志》卷三//奉恒高. 2007. 瑶族通史（上卷）. 北京：民族出版社：421.

③ 《榴江县志 社会风俗》第二编//奉恒高. 2007. 瑶族通史（上卷）. 北京：民族出版社：421.

④ 转引自清·汪森，《粤西丛载》卷 1，《蛮习》.

这种转房制度的出现，说明妇女已成为男子奴役的对象，妻子属于丈夫家族的财产。

2. 招郎入赘

招郎入赘是瑶族另一种重要的婚姻形式。由于瑶族分布地区广，且支系繁多，社会发展程度亦不尽相同，因而入赘婚也就表现出不同的形式。

（1）卖断婚

"卖断婚"又称"从妻居"，在婚姻缔结过程中，女子常居主动地位。婚礼在女方家举行，男子携带本人的生产工具、衣服到女家终身上门。居住在广西大藤峡一带的瑶族，入赘之风较普遍。卖断婚的特点是男子上门后，一般要改成妻子姓氏，终身在妻子家中居住，所生的子女全随女方姓。

（2）卖一半

"卖一半"是"卖断婚"的一种派生形式，它的特点是上门男子从属于女方，但其名字可改也可不改，有的虽由女家另取名字，改了姓氏，但自己名字仍保留，即一人拥有两个名字。婚后所生子女可以留一个继承男方的宗嗣，取用父亲原来的姓氏，长大后可回父方家居住。此外，男子在女方家庭里可分得一小部分财产，夫妻一旦反目离异时，丈夫可以将他入赘后劳动所得的果实与妻子平分。

（3）两边走

"两边走"，即人类学中的"两可居"。这种婚姻形式要求男女都要参加双方家庭的生产和生活。男子一般先入女家住一段时间，然后女子随丈夫回男家居住，一般在双方家庭的居住时间均等，婚后所生子女随父母姓。在取姓名时，第一个取母姓，第二个取父姓，第三又随母姓，依次类推。有些还要立上门契据，写明子女顶两姓和两方产业等婚约。男方上门女家，一般不改姓名，婚姻生活比较稳定，男女双方在家庭中地位平等，家庭财产为夫妻共有。

（4）招郎转婚

"招郎转婚"即男子上门后，在女方家劳动和生活一段时间，然后就可以带着妻子儿女回男家居住，不再返回女家。广西荔浦、昭平和湖南宜章地区的瑶族实行这种婚俗。有些地方则是男子在女家居住一段时间后，通过交纳礼金以"弥补"上门未满的期限。云南金平县太阳寨瑶族男子的"上门"即是这样。除女方家无劳力必须终身"上门"外，只要男子不愿继续过"上门"生活而要离开女家时，就可采取上述方式来达到返回男家居住的目的。在家庭中丈夫是家长，婚后所有子女也全部从父姓，有继承家产的权利。

关于瑶族"招郎入赘"的婚姻形式,学者们对其来源及作用存在不同的看法。一些学者认为这种婚姻形式体现了瑶族人男女平等的思想,如吴秀芳认为,男女平等的思想观念为入赘婚的存在打下了思想基础。[1]有些学者则认为,从卖断婚到招郎转婚等一系列的变化,表明瑶族社会的母权制向父权制过渡的过程。随着男子个人财产的增多,便以经济手段来改变从妻居的做法,意味着男子经济地位的不断提高和父权制的胜利。[2]此外,也有人指出,瑶族招赘主要是因为瑶族砍种山场、广种薄收的生产方式,需要的劳动力很多,劳动力的多寡对家庭生活有着较大的影响,因此,瑶族对劳动力特别重视。反映在婚姻上,即是招赘的普遍存在。有些人家虽然有儿子,但舍不得把女儿嫁出去而实行招赘,因为这样就可以增加劳动力。[3]

笔者较为赞同后两种观点。实际上这与瑶族适应生存环境的需要有关,为了解决恶劣的自然条件下人群生存和发展的问题,对男娶女嫁婚姻形式的补充。同时这也是特定条件下的暂时性做法,突出体现在招赘通常只发生在赘婚家庭中的一代人身上,一旦下一代有了男子,便又回归到主流的嫁娶婚模式中。它并未从根本上构成对父权制的挑战,而只是在父权制框架中的生存之道。

综上所述,瑶族保留了一些母系氏族的遗风,但其绝大多数的支系都以男性为主,女性早已经处于从属的地位。

(二)社会参与及生产劳动中的性别分工

在社会参与方面,瑶族女性相比男性处于失语状态。她们没有参加本族或本村的自然领袖的选举权,更没有被选举权。可以说,瑶族女性基本谈不上社会参与,凡是与公共领域相关的事务均交由男子来决定。例如,在白裤瑶的"油锅"中,重要的会议和决策妇女都无表决权,也无需征求她们的意见;[4]又如,在云南金平、屏边,瑶族通过"丛会"商议村寨大事。"丛会"结合祭社,每年举行2~4次,会议在寨老家举行,每户都要来一名男子参加会议。会议除了杀猪聚餐外,最重要的是要讨论一年中砍山、伐木、修渠、狩猎及婚丧大事,并制定"社约",令全寨男女老少遵照执行。[5]宗教信仰是瑶族日常生活中的一件大事,是其传统社

① 吴秀芳. 1999. 瑶族入赘婚略探. 零陵师范高等专科学校学报,(5):88-89.
② 玉时阶. 1984. 从瑶族的婚俗看母权制向父权制的过渡. 民族学研究第七辑——中国民族学会第三届学术讨论会论文集:153-162.
③ 广西壮族自治区编辑组. 1986. 广西瑶族社会历史调查(第四册). 南宁:广西民族出版社:247.
④ 玉时阶. 1987. 白裤瑶的婚姻家庭制度. 贵州民族研究,(3):126-132.
⑤ 许立坤. 2005. 近代瑶族教育述论. 广西社会主义学院学报,(4):36-39.

会政治生活的主要内容和象征，许多宗教活动妇女不得参与。妇女甚至也很少或不去探亲访友及参加民族节日，各类社会交往活动都以男性为主。

早期瑶族先民的生产习俗主要是"刀耕火种"。男女配合，男子打洞，女子点播。一年之中男女皆操作于山间，而以春秋两季为忙时，平日则砍柴为生。随着定居下来，家庭中的男女两性分工十分清楚。男子的任务是：狩猎，抵御外侮，血亲复仇，到集市进行简单的交易，将猎物和采集的土特产品出卖，购买生活必需品，协助进行重体力的农业生产，如耕田翻地、抬粮送草等。随着男子的地位提高，总揽家中一切大权，决定着家庭的生产计划、财政开支、造新房、娶儿媳妇、嫁女儿等大事，并代表家庭参与各种社会活动。而妇女则承担着除上述活动以外的全部生产生活的劳动。在操持家务的同时，妻子并不完全脱离生产，丈夫下田作业，妻子也要追随帮助。家中其他日常事务均由妻子料理。如砍柴、磨土豆粉及玉米粉、背水、煮饭、饲养禽畜、收割农作物、贮藏农产品、织绣、缝补、教养子女等。

上述这种分工，使女性对家庭的贡献很不明显，因而女性在家庭和社会上的地位也就不如男性重要。在多数瑶族村落，妇女在个体家庭里面，较少有经济权，丈夫掌握和支配着家庭的经济生活。由于"男主外、女主内"的传统观念和惯习，加上缺乏必要的文化素质，女性很少走出家门，产品买卖完全由丈夫负责，尤其是数量比较大的买卖更是非男人不可。妇女较少或者干脆不去附近的一些小城镇。女性被排除在产品向货币转换的最后环节之外，进一步失去了对家庭经营的支配权。

在孩子的家务分工中，瑶族男孩一般从八九岁起就在家中协助放牛，十二三岁开始帮助父母从事田间劳动。瑶族女孩四五岁开始参与家务劳动，到八九岁就放牛、猪、羊，十二三岁就参加田间生产劳动，并时常协助母亲从事家庭纺织、缝补、炊事等工作。父母对于女孩会更加严格，男孩贪玩不做，一般父母不会管得太严，但对女孩则不同，要求女孩更顺从、听话。在农闲的季节，瑶族女孩就接受本民族纺织、挑花、刺绣等民间传统工艺训练。她们从七八岁起开始跟母亲、姐姐等学习绣花，到十四五岁便可以成为一名技艺娴熟的织绣能人，可承担家中所穿衣服的制作，技艺超群的人还能够帮别人绣花。

（三）家庭生育及对子女教育的性别差异

瑶族与其他民族一样，进入父系社会以后，在生育中也同样存在"男性偏好"。查阅文献发现，这主要有三个方面的原因。①养儿防老。正如前文所说，虽然有部分瑶族支系有招婿上门的习俗，但相当多的支系是以男娶女嫁为主，并由儿子负责为父母养老送终。此外，以山地种植为主的瑶族，多个儿子就多一个劳动力，就能为家庭提供更多的物质生活资料。②瑶族住在高山上，受到自然和社会的双重压迫，鬼神观念较重，但凡疾病、生产、狩猎、建房、婚嫁，动辄求神拜鬼，生活中事无巨细都请师公念经做道，师公在村民中的地位十分重要。一个家庭必须有会念经做道的男子，在村中才有地位，否则，别人瞧不起。因此，家庭都希望能有男孩。③由于瑶族实行族内婚，而有些村寨同一宗族人口所占比例较大，女孩长到当嫁的年龄，则被迫远嫁他乡，只字不识的瑶女一旦离开父母，不识归家之路，从此与父母老死也见不上一面，更不用说报答父母的养育之恩了。所以，在生育的态度上，瑶族认为养女儿无用，是帮别人养的，养儿子才有用。

在给予孩子的教育资源方面，瑶族历来以男孩为重。中华人民共和国成立前，瑶族地区几乎没有学校，但男孩仍然可以习得一些文化知识。这主要是得益于瑶族的一种重要宗教仪式，即"度戒"。在大瑶山花蓝瑶、盘瑶中，男子的成人礼是极隆重的仪式。一般瑶族男性青少年都要经过度戒的洗礼，女性则没有这种权利。度戒在瑶族人观念中，意为承度祖辈阴兵、续接家族香火。也有人认为它是一种成年礼仪，其中最重要的是它确立了瑶族男子在族内一定的身份和地位。度了戒的男子才有资格参加许多重要的宗教活动，如打斋、祭社王等。度戒后，每个人都有法名，以后可以带名分去当别人的师傅，也可以去学法当道师。①男孩经过拜师后，即以师公、道公写的经典为课本，从识字开始，师傅逐字逐句逐篇教念教写。经过几年时间，直到把全部经书念熟抄下方算结业成师。正是由于原始宗教的兴盛，一些人未进过学校，通过习经，也能成为瑶族中识字有知识的人。宗教的"度戒"仪式，成了瑶族传授民族历史知识和社会文化的一种方式，而这些是将女孩子排除在外的。

（四）传统社会文化中的女性禁忌

作为社会成员的瑶族妇女，除了要遵守本民族约定俗成的禁忌外，还要遵守专为她们设定的女性禁忌，这些禁忌涉及生产、生活、交往、信仰等方方面面。

1. 生产劳动中的禁忌

在瑶族社会中，狩猎是一项重要的生产活动，而在狩猎时就有对女性特设的禁忌。在金秀岭祖一带茶山瑶的观念里，男子上山打猎时，在途中遇见妇女，妇

---

① 李远龙. 2001. 传统与变迁：大瑶山瑶族历史人类学考察. 南宁：广西民族出版社：167.

女必须让路回避，否则男子就不会猎获野兽。家里有男子准备出外打猎时，妇女不得对着男子梳头，否则打猎的人就会一无所获，空手回家，甚至还会受伤。

2. 生活起居中的禁忌

在瑶族文化中，有些支系规定，妇女吃饭时不能坐着吃，只能蹲着吃，即使坐着吃也只能坐矮凳，不能坐高凳；在家中走动时，如前面有男人，妇女应从男人背后走过，不得从前面走过，如果必须从男人前面走过，应弯背弓腰，不能挺直身子；野外走路遇上男人，哪怕肩上挑有柴火之类重物，都必须主动让路，并站在路旁下方，不能站在上方。在瑶族的一些支系中，家庭成员尤其是妇女在日常饮食起居中要受到一定限制，既有辈分的限定，也有性别的限定。金秀大瑶山的瑶族除茶山瑶外，其他族系的女人，不能与客人共餐（女客例外）。金秀花蓝瑶的媳妇不能与家翁共席，盘瑶的媳妇虽可与家翁共席，但只能站着或蹲着，不能坐凳进餐。

3. 交往待客中的禁忌

瑶族在向客人敬酒时，一般都由少女举杯齐眉，以表示对客人的尊敬；客人和老人每吃完一碗饭都由妇女代为装饭；云南地区的瑶族，大年初一妇女不串门访亲，不吃青菜；云南文山州瑶族，五月初一，女人不许串门。[1]凌云县龙山背篓瑶，已婚的妇女客人，若来到家里，她被认为身子不干净，故不得接待她在神台前睡觉，只能睡在神台两旁。云南地区的瑶族，婚后次日回门时，再婚妇女不能跟新娘讲话，讲了也不答应。[2]

4. 对孕产妇的禁忌

瑶族对于孕产妇有一些特别的禁忌。比如金秀大瑶山的茶山瑶，妇女怀孕后，夫妇都不能在别人出门干活的时候，问他们去干什么。村里人如果同孕妇或其夫在一个地方做工时，必须要让其他人先开工，认为不这样做，当天做工的人会发生刀砍斧伤、石压手脚等事故；打猎时，若有孕妇之夫在场，一定要他去放狗。金秀的山子瑶，忌产妇触弄渔猎工具，忌妇女从这些生产工具上跨过，否则渔猎会不顺利。此外，当新娘入屋、新婚夫妇拜香火时，孕妇不能去观看，否则，这对夫妇就不会和好到老。[3]

① 王明富. 2005. 文山少数民族民俗田野考察方法浅议. 文山师范高等专科学校学报，（4）：316-319.
② 方素梅. 1996. 中国少数民族禁忌大观. 南宁：广西民族出版社：89.
③ 广西壮族自治区编写组. 1984. 广西瑶族社会历史调查（第一册）. 南宁：广西民族出版社：363.

5. 祭祀中的禁忌

在瑶族社会中，祭祀祖先是男人的事情，女性平时可以进入庙堂，但在进行祭祀的仪式时不可以进庙堂，因月经和生育的关系，女性被人们认为是污秽的，祭祀祖先是很洁净的事情，女性的进入可能会玷污了神殿，冒犯了祖先。在生育方面，只有女性才可以去处理，男性要回避，生育后请的"三朝酒"只有女性才有资格参加。因为生育也被认为是一件不干净的事情，男性如果接触到刚生产完的女性，可能会沾染到女性身上的污秽，将来进庙堂的时候就会冲撞到祖先。

瑶族地区的这些与妇女有关的禁忌习俗和观念，绝大部分形成于父权制占统治地位、特别是封建社会儒家思想占统治地位的时期，浓重的封建宗法意识和男尊女卑观念深刻地影响着瑶族地区。

二、瑶族性别文化在当代的表现

（一）妇女在公共领域仍处于失语的状态

在瑶族地区调研，笔者发现在公共领域方面，瑶族男性参与的积极性高于瑶族妇女。瑶族村寨中依然存在男尊女卑思想，大部分瑶族农村妇女极少过问村屯的公共事务，而是以丈夫为中心，围着家庭转。笔者走访的乡镇与村屯，只见到极个别的瑶族妇女干部；走访的十几所乡村学校，只有两位瑶族女校长。女性在社会公共领域基本处于失语的状态。

除极少数妇女外，几乎没有瑶族妇女有机会参与村里的公共管理。从村主任到各村民小组的组长都是男性担任。在调研的过程中，只有村主任或校长请笔者吃饭时，才能在公共场所见到村里的妇女，但她们主要是被邀请来帮忙做饭的，做完饭有些就回去了，只有个别会留下来一起吃饭。当问到村主任的选举等事情，她们一概回答不知道，或不懂。当地妇女参与公共事务意识薄弱，权利观念缺失，似乎谁当村主任这些事情与她们没有关系，她们已经习惯了天天埋头干活。一方面，历史上妇女社会地位低下限制了她们参政的热情和可能，造就了妇女以家庭为核心，她们认为参与政治理所当然是男人的事情，从而形成了不关心公共事务的传统；另一方面，由于没有机会接受教育而导致不识字、没有文化，她们没有能力、没有信心、也没有意识去参与公共事务。

在女性的权益保护上，瑶族妇女只能按照传统的习俗或规定去执行，而不会替自己争取应有的权利。当今，一些地方的农村妇女已经开始参与竞选村委会主任、为"出嫁女"争取土地使用权等，而瑶族妇女的权利意识觉醒甚少，其权益受到损害的现象还较为常见。主要表现在以下方面：

1. 土地使用权受损害

瑶族妇女与其他农村妇女一样，因为出嫁而失去原来属于自己的那一份土地。而在新居住地又不能取得属于自己的承包土地。虽然在法律上，娘家的那份土地还是属于她的，但是从夫居的模式及传统的习惯，事实上结婚后妇女对土地的使用权就丧失了。如果妇女离婚或丧偶后，其在夫家的土地归属权也缺乏保障，很有可能失去对原有土地的使用权。在大化县某瑶族乡调研时，笔者就遇到一位瑶族妇女，丈夫生病去世后，她带着三个孩子生活，总是受到孩子大伯的排挤，最后只能再嫁后移民到了防城港。

2. 多数地方瑶族妇女无财产继续权

不少瑶族支系由于特殊的生活环境，在生育男孩和女孩的问题上相对比较平等，并且允许招赘婚。然而，这并不意味着瑶族社会是一个性别平等的社会。对于生产力水平极低的瑶族社区，能否继承家庭财产对于每个成员来说是十分重要的事。瑶族的家庭财产，包括房屋、田地、生产工具、粮食、耕牛、衣服等，有的是祖传，有的为家庭全体成员共同创造。但在不少的瑶族支系家庭内，男子才有财产继承权，即便是留在家里招女婿上门的女儿都没有继承权。如巴马瑶族自治县甘长乡对瑶族财产继承有如下规定：父死财产由儿子继承，无子则由宗族继承。而寡妇招进门的姑爷、入赘的女婿都可继承财产，妇女则无继承权。这些习俗不是某个家庭可以改变，而是一个族群的社会约定，它对于妇女的影响很大。

3. 少数地方女性的婚姻选择权仍然受到限制

虽然瑶族已经从严格实行族内婚到现在绝大多数可以与外族通婚了，但是女性在婚姻当中仍没有充分的选择权。例如，贺州土瑶由于生活极端贫困，一些妇女为了逃离穷困和艰辛的生活，以逃婚的方式逃离土瑶社区，嫁到峒外相对富裕的地方。为了防止土瑶女子外嫁，1983 年 5 月 10~11 日，土瑶社区 6 个村寨集中在沙田镇狮东村大冲寨召开"四甲"会议，妇女代表 8 人，村干部及村民代表45 人，讨论禁止土瑶女子外嫁问题，并形成了《"四甲"会议决议书》。[①]会议之所以只讨论女子外嫁的问题，而没有讨论男子外娶的问题，主要是基本没有外族或其他瑶族支系的女子愿意嫁给土瑶男子。也正因为如此，土瑶社区才十分担心

---

① 袁同凯. 2012. 走进竹篱教室——土瑶学校教育的民族志研究. 天津：天津人民出版社：232.

长此以往，大量土瑶男青年找不到结婚对象，导致土瑶族群的人丁不旺而采取强制手段。

显然，这是严重违反妇女意志、违反《婚姻法》的行为，但却也被土瑶的妇女代表所接受，得到多数女性长辈的赞同。可见，土瑶妇女们早已认同自己从属于家庭、族群的身份，认为这个身份远比个人的幸福重要。

这样的规训在其他瑶族支系中也可以看到，一些地方虽然没有明确规定女子不能嫁给外族，但"肥水不流外人田"的思想还是不同程度地存在于人们的潜意识中。一些瑶族家庭为了让舅舅家的儿子能够找到媳妇，仍然遵守着"姑舅表婚"的旧习俗，将自家的女儿嫁给舅舅的儿子。

笔者在调研中就遇到一位中年妇女，她九岁时父亲就去世了。为了能早点帮着家里做事，她只读了一年级就回家干农活，成为家里的主要劳动力，帮妈妈一直带大了四个弟妹。说起自己的婚姻，她说："我年轻的时候自己找了个有文化的男朋友（隔壁村学校代课老师），但母亲不同意，男方家条件比我们家好，我妈妈怕人家说我们高攀，也怕人家看不起我们家，以后我跟着他走了，就不能帮到弟妹，硬是把我嫁给了表哥。妈妈说自己人，能帮上家里。"

当前，由于性别比例失调，瑶族男子娶不上妻子的比例呈上升趋势，这很可能导致一些地方通过排斥女童教育，使女性没有能力走出大山而留在村里。这是应当引起社会重视的一个问题，如果不及时采取措施，女童的基本权利将得不到保护。

（二）瑶族家庭以男性为中心

在我国，女性在家庭中的地位普遍有了提高，大多数妇女能够参与家庭重大决策，与男子一样享有平等的生存权、教育权、财产权等。但这还很不够，据有关部门发布的中国女性报告来看，能够参与家庭重大决策的女性只占七成。[①]而且，目前中国家庭中仍有超过25%的女性遭受家庭暴力且得不到有效制止。在瑶族家庭中，女性与男性不平等的情况更为突出，绝大多数瑶族家庭仍以男性为中心，女性处于从属和相对被动的地位。

1. 瑶族妇女承担着大量劳动却无话语权

瑶族妇女几乎承担了所有家务劳动和相当比例的生产劳动，如果男子外出务工，生产中的重活也由她们自己承担。除了参加田间地头劳动外，回家还要管理

---

① 全国妇联妇女研究所. 第三期中国妇女地位调查主要数据报告. http://www.wsic.ac.cn/[2017-05-12].

家务，如喂猪、做饭、缝洗衣服等。瑶族妇女大多十分勤劳，每天天一亮就已经上山，走到她们的山场有些要走好几个小时，回到家往往都已经天黑。在雨天不能上山干活的时候，她们又拿起手工活，几乎不会有闲着的时候。

笔者在瑶族村屯访谈一位初中女孩，她这样描述自己的父母："家里的活父母亲都在干，但肯定是母亲干得多，她很累，从来没有闲下来的时候……父亲主要干些重要的农活，小事他不干。""妈妈在家种苞谷、种菜、锄草，爸爸出去帮人打零工，有时候干点农活。妈妈干得多。""我很不喜欢过（母亲的）这种生活，做农活很劳累，生活太苦了。"

当前，在外出务工的大潮里，一些地方瑶族妇女也开始跟着丈夫或子女走出家门，到广东等地打工。但由于中年的瑶族妇女，多数只上过小学一、二年级或者根本就没有读过书，只能做一些纯体力活，如烧水、洗涤等，她们常常因为自己没有文化、不识字而特别自卑。

关于家里谁说话算数的问题，妇女们通常的回答是："我又没有文化，有什么事情还是让孩子爸爸定。"孩子们则说，钱是妈妈管，但用钱大多数都是父亲说了算。也就是说，一些家庭在重大决策上虽然会共同商量，但最终的决定权一般还是男性。只有在一些特别的情况下，如丈夫去世，或是丈夫不能很好管理家事时，才由妇女掌管。瑶族有句俗语"男人说话钉子扣板子（即说话算数），女人说话无牙齿（即讲话无用）"①。

2. 瑶族妇女在生育问题上不能做主

瑶族传统上十分重视生育问题。因为在山里种地，经常需要砍山，劳动强度大。在过去，劳动力多的家庭一般生活水平相对要好一些，因此形成多子多福的思想观念。此外，瑶族是以从夫居为主的传统婚嫁模式，家中以儿子赡养老人为主，儿子承担了更多回报父辈的义务，比如赡养老人、祭祀祖先等。因此，养儿防老观念也很重，每个家庭都希望多生儿子，这就给了妇女很大的压力。

在生育问题上，瑶族妇女没有自主权，她们自己也以能生男孩子为荣。当前，在一些瑶族支系，由于深居大山，他们往往逃避计划生育，一些人家最多的还有八九个孩子，这在都安、大化、巴马等地都存在。一些妇女为了生育男孩，从十七八岁一直生产到40多岁，整个人生基本都在生育中度过。

在调研中，笔者遇到一位高中女生，她有一个姐姐、一个哥哥及两个妹妹。妈妈曾经为了再要男孩，又生了两个孩子。但由于身体原因，男孩子都夭折了。

① 广西壮族自治区编写组.1984. 广西瑶族社会历史调查（第5册）. 南宁：广西民族出版社：233.

于是对唯一的男孩子十分宠爱。哥哥初中没有毕业就辍学，既不参与劳动，也不外出务工，整天游手好闲。父亲去世后家里经济十分困难，但家里的低保补贴常被他一个人花完，没有钱就找母亲要，不给就砸家里的东西，甚至将妹妹学校给的补助拿去喝酒，导致几姐妹上学都成问题。但该女生告诉笔者：没有办法，毕竟他是这个家庭的唯一男性，家里祭祖及"做鬼"（瑶族的一种宗教仪式）都需要他。瑶族男性在家庭中的地位，到现在仍有许多习俗保护着，使得女性仍然无法主宰自己的命运。

3. 瑶族女性有时候遭受家暴

瑶族男性拥有更多的自由时间与休闲方式。除体力劳动外，他们乐于参与各种社会事务，比如祭祀、庆典，喝酒聊天则是他们每天必不可缺的享受。在一些地方还曾有这样的传统，即男人喝酒后醉倒在路边，女人要守在其身旁，等男人醒来。如果不这样做，男人会不高兴甚至离开这个家。当然，现在女性的自我意识稍有提高，很少有女人会再去路边守候丈夫的。正在读大学的瑶族女生小凤说，从家里的三代女人来看，女人的地位还是有所提高的。过去只要外公想喝酒，即使家里很困难，外婆也要去给外公买酒喝，如果外公喝醉了，也只能守在一旁；到妈妈这一代，已经不会再那么顺从于男的，会劝他们少喝一点酒，若男人喝醉了，她们会躲出去，避免挨打，有了一定的自我保护意识；而现在年轻的一代，相对更好一些了，当然如果遇到脾气不好的男人，也没有办法。

> 女人的地位是很低的，除了做好本分的工作外，还要受到男人的凌辱。
> 像我小姨嫁到我们村里，她的丈夫从来都不工作。她除了照顾家里大大小小
> 的事情，还要给别人卖苦力，挣钱给小孩上学。晚上丈夫喝酒回来后还要毒
> 打她。她说要离婚，那男的不同意，孩子又还小，只能默默忍受了。他们那
> 个年代都是经过双方父母介绍认识的，没有什么感情基础。

——上思县某高中高一瑶族女生访谈记录

上述的情形虽说有些极端，但在瑶族地区并不是个例。被打的妇女大多数都在忍受着。在一次与一名初中女生交流时，她告诉笔者：她的婶婶经常被叔叔打，她周六回家时都遇到好几次，婶婶身上被打得青一块、紫一块。她的叔叔婶婶在县城打工，已经暂住县城多年。于是笔者决定到他们家里去详细了解情况。当到家里与婶婶交流此事时，她否认自己被打。她说："有时候大家想法不一样，他会骂几句，打是不会打的。"或许她觉得家丑不可外扬，所以选择沉默。而许多

家庭暴力就是这样不断升级的。

在笔者走访的家庭中，也遇到妇女不堪劳累与贫困，丢下子女离家出走的情况。而且不论哪个瑶族支系，几乎每个村都有逃离家庭的年轻母亲。她们出走的原因虽然各有不同，但生活贫困、与丈夫失和，是主要因素。有些是因为家里太穷，丈夫却又好喝酒，喝多以后偶尔还会动手；有些是丈夫身体不好，不能干活，自己快撑不住了；还有些是丈夫不爱劳动，家里生计全压在女人身上。近年来，还有一种情况是一些男子在外打工带外地的媳妇回到山里来，新媳妇一看这穷山沟，比想象中要偏僻许多，有的没多久就丢下孩子跑了。

（三）一些地方仍存在"男孩偏好"的倾向

在我国的生育观念中，包括汉族在内的各个民族其实都普遍存在"男孩偏好"的倾向。只是由于城市及平原地区对计划生育控制较严格，于是人们慢慢接受了生男生女都一样的观念。然而，居住在深山的瑶族人家，由于地理环境、经济发展、宣传教育、政策执行等种种因素，"男孩偏好"表现得更为明显，其改变的过程显得更为缓慢。为什么瑶族群众要生育那么多小孩呢？其中一个原因就是一定要有男孩，且最好有多个男孩。一些家庭几代单传，觉得在村子里没有兄弟帮忙，势单力薄，而且族里的一些祭祀活动，必须是男性才能参与，有的仪式还要由男性来主持。如果家里没有男性，则需要花钱请人来主持各种仪式。因此，男孩子在成家之后，必然会努力生育，以期家庭人丁兴旺。

"男孩偏好"体现在瑶族的一些文化习俗和服饰之中。例如，盘瑶大多有"挂灯"的习俗，"挂灯"即"传灯接代"仪式，仪式十分隆重。湖南资兴瑶族由师公将新师男的三盏明灯从供桌上依次传递，第一盏本命灯由师公传给师男的父亲，父亲再传给儿子，新师男接过燃着的烛灯安放在身前的灯架顶端。另两盏由两个师公分别传递，放在师男面前的灯架两旁，灯灯相续，照耀着新师男，师公们和父亲们绕着这师男和明灯，边走边唱，鸣角敲锣，绕行数圈。传灯是瑶人挂灯礼仪的宗旨核心。一盏灯就是一脉香火，象征着把家族的香火传到子孙手中。

与挂灯仪式相似，"度戒"也只是针对男子的民间宗教仪式，一些地方视"度戒"为男子的成人仪式。这种表达瑶族对下一代的期望，以及民族信仰与追求的仪式，都把女性排除在外。

白裤瑶的童帽有一个很大的特点，就是人们远远就能一眼分辨出小孩的性别，这个取决于童帽上的一根红色刺绣条。只有男孩才可以佩戴这样的红色刺绣条，女孩的帽子上则没有，人们通过该标志就能辨别出儿童的性别。关于男孩帽子上红色刺绣条的来历，有研究者进行了考察，认为它实际上是雄鸡的标志，而白裤瑶把雄鸡作为本族群的图腾。

在当地就流传着这样一个传说：从前，天上有9个太阳，一位英雄举起弓箭射中了8个太阳后，第9个太阳因为害怕躲了起来，从此暗无天日，是雄鸡叫了三天三夜，太阳才又出来了，而此时鸡也被累死了。雄鸡也因此有了不一样的身份，白裤瑶人认为鸡是最有灵性的动物，是光明的使者。"雄鸡"的图案也就顺其自然地成为白裤瑶民族最重要的徽记。男童头戴红色刺绣条好似公鸡头顶的鸡冠一样鲜红明艳，它代表着雄鸡，而作为族群象征的图腾只绣在男童的帽子上，这正说明男孩是本民族的代表。[1]

正是由于这样的文化，妇女无论身体条件如何，都要努力生育至少一个男孩才能不被人说闲话，也才会在村里有地位，这给女性带来了身体与精神的双重折磨。

在都安某高中读高二的瑶族女生小英对笔者讲了自己家庭的故事，是男孩偏好文化的真实写照。

> 在我出生后的九年里，母亲都没有再怀上孩子，村里的人多次劝父亲与母亲离婚，不知有多少个夜晚母亲都是流着泪度过的。因为没有儿子，地位低下，村里隆重的活动，父母都不敢参加。爸妈总是求神拜佛，到处求医。在我七岁的时候，家里做了一个大的求子法事，整个过程，父亲跪在门口。到了我九岁那年，二妹出生了，但也没能改变别人对我们家的看法。经常有人在我面前说："以后你爸妈只能跟女儿住了。"到了三妹出生，我们家就更被人笑话，村里的评论改变为："三个女儿可以养活他们两老了。"
>
> 终于，妈妈在四十多岁生了弟弟。那天我从学校回家，没想到村里人送来鸡、肉、蛋等各种吃的，还有好多红包，有几千元呢！我们家终于有资格请全村人吃酒席，那也是爸爸自我出生以来第一次喝酒。
>
> ——在都安县隆福乡某村小英家的访谈记录

（四）在子女教育上依然重男轻女

瑶族在子女教育方面存在性别差异，其突出表现在送男孩与女孩入学的

---

① 赵砚球，刘玉兰，盘美花. 2013. 明灯照耀传香火——中泰勉瑶挂灯仪式调查与比较研究. 清远职业技术学院学报，6（5）：6-14.

问题上。虽然现在女童的入学比例已经大大提高，但入学年龄偏大、上学年限较男童短的问题依然在不少地方存在。家庭在经济困难或家里需要人手只能送部分孩子上学的情况下，多数父母会选择送男孩上学，而将女儿留在家里带弟妹及参与劳作。部分瑶族家长会在男童上学和女童上学的理性分析上进行博弈，博弈的结果就是放弃女童。原因在于男性是传宗接代的主力，是一家之主，是经济支撑，读了书会长本领，会给家庭带来经济状况上的好转，而女孩终究要嫁出去，送女孩读书无疑是帮别人家培养。因此，在一些家庭，姐姐得辍学回家种地，供弟弟上学或在家带弟妹，长大些才能去读书。小学毕业或者还没有毕业，当机会来临时就赶紧嫁人，以便换回一些彩礼。在一些地方，嫁女的彩礼已经高达五六万元。瑶族山区女童初中毕业率虽然没有单列的统计数据，但从各个学校调查情况来判断，笔者认为不会超过三分之一。这些文化程度低的女童很快又成为母亲，然后生儿育女，轮到自己去教育下一代。她们很可能继续沿用母亲的一贯做法，让女儿辍学，形成一种恶性循环，最终导致该地区女性受教育水平低，女性人才十分短缺。这一问题，第六章将进行详细探讨。

（五）一些针对女性的禁忌没有消除

当代社会已经发生了很大变化，但在一些瑶族山区，针对女性的禁忌依然存在。例如，大年初一早上，女孩子不能第一个去别人家串门，据说会给别人带来不好的预兆，必须在男孩子之后登门；嫁人了，回娘家的时候不能上楼。如果不遵守，说明是对娘家兄弟的不重视和不尊重；如果要结婚，也得按兄弟姐妹的顺序来，不按顺序，就是对兄弟姐妹不尊重；但如果非要先结婚，就必须对哥哥的名声做出一定的赔偿。

一些地方的禁忌还包括对女孩子婚前性行为的绝对约束。笔者曾与一位布努瑶高中女生有这样一段对话：

笔者：如果女孩子结婚之前与别的人恋爱，有了小孩子，对方又不与她结婚，家人和村里人会怎么对待她呢？

女生：父母会把她赶出家门的。如果严重的话，村里人会赶她离开村子的，绝对不允许她在他们村里生孩子。

笔者：我可不可以将这种举动理解为村里人对女孩子的贞操看得特别重呢？

女生：我妈常跟我说，女孩子名节很重要。

该女生所说的情况显然还是存在的，一些女孩因为年幼无知，一次轻率的行为可能毁了自己的一生，她们往往会因为有了孩子，没脸再待在父母家，而不得不嫁给自己并不太满意或不喜欢的男人。

在瑶族山区，传统性别观念还反映在人们生活的其他方面，成为束缚女性的无形的绳索。一些妇女不满辛苦而又贫困的生活，抛夫弃子离家出走，虽然这样的方式过于绝情，但依然值得同情，需要社会有关部门对妇女行为背后的深层次原因进行调查分析，及时进行帮扶。然而，在走访的过程中，绝大多数人包括妇女都认为这样的女人太狠心了，在她们看来抛下自己的孩子的行为是无法原谅的。由此可见，人们看重的是女人应尽的义务，对于妇女应该享有的权利则比较忽视。诸多对女性权利的侵害行为或事件，由于习以为常而较少受到关注。

为此，对于传统性别文化带给当代妇女的负面影响与伤害应当引起社会各方面的重视，提升瑶族妇女的社会地位是社会发展的必然趋势，也是瑶族女童健康成长的社会基础。

第二章

改革开放以来的瑶族女童教育

党的十一届三中全会以后，党和政府实行改革开放政策，经济建设呈现出良好的发展势头。随着改革开放的推进和经济社会的发展，在国家政策措施的支持和社会各方面力量的推动下，民族地区教育事业逐步实现了快速发展，瑶族地区的女童教育取得了长足的进步。瑶族女童的入学机会大大增加，辍学人数进一步下降，完成义务教育的人数及升入高中、大学的人数逐年上升。

为了看清瑶族女童教育发展的脉络，从中发现其存在的问题或短板，笔者将其划分为三个时期：第一个时期是 1978—1995 年，瑶族女童教育初步得到发展，这一阶段主要有两方面力量的推动，一是民族教育政策对少数民族教育的整体扶持；二是国际相关组织的作用及影响，女童受到了前所未有的关注。第二个时期是 1995—2007 年，瑶族女童教育快速发展，这一阶段主要也有两方面力量的推动，一是北京世界妇女大会（世妇会）精神的巨大推力；二是国际和国内的教育项目发挥了重要的作用。第三个时期是 2007 年至今，"两基"目标实现，基础教育发展战略转向更高层次和更高要求。

第一节　瑶族女童教育初步发展（1978—1995 年）

由于十年"文化大革命"的影响，民族教育的相关政策和特殊措施大为削弱甚至被取消，导致民族教育出现较大的倒退，少数民族学生受教育的数量及质量都严重下降。随着十一届三中全会的召开，国家逐渐将工作重心转移到经济建设，教育被列为战略重点之一。在这样的背景下，民族教育很快得以恢复和发展。首先，民族教育管理机构得到恢复和重建。1979 年底经国务院批准，教育部成立了民族教育司。1981 年召开了第三次全国民族教育工作会议，要求各地依据 1952 年《中央人民政府政务院关于建立民族教育行政机构的决定》精神尽快建立有关机构。其次，民族教育获得有力的法律保障。1982 年颁布的《中华人民共和国宪法》（下文简称《宪法》）和 1984 年通过的《中华人民共和国民族区域自治法》都明确规定，国家要从财政、物资、技术等方面帮助少数民族加快发展文化建设事业，民族自治地方的自治机关自主地管理本地方的文化教育，进一步确立了民族教育体制的性质和基本原则。1986 年以后，我国陆续颁布了《中华人民共和国义务教育法》（《义务教育法》）、《中华人民共和国教育法》（《教育法》）等教育法律，对民族教育事业的发展起到了极大的推动作用。

在此期间，发展民族教育的特殊政策和措施不断出台。1980 年中共中央、国务院《关于普及中小学教育若干问题的决定》指出，国家对文化教育落后的一些少数民族，必须采取一些特殊措施。同年，教育部、国家民委印发了《关于从民族地区补助费中适当安排少数民族教育经费的建议》。从 1985 年起，每年国家划拨专款扶持老、少、边、山、穷地区发展教育。1992 年召开了第四次全国民族教育工作会议，对民族教育发展做出规划，出台新的政策措施，加强了师资培养、民族双语教学等工作。

在国家政策的支持下，瑶族地区的教育得到了较快的发展。以广西都安瑶族自治县为例，1978、1984、1987 年该县在校小学生人数分别为 112 338 人、130 144 人、139 244 人，其中瑶族学生人数分别为 17 005 人、27 419 人、32 182 人，占比分别为 15.1%、20.1%、23.1%。一方面，瑶族在校学生的比例逐年有了提高；另一方面，1987 年都安瑶族在校小学生的比例比瑶族在全县总人口中的比例略高了一些。[①]广西其他几个瑶族自治县基础教育发展的情况也基本类似，说明瑶族聚居区的教育发展取得了长足的进步。这其中，瑶族女童教育的发展进步尤为明显。

一、寄宿制办学发展迅速

这一时期，少数民族教育除了以全日制中小学为主外，寄宿制民族班是一种独特且有效的办学形式，同时各地还通过举办简易小学、试办女童班等灵活方式，

---

① 韦标亮. 2010. 布努瑶社会历史. 南宁：广西民族出版社：230.

促使民族地区基础教育更好地发展。在这一过程中，瑶族女童教育逐步发展起来。

寄宿制民族班是解决家校距离较远、居住地分散的少数民族乡和村屯孩子上学困难的一种办学形式。小学分为全寄宿制高小民族班和半寄宿制小学民族班两种。前者一般是在学校统一食宿，后者则需早晚往返，一般只提供午餐。

就广西而言，全寄宿制高小民族班早在中华人民共和国成立初期就已举办，但规模较小，而且教育质量较低。1981—1982 年在原办高小民族班基础上先后增办了12 个班，共招收少数民族学生 539 名；1985 年扩大至 46 个班，在校学生 2 300 多人；1987 年发展到 178 个班，在校学生 9 276 人。初级中学民族班与独立建制的民族初级中学在学制、教学内容上相同，而在招生、培养、待遇、管理等方面具有独特之处。1981 年防城港那良中学开始在高山瑶寨招收农村小学毕业生，开办了广西第一个寄宿制初中民族班，随后龙胜、贺州、罗城、百色等地也相继开办了寄宿制民族班。截至 1987 年，广西共举办初级中学民族班 105 个，在校学生 5 450 人。[①]

高中民族班主要是使少数民族学生进入高一级学校、打开人才通道、向山区少数民族倾斜而采取的特殊措施。广西高中民族班比寄宿制初中民族班举办得还早一些，1980 年秋开始，举办 8 个班，每年招生 400 人；1985 年扩大发展，在13 个县举办 14 个班，招生 700 人；到 1998 年底，全自治区举办高中民族班 145个，在校学生 5 800 多人。这些高中民族班毕业生参加全国高考，不仅升学率较高，而且有不少学生考上了全国重点高等学校。

在这一时期，瑶族地区民族寄宿班和寄宿制学校进一步得到发展，有力地促进了瑶族地区教育的提升，更多的瑶族女童获得了上学、升学的机会。

20 世纪 50 年代至 60 年代初，湖南江华瑶族自治县在瑶族聚居的 8 个乡的学校设立了高小寄宿班，1983 年调整学校布局时，发展了寄宿制的中心小学，各区还办起了寄宿制中学，提高了学生的入学率、毕业率和升学率。以湘江乡为例，1983 年办起寄宿制中心小学后，全乡入学率达 98%，1984 年"三级"会考，小学毕业生合格率由 1982 年的 7%上升到 71%。

广东乳源瑶族自治县除了在县城设立民族中学外，还在瑶族聚居的必背乡设立民族中学，截至 1990 年，必背民族中学共毕业了 200 多名瑶族学生，包括许多瑶族女中学生，大多数成为当地的干部、小学教师、乡村医生等。[②]

广西富川瑶族自治县新华乡 1985 年全乡人口 1.6 万人，瑶族占 99.8%。从

---

① 梁全进. 2003. 广西教育改革志. 桂林：广西师范大学出版社：311-315.
② 吴霓，等. 2013. 中国民族教育发展报告 2012. 北京：教育科学出版社：201-208.

1985 年起在新华中心校设立民族高小寄宿班，每年招收 4 个班 200 人，到 1989 年共有两届 8 个班 400 人毕业，毕业率 100%，考上初中 396 人，升学率 99%。[①] 在毕业、升学的学生当中，瑶族女童无疑占了一定的比例。

以下摘选一篇关于广西龙胜各族自治县寄宿制学校情况的报道，从中可以看出寄宿制办学带给瑶族女童教育的变化。

> 桂北山区的龙胜各族自治县最偏远的平等乡太平完小老校长石全民和现任校长贺永东，谈起寄宿制的诸般优点，如数家珍：学校原有 5 个教学点，1982 年开始逐步撤并，到 1999 年底止，已全部撤并完毕。从 1983 年至今每学期都有 50% 的学生寄宿。过去，由于路途遥远，许多学生天不亮就得起床，9 点多赶到学校，往往是上第一节课就困倦了。下午不到 4 点就得放学，否则，有的学生天黑都回不了家。有些家长心疼孩子，往往到 9 岁才送子女上学，加上每个教学点只有一位教师，每天的课程只局限于语文、数学，音、体、美等课程均无从谈起，以至于许多孩子到了高年级这些课很难跟得上。撤点寄宿之后，一则减少了学生耗在路上的时间，保证了课时；二则学校能开足课程，有利于保证素质教育质量；三则锻炼了孩子的自理能力，培养了孩子的互助精神；四则学生便于管理，家长比较放心。据贺校长介绍，寄宿生的成绩普遍好于走读生。从 1991 年至今，该校毕业后继续升学并考上大中专的共有 9 人，全部是寄宿生。如今太平完小不仅高年级同学寄宿，一、二年级的小同学也寄宿，他们的做法是高年级的同学照顾本村本屯的小同学生活起居，并辅导其学习，寄宿制在这里已进入一种良性循环。[②]

1982 年秋，融水苗族自治县先在两个贫困乡各办了一个寄宿制小学班，学生从全乡范围择优录取，并注意招收苗、瑶、侗族女学生。民族班学生在校食宿、学习、生活等费用全部由县里包干。由于生活有保障，教学条件好，民族班学生"进得来、留得住、学得好"。到 1986 年，全县中、小学寄宿制民族班已发展到 18 个，学生 850 人，为山区民族教育事业的发展走出了一条新路。

由于寄宿制学校的创办，广西瑶族学生的入学率有了一定的提高，一部分女生也能升入初中读书。如 1983 年都安瑶族自治县举办寄宿制民族高小班的乡从 7 个扩大到 17 个，每年招收学生 850 名，学生全部在校统一食宿。到 1987 年，该县在校小学生 139 244 人，瑶族学生增加到 32 182 人，全县小学入学率

---

① 覃娟，陈家柳. 2015. 广西民族地区发展报告（2015）. 南宁：广西人民出版社：85.
② 贺波，董华，罗乐. 2000. 寄宿制——民族教育的希望. 广西日报，2000-09-21（005）.

达到 93.4%。[①]又如金秀瑶族自治县，聚居了盘瑶、坳瑶、山子瑶、花蓝瑶、茶山瑶等五个瑶族支系，是瑶族文化特征最集中、最明显的自治县。1987 年底，全县有小学 80 所，教学点 357 个，在校生 20 396 人，教师 1 034 人，适龄儿童入学率98.6%。其中六巷乡 1987 年小学入学率 89%，而 1998 年小学入学率提高到 95%，提高了 6 个百分点。[②]

虽说寄宿制民族班办了起来，也发挥了较大的作用，但由于各地办学经费紧缺，寄宿制民族班举办的数量有限，能享受到教育机会的学生仍是少数。尤其是在瑶族地区，由于女童是家里的主要劳动力，当出现家庭经济困难、只有能力送一个孩子读书时，父母几乎都选择送男孩读书。因此，瑶族学校中女生所占的比例很小。小学毕业生中女生人数大约只占总数的 20%左右，而且只有极少数女生能升入初中寄宿制学校完成九年义务教育。如巴马瑶族自治县东山乡总人口11 041 人，其中瑶族 9 717 人。东山乡 1988—1989 学年一年级学生总计 705 人，女生 253 人，其中瑶族女生 57 人，占女生的 22.5%。到 1992—1993 学年五年级时，总计仅有 157 人，女生 41 人，其中瑶族女生 9 人，占女生的 21.9%。五年持续巩固率为 22.3%，女生为 16.2%，其中瑶族女生为 15.8%。

一些学者在民族地区调研时惊奇地发现，一些高小班上清一色是男生，没有女生。例如有研究者写道："我到广西融水苗族自治县大伞村调查，发现该村中心小学四个年级的 65 名学生中竟没有一名女学生。由于无女生上学，这个居住着 171 户瑶、苗族同胞，拥有 880 人口的山村，儿童入学率只达到 47.7%，居全县倒数第一位。"[③]

当然，除了寄宿制民族班以外，简易小学也在一定程度上帮助了瑶族女童上学。简易小学包括隔日制、半日制、巡回制、早午晚班等，主要是解决那些单家独户、交通不便、经济困难、劳动力少需要孩子做一些辅助劳动的家庭的适龄儿童入学问题。1987 年以后，广西在一些边远贫困山区先后发展了一批简易小学，并由当地全日制学校安排部分教师负责"走教""送教上门"。

二、在国际社会的倡导下妇女与女童权利得到重视

我国在少数民族地区探索女童班的办学形式，很大程度上与国际社会的倡导有着密切的关系。

---

① 韦标亮.2010. 布努瑶社会历史. 南宁：广西民族出版社：229-230.
② 玉时阶，胡牧君，等.2009. 公平与和谐：瑶族教育研究. 北京：民族出版社：162-163.
③ 吴顺军.1988. 女孩为啥难入学. 中国民族，（11）：48.

20 世纪初，西方妇女运动的第一次浪潮推动了国家立法认可妇女的公民权利；20 世纪 60 年代第二次妇女运动浪潮，除了推动本国的妇女意识觉醒和政策完善外，各国妇女组织在国际层面还进行联合倡导，推动了系列国际公约的起草与通过。1975 年第一次世界妇女大会通过了《墨西哥宣言》和《世界行动计划》。《墨西哥宣言》第一次明确指出了男女平等是指"男女作为人的尊严和价值的平等以及男女权利、机会和责任的平等"。

这样的浪潮对各个领域都有一定的推动，尤其是亚洲、非洲许多发展中国家的妇女教育。为了改变女童入学率低、受教育机会少于男童的现象，1979 年 12 月 18 日第 34 届联合国大会第 180 号决议通过了《消除对妇女一切形式歧视公约》(简称《消歧公约》)，其中第十条明确规定："缔约国应采取一切适当措施以消除对妇女的歧视，并保证妇女在教育方面享有与男子平等权利"，进一步指明要消除在各级和各种方式的教育中对男女任务的任何定型观念，以及要减少女生退学率等。1989 年 11 月 20 日第 44 届联合国大会第 25 号决议通过了《儿童权利公约》，其中第十八条第一款指出：缔约国应尽其最大努力，确保父母双方对儿童的养育和发展负有共同责任的原则得到确认。1990 年世界全民教育大会号召世界发展中国家，将扩大女童和妇女的入学机会、改善女童的教育质量，作为首要任务来完成。

同时，联合国还制定了许多国际性法律或文件，来促进各国的女童教育不断发展。例如，1990 年联合国通过的《儿童生存保护和发展世界宣言》(《宣言》)第十二条指出：从发展眼光看，女童是世界妇女的未来，女孩的教育直接关系到下一代妇女文化素质的高低。因此，世界各国要"一开始就给予女孩同等待遇和机会"，在教育权益上，保证女童与男孩一样有受教育的机会，给女童提供基本的识字教育和文化教育的条件。

该《宣言》还为各国提供了女童文化教育的方案，以减少儿童文盲，特别是女童的文盲，努力为女童提供文化教育、职业教育和终身教育的机会；要求各国政府"应该给女孩提供平等的机会，使她们从保健、营养、教育和其他基本服务中获益，从而使她们逐渐发挥其充分潜力"；告诫各国政府"提高妇女地位并促进妇女在发展方面作用的种种努力必须从女孩开始"。

该《宣言》提出的具体措施有三点：一是扩大早期男女儿童童年的发展活动；二是普及教育，包括使至少占 80% 的学龄儿童完成初级教育或相等学业，重视缩短目前男孩与女孩之间的差距；三是重视成年妇女的识字教育，以便于女孩的家庭教育水平的提高。

除了通过专门针对男女儿童文化教育的决议、宣言外，联合国还在妇女公约、儿童公约等国际法、国际文件中，间接地强调女童教育的重要意义。

作为联合国的创始国之一，我国严格遵守已经签约的联合国文件。在民族地区女童教育问题上，我国积极响应联合国的号召，为尽量减少民族地区女童的文盲率，提高女童的入学率和文化水平采取了一系列行之有效的措施，例如，在少数民族地区创办女童班、女子中学及实施女童职业教育，并对女童实行减免收费的政策等①。

为了未来的母亲——来自春蕾计划的报告②

1988 年 9 月 20 日，中国广西壮族自治区融水县白云乡。这是一个值得全中国、全世界，乃至整个人类历史都应该记住的日子。

融水旧县志有记载："高山瑶，矮山苗，汉族居平地，侗壮住山坳"。这里是广西北部九万大山，山高林密，雾锁云封，世代聚居在密林深处的瑶族一个支系红瑶长期以来信奉"女不读书，狗不耕田"的古训，红瑶女儿5、6岁就成了母亲的主要帮手。接过带领弟妹的天职，7、8岁开始织布、染纱、绣花。红瑶有个习俗：女孩在出嫁前，她们要为自己准备好半辈子穿的衣服，直至15、16岁出嫁走上和母亲一样的人生道路。

中国少年儿童基金会考察队一行要来融水苗族自治县白云乡考察设立女童班时，多少女童背上干粮和水，走了一夜的山路赶到乡中心小学。当考察队要离开时，她们又一程一程地送别。1988 年 9 月 20 日，红瑶历史上第一个女童班在白云乡举行了开学典礼，它向世人宣告，红瑶女同胞不读书的历史从此结束了。经过六年的风风雨雨，1994 年这个班的 43 名女童全部参加了毕业考试，11 名同学考上县民族中学，30 名同学考取了本乡初级中学。升学率超过了 95%。影响这么大，甚至带动了这里的男孩子入学率的提高！也许，考上中学的 41 名红瑶女童并没有意识到她们正在悄悄地改变着历史：她们不仅在改写自己本民族的历史——她们是第一代的红瑶女中学生；而且，她们也翻开了整个中国乃至世界人类历史上新的一页。为了千千万万个失学女童重返校园，为了未来的母亲不再贫困和愚昧，为了妇女解放、男女平等的真正实现，一项功在当代、利在千秋的壮举、一项关系到国家、民族兴衰存亡的伟业——春蕾计划，正是从这第一批红瑶女童脚下，走出了第一步！

面对着新世纪的钟声越敲越响、面对着全国每年以百万速度增长的失学女童，全国妇联、中国儿基会全体干部的心灵在震撼。为了中国未来的母亲，

---

① 黄明光. 1996. 联合国女童教育策略及中国民族地区实施简况. 中国民族教育，（6）：24-25.
② 郑晨迎. 1995. 为了未来的母亲——来自春蕾计划的报告. 中国妇运，（05）：6-11.

为了让千千万万失学女童重返校园，为了中华民族在 21 世纪的竞争中能够立于不败之地，1989 年，全国妇联决定联合农业部、国家民委、中国儿基会设立"女童升学助学金"。1992 年 8 月，全国妇联、中国儿基会接受香港周洁冰女士捐款 100 万元，同时将"女童升学助学金"更名为"春蕾计划"。由此，一项震撼人心、创造历史的伟大工程、一项凝聚着千万人的爱心、让每一朵春蕾绽放的伟大事业——"春蕾计划"，正式在全国全面启动。

广西融水苗族自治县创办的红瑶女童班是由中国少年儿童基金会（以下简称"中国儿基会"）支持开办的第一个女童班。正是在该班之后才有了"春蕾计划"在全国的正式启动。这一行动事实上缘于 1988 年春融水苗族自治县妇联、教育局、民族事务局联合开展的一项调查。该调查发现当地女童入学率极低，特别是红瑶妇女自 1949 年后就没有出过一个小学毕业生。这份令人震惊的调查报告引起了当地党政领导的高度重视。为此，县教育局再次组织专人在红瑶聚居的白云、大浪、安陲、红水等 4 个乡进行专门调查，结果发现这 4 个乡适龄儿童的入学率只有52.8%，女童的入学率仅为 3.2%，在历史上就没有一个红瑶妇女读到小学毕业。在 4 个乡的学生中，有 3 个乡是清一色的男生，没有一个女生。这一组数据引起了全国妇联领导的高度关注，这才有了后来中国儿基会的再次调查与女童班的创立。融水县也成为响彻神州大地的"春蕾计划"的发源地。[①]

1992 年 5 月，融水苗族自治县与北京电影制片厂联合拍摄了反映白云乡红瑶女童幸福成长和山区少数民族女童失学状况的纪录片《呼唤》。该片播出后反响强烈，国内外有关机构和热心人士捐款捐物，支持女童教育。融水红瑶女童班可以称为中国第一个春蕾女童班，白云乡红瑶女童班带动了"春蕾计划"这项社会公益事业的实施。红瑶女童班自 1990 年 11 月 23 日被正式纳入"春蕾计划"项目后，得到来自国家和广大慈善机构的资金支持。1991 年秋，由县教育局、民委、妇联三家多方集资将红瑶女童班改为全日寄宿制女童班，集中到中心校统一教学。1994 年，第一届红瑶女童班顺利毕业，95%的学生升入中学继续读书。

一花引来满园春。继白云办班之后，融水县又有滚贝、大浪等 11 个贫困乡开办了 44 个女童班，入学女童 1 861 人。办班主体分别有县办、乡办、村办、县乡联办、乡村联办、群众自办等各种类型。44 个女童班中，瑶族班 7

---

① 孔金平，李柳，黄丽娅. 2008. 民族地区女童教育中的政府作用研究——以广西融水县为例. 湖南科技学院学报，29（2）：76.

个，入学女童共 193 人，其他为苗族、侗族女童班。全县女童入学率由 1987 年的 77.2%提高到 1994 年的 91.3%，提高了 14.1 个百分点。尤其是白云、大浪等乡红瑶女童入学率由 3.2%提高到 79.6%。[①]

广西壮族自治区教委在全区贫困县推广融水苗族自治县举办女童班的经验，希望推动一些女童入学特别困难的地方，采取一些特殊措施，创办女童班。但那几年女童班还是新生事物，才刚刚起步，受经费等方面因素的制约，只有少数几个县开始尝试。总的来说，多数地区的瑶族女童受教育情况还是令人担忧。特别是河池的布努瑶、贵州和广西交界的白裤瑶、百色的过山瑶、防城的板瑶和花头瑶、贺州的土瑶、昭平的盘瑶、湖南的花瑶等瑶族聚居的区域，由于经济困难，加上"读书无用论"思想的冲击，瑶族学生的入学率仍比较低。由于没有得到更多的支持，瑶族女童在小学高年级的辍学率很高，初中入学率很低，毕业率则更低。

我国执行《提高妇女地位内罗毕前瞻性战略》国家报告（1994）中指出："中国妇女享有同男子一样的受教育的权利。根据妇女文盲比例大的现状，中国政府尤其重视妇女扫盲工作。""据 1990 年全国第四次人口普查 10%抽样的资料表明，我国有 15 周岁及 15 周岁以上文盲 1.8 亿，其中女性文盲占文盲总数的 70.1%。女性受教育的平等权利尚未完全实现，农村中女童入学率低于男童，而女童辍学率高于男童，女性的总体文化素质偏低。因此我国今后的目标是——切实普及九年义务教育，逐步降低、消除女童辍学现象和失学现象，使每年女童失学率不得超过 2%，辍学率控制在 2%以下。"

第二节　瑶族女童教育快速发展（1995—2007 年）

对于中国妇女发展来说，1995 年是一个具有特殊意义的年份。这一年，第四次世妇会在北京召开，中国政府积极参与了大会文件《北京宣言》和《北京行动纲领》（《行动纲领》）的制定，并作出"把男女平等作为促进我国社会发展的一项基本国策"的承诺。同年开始实施的《中国妇女发展纲要》直接回应北京世妇会的精神，制定了推动妇女发展、促进性别平等的具体目标和政策措施。2005 年进一步修订了《妇

---

① 韦翠金.1994. 零的突破——记红瑶女童班. 中国妇运，（11）：35.

女权益保障法》，明确规定"实行男女平等是国家的基本国策，国家采取必要的措施，逐步完善保障妇女权益的各项制度，消除对妇女一切形式的歧视"①。

毋庸置疑，北京世妇会对于中国女童教育的发展有着极其重要的影响。基于这一因素的考虑，为便于研究与叙述，笔者在划分瑶族女童教育发展阶段时，以1995年作为上一个阶段和本阶段的分界点，同时又以我国西部地区基本实现"两基"攻坚计划的2007年作为本阶段和下一个阶段的分界点。这一阶段跨度较大，涵盖了我国"九五""十五"两个五年计划和"十一五"计划的前半段，这是瑶族女童教育发展的重要阶段。

北京世妇会召开之前，特别是在其筹备的过程中，我国一直十分关注和重视女童教育，全国妇联及相关妇女组织更是将促进女童教育放到了重中之重的位置。1994年8月，北京大学妇女问题研究中心、国家"八五"社科重点项目女童教育研究课题组、青海省教育厅及青海省妇联在西宁共同发起"走向95第四次世界妇女大会——女童教育国际研讨会"。这次研讨会有来自美国、越南等国家的代表，也有台湾地区的代表，更多的是我国大陆各省区的代表。会上，全国妇联儿童工作部部长、国务院妇女儿童工作委员会办公室主任李启民宣读了时任中央和国家主要领导为专门扶持女童入学的"春蕾计划"所作的题词。江泽民的题词是："扶持女童入学，利国利民利家"；李鹏的题词是："实施春蕾计划，发展女童教育"；李岚清的题词是："伸出友爱之臂，共绘春蕾蓝图"。

北京世妇会之后，全国妇联与联合国儿基会多次发起捐助行动，不断推动"春蕾计划"的实施。在推动女童教育发展中，妇联组织及其他非政府组织发挥了尤为显著的作用。全国女童的入学率、巩固率开始持续上升，并于2000年前后达到与男童接近的水平。值得一提的是，在这一时期，具有创新意义的教育形式——少数民族女童班在部分民族地区办得红红火火，个别地方不仅开办小学女童班，还向上延伸，开办了女子初中班和女子高中班。瑶族女童班的举办，大大激励了瑶族女童入学的积极性，促进了瑶族女童教育的发展。

一、瑶族女童教育发展的背景

（一）北京世妇会突显女童议题

瑶族女童教育大发展的第一个推力是北京世妇会的召开。1995年北京世妇会

---

① 柯倩婷. 2015. 中国妇女发展20年：性别公正视角下的政策研究. 北京：社会科学文献出版社：1.

通过了《北京行动纲领》，将女童作为 12 个关键领域之一，旨在扫清女童发展中的障碍，赋权女童，增强她们在家庭及社会中的参与，促进女童全面发展。《行动纲领》指出，要消除对女童的一切形式的歧视；消除不利于女童成长的负面文化态度和行为，消除在营养和保健方面对女童的忽视；要确保男女儿童接受教育的平等机会，到 2000 年普及基础教育，确保至少 80% 的学龄儿童完成初等教育；到 2005 年消除初等教育和中等教育中的两性差距；到 2015 年所有国家普及初等教育。

我国是多个女童公约、宣言的发起国和签署国，在北京世妇会之后，女童教育得到了进一步的重视。1995 年，《中国妇女发展纲要（1995—2000 年）》经国务院常务会议讨论通过，正式颁布实施。这是我国政府第一部关于妇女发展的专门规划，它的颁布实施进一步明确了女童教育的目标。该纲要明确提出：到 2000 年全国基本普及九年义务教育，降低适龄女童的失学率和辍学率，使适龄女童失学率、辍学率均控制在 2% 以下；……大力发展各级、各类职业教育、职工培训和实用技术培训，提高妇女就业能力。2001 年通过的第二个《中国妇女发展纲要（2001—2010 年）》进一步提出，要保障女童接受九年义务教育的权利，小学适龄女童的净入学率达到 99% 左右，小学 5 年巩固率提高到 95% 左右，杜绝小学适龄女童失学，初中女童毛入学率达到 95% 左右，高中阶段教育女性毛入学率达到 75% 左右，高等教育女性毛入学率达到 15% 左右。要重点解决西部贫困地区和少数民族地区女童、残疾女童、流动人口中女童的义务教育问题，帮助失、辍学女童完成九年义务教育，缩小男女童受教育的差距。

20 世纪 90 年代，我国政府签署了《儿童生存、保护和发展世界宣言》，坚持"儿童优先"原则，保障儿童生存、发展、受保护和参与的权利，提高儿童整体素质，促进儿童身心健康发展。儿童健康的主要指标达到发展中国家的先进水平；优化儿童成长环境，使困境儿童受到特殊保护；特别指出要保障贫困地区、少数民族地区儿童就学权利；要切实保障女童受教育的权利，消除阻碍女童入学的障碍。针对贫困地区、民族地区女童入学率低的问题，国家教委等有关部门于 1996 年 7 月专门印发了《关于进一步加强贫困地区、民族地区女童教育工作的十条意见》，提出了坚持依法治教，为女童创造就学条件，加强女教师培养和培训，坚持多种形式办学，教学内容应适应女童需要，利用国际援助合作项目等具体意见。在北京世妇会的推动下，我国女童教育发展进入了新阶段，瑶族女童教育出现了蓬勃的生机。

（二）国家实施西部地区基础教育建设项目

瑶族女童教育大发展的第二个推力是国家实施西部地区基础教育建设项目。1996 年，八届全国人大四次会议正式提出了国民经济和社会发展"九五"计划和 2010 年远景目标，"科教兴国"成为我们的基本国策，将"基本普及九年义务教育"和"基本扫除青壮年文盲"作为发展教育的重中之重。在实现"两基"教育发展目标等重大方面，少数民族教育尤其是少数民族女童教育是主要难点和关键之一。1996 年，国家教委制定了《全国教育事业九五计划和 2010 年发展规划》，其中突出强调：要缩小女童和男童、农村与城市、贫困地区与发达地区、少数民族聚居地区和其他地区学龄儿童入学率的差距。此后，随着我国西部大开发战略的部署，国家在教育方面集中实施了西部地区基础教育建设项目，推出一系列教育建设工程和项目，有效地改善了西部地区办学条件，提高教育质量，促进社会公平发展。

1. 国家贫困地区义务教育工程

国家提高贫困地区教育水平的各种教育建设项目主要在 1998 年之后开始实施。首先是"国家贫困地区义务教育工程"，于 1998—2000 年实施，共投入 126 亿元，实施范围覆盖 22 个省、自治区、直辖市及新疆建设兵团的 852 个贫困县。其中广西共有 50 个贫困县 2466 所学校获得项目。此项目实施成效明显，因此 2001—2005 年继续实施第二期"义教工程"，投入资金 73.6 亿元，覆盖范围为 2000 年底前未通过省级"普九"验收的经济薄弱县，广西未"普九"的 41 个县纳入了实施范围。

2. 农村中小学危房改造工程

该工程于 2001—2005 年实施。以广西为例，"危改工程"分两期实施，第一期为 2001—2002 年，第二期为 2003—2005 年，共计投入 7.4 亿元资金，其中中央投入 5.4 亿元、自治区投入 3 100 万元、市县投入 1.7 亿元，项目覆盖 65 个县区，2 130 所学校受益。

3. 其他教育项目

还有其他若干教育工程或项目陆续实施，如"中小学布局调整项目"（2002—2006 年实施）、"西部农村寄宿制学校建设工程"（2004—2007 年实施）、"农村中小学现代远程教育项目"（2004—2007 年实施）、"农村中小学校舍维修改造长效机制项目"（2006—2008 年实施）、"新农村卫生新校园建设工程"（2006—2008

年实施）、"中西部地区农村初中校舍改造工程"（2007—2010 年实施）等，广西共计总投入数十亿元，基础教育各方面建设取得良好的进展。

（三）省区实施的教育项目

在国家项目的促进下，各省、自治区自身也组织实施了诸多教育建设项目，大大推进了相对欠发达县区基础教育发展的步伐。以广西为例，2001—2009 年连续实施多个教育建设项目：

——边境建设大会战教育项目，2001—2002 年实施，覆盖范围为 8 个边境县、103 个乡镇、856 所学校，总投资 2.57 亿元；

——基层公共基础设施建设教育项目，2001—2002 年实施，覆盖范围为 90 个县市区、879 所学校，总投资 2.83 亿元；

——东巴凤基础设施建设大会战教育项目，2003—2005 年实施，覆盖范围为东兰、巴马、凤山 3 个革命老区县，总投资 8 009 万元；

——大石山区五县基础设施建设大会战教育项目，2007—2008 年实施，覆盖范围为都安、大化、隆安、天等、马山 5 个大石山区县，总投资 7 889 万元；

——兴边富民建设大会战教育项目，2008—2009 年实施，覆盖范围为边境县 0～20 公里以内的 81 所学校，总投资 6 700 万元；

——桂西五县基础设施建设大会战教育项目，2008—2009 年实施，覆盖范围为乐业、凌云、隆林、田林、西林 5 个县的 27 所学校，总投资 2 997 万元。[①]

（四）多层次、多形式的教育援助项目

国际援助和国内对口支援在很大程度上促进了民族地区和贫困地区教育的发展。

1. 国际援助

2001 年世界银行贷款/英国政府赠款"西部地区基础教育发展"项目立项，广西作为受援省区之一，共获得 1.73 亿元人民币资金，加上国内配套资金 8 603 万元，用于发展 18 个未实现"两基"的贫困县的基础教育。该项目实施年度为 2001—2009 年，总投资约为 2.6 亿元人民币。

2. 国内对口支援

1997 年国家确定由广东省 9 个地级市对口支援广西 10 个国家级贫困县和

---

① 高枫. 2009. 广西教育发展报告（1998—2007）. 桂林：广西师范大学出版社：22-23.

桂林民族师范学校。到了 2000 年，两广共同启动"广东省对口支援广西贫困地区学校工程"，由广东省 100 所中小学和华南师范大学对口支援广西 27 个国家级贫困县的 100 所中小学和广西右江民族师范高等专科学校。据统计，在对口支援中，广东省财政和各支援城市共援助近 3 亿元资金，支持广西改扩建学校 944 所，主要集中在民族中小学校。广东省先后派出 400 多名教师到广西受援学校支教，同时还指定华南师范大学和广东教育学院承担受援学校教师的培训任务，为民族地区培训了 1 500 名校长和骨干教师，培养了一批实施素质教育的带头人，促进了广西基础教育的改革和发展。在 10 个受援的国家级贫困县中，有 3 个是瑶族自治县，分别是都安、大化、巴马。援建经费和教师支教无疑大大促进了瑶族地区教育的发展。水涨船高，瑶族女童教育自然从中受惠得益。

3. 省区内对口支援

除了省区间的对口支援，广西区内的对口支援对瑶族地区教育也起到了积极的作用。广西区内对口支援分三个层次进行：第一层是南宁、柳州、玉林、北海等四个城市，对口支援百色、河池、柳州、南宁等四个地区 31 个县、112 所中小学；第二层是 75 个驻桂中直、区直机关单位和部分本科高等院校，对口支援 23 个边境乡镇、56 所中小学；第三层是其余地、市选择辖区内一些条件好的学校对口支援薄弱学校。1996 年至 2001 年间，自治区、地、县三级支教队员总人数达到 4 000 人左右。支教的一个直接成果就是推进了"两基"工作进程，贫困地区、民族地区入学率显著提高，辍学率有所下降，尤其是女童辍学率明显下降。[①]

二、瑶族女童教育发展的有效路径

瑶族女童教育的发展与全国经济社会、文化教育发展进步的大环境是分不开的。在国家政策和相关力量的推动下，受国际妇女组织的影响，女童的处境受到多方面的关注，特别是由全国妇联倡议并牵头组织的"春蕾计划"产生了积极的影响，女童的入学率从 1994 年开始持续上升，到 2000 年全国女童的入学率已经接近男童比例。在瑶族女童教育的发展进程中，女童班、女子班、女子职业教育发挥了重要的作用。

---

① 梁全进. 2003. 广西教育改革志. 桂林：广西师范大学出版社：327-330.

（一）举办女童班大大激励了瑶族女童上学的积极性

1988 年广西融水苗族自治县试办了少数民族小学女童班，招收红瑶女童 50 名。多年以后，红瑶女童班大部分的孩子用知识改变了命运。然而，女童班的办学历程并不是一帆风顺的，如何确保红瑶女童"进得来，留得住、学得好"，曾经不知牵动了多少人的心……

改变红瑶女童命运的人[①]

1988 年春天，融水县妇联在红瑶聚居的白云乡试办了第一个红瑶女童班。然而，开办不久，女童们购买学习用具和住校的住宿费用就没了着落。

红瑶女童面临失学的消息，牵动着武警融水县中队官兵们的心。官兵们纷纷拿出了当月的全部津贴，当时的指导员王文忠翻山冒雨将第一笔捐款送到了红瑶女童班。从那时起，中队与红瑶女童班结成了助学对子。

武警队员何方礼第一次进大瑶山是 1993 年的春天，当他翻山越岭来到白云乡时，被眼前的景象怔住了：衣衫褴褛的红瑶女童，不是在木楼里挑花织布，就是赤脚跟着牛羊满山跑。

从大瑶山回来，何方礼就定了个人用钱计划，把每月 21 元津贴分成三份：8 元钱资助红瑶女童上学，8 元钱寄给正在读书的妹妹，5 元钱留给自己买日常生活用品。红瑶女童班的孩子们，大多有过接受何方礼资助的经历：小娟，家有兄弟姐妹 6 个，哥哥都辍了学，女孩子读书想都不敢想，是何方礼说服了老人，让她重返了校园；小凤，错过了上女童班的机会，13 岁还没有摸过书本，是何方礼牵线搭桥，把她送进了期盼已久的课堂……

为了让更多的人了解红瑶，支持红瑶女童上学，何方礼以红瑶女童班学生小花《我要读书》的作文为素材，和融水县政府的陈玉莲秘书一起编演了一出独幕小话剧，精心排练后很快就上演了。以后的几天里，何方礼和红瑶女童班收到了数以百计的信件、汇款和包裹：县幼儿园中班不满 5 岁的小晶晶，砸碎自己的小储蓄罐，寄来了分分角角的零钱；年逾古稀的韦阿婆，挂着拐杖，送来了 100 支铅笔……

1998 年 2 月 16 日，已开学五天的红瑶女童班，仍有 15 个座位空着。何方礼进山了，他一村一寨地走，一家一户地访，林王村的小兰，林成村的小

---

① 吴天智，许观林，李雪. 改变红瑶女童命运的人——记荣获"国际青少年消除贫困奖"的武警警官何方礼. 法制日报：2001-01-17（001）.

宛……在去九峨村小戴家的路上，何方礼遇到了当地少见的下雪天，天寒地滑，十几里的山路，他走了近 5 个小时。

当小戴的父母看到何方礼"雪人"般、双脚泥泞地站在家门口，并得知何方礼的来意时，这对朴实的瑶家夫妇眼含热泪：一个外乡外族的人，为了一个瑶家妹子读书，这样费心劳力，这份心，这片情，我们还有什么理由不接受！第二天，他们就把阿妹送到了学校。

何方礼的爱心唤起了红瑶群众的真情。2000 年秋天，为了不耽误红瑶女童班正常开课，何方礼和他的战友，顶着大雨，冒着道路随时塌方的危险，驱车百公里山路，运送社会各界捐赠的 60 套课桌椅进山，当何方礼和运送车辆到达白云乡时，已是夜里 10 点多钟。六七十名热情的红瑶群众，自发地从附近两个瑶寨，打着手电赶来迎接，纷纷拉着官兵到家里打"油茶"，喝"老酒"。

多年来，何方礼和战友们一起竭尽全力扶贫助学，"女不读书"的陈规破除了。在他们的帮助下，先后共有 138 名红瑶女童走进了学堂，38 人上了高中，12 人考取了中专，6 人成了红瑶第一代女教师、女军人、女村干部、女共产党员。走进学堂的红瑶女童，给瑶寨带来了缕缕清新的春风。1999 年 1 月，联合国开发计划署和中国青少年基金会向何方礼颁发了"国际青少年消除贫困奖"。

在融水女童班开办之后，特别是在北京世妇会的影响下，各级教育部门和各级民委、妇联及社会各界进一步关心和支持女童教育，全国少数民族的女童教育进入快速发展期。湖南省妇联与省教委、团省委联合下文，明确提出 1994—1995 年期间发动、资助全省 4~5 万名女童重返校园。省妇联除继续办好麻阳、茶陵、桃源等 3 县失学女童文化技术补习示范班，还在纪念向警予诞生 100 周年之际，创办了"警予春蕾学校"。

从 1995 年起，广西分别在龙胜、隆林、三江等自治县增办了 4 个少数民族女童班，到 2000 年又发展到 6 个县（自治县）共 12 个班，在校女生 480 多人。这些女童班一般都附设在当地乡镇村完小或中心校，实行单独编班教学，教学内容与普通全日制小学基本相同，有的则增加一些民族文化课程，比如民族刺绣、民族乐器、手工制作等。主要招收偏远少数民族村寨的女童，吃住都在学校，给予生活补助，帮助她们完成学业。

从总体上看，虽说女童班举办的数量不多，但其影响不小；从过程看，女童班的开办相当不易，汇聚了政府、妇女组织及社会各界爱心人士和国际社会的力量。从广西龙胜开办女童班的资料中，可以看出其创办历程的艰辛与价值。曾任龙胜各族自治县分管教育的韦副县长述说了当时的情况：

1995 年夏，龙胜各族自治县有一群人特别关注世妇会。他们中有我——当时我是分管民族和教育工作的副县长。早在 6 月，我就思考着。北京世妇会的主题是：以行动谋求平等、发展与和平。次主题是：健康、教育和就业。这不是发展山区女童教育的又一个好时机吗？我县贫困山区女童往往是高小以后就辍学，接受中等教育、高等教育的机会很难得。县教育局杨建中局长多次对我谈起办女童班的事，何不借此机会，紧扣世妇会'平等、发展与和平'的主题，在我县的平等乡、泗水乡、和平乡办女童班？一来以发展妇女教育的实际行动迎接北京世妇会的召开，二来借世妇会的东风促进我县女童教育。第二天，我们立即召集民族局长、教育局长、妇联主席等开会，专题研究办女童班的事。

当时龙胜县里根据各民族分布的情况，决定先办 3 个女童班，平等乡中心校办侗族女童班，泗水乡中心校办苗瑶女童班，和平乡中心校办壮族女童班。办班工作由县政府统领，民族局、教育局、妇联等多家合作，具体分工为教育局负责解决校舍、教师、招生和教学，民族局协助招生和解决经费，妇联负责给女童班上青春期健康课、协助解决经费问题。

龙胜女童班举办伊始就确定了长远的目标，即不满足于一般的救助控辍，而是要培养一批优秀妇女人才。3 个女童班小学毕业后直升女子初中班，都要完成初中学业；初中毕业后，要挑选一批优秀者直升女子高中班，让一批山区少数民族贫困女童有机会接受高等教育。就这样，1996 年开始举办女子初中班，2000 年举办女子高中班，形成了女童一条龙教育。

相关数据显示，1995 年，龙胜各族自治县少数民族女童入学率仅为95%，辍学率则高达 6%，到 2004 年共开办女童班 17 个，学生 644 人；女子初中班 9 个，学生 438 人；女子高中班 2 个，学生 129 人，其中 13 个女童班的学生 520 人全部小学毕业，8 个女子初中班 387 人全部初中毕业，1 个女子高中班 60 人全部高中毕业。入学率提高到 99.5%，辍学率下降至 0.9%。[①]

---

① 韦爱敬. 2002. 阳光照耀上学路——广西龙胜各族自治县发展女童教育纪实. 中国民族,（12）:23-27.

（二）国际援助女童教育项目探索女童教育发展新路子

在促进瑶族女童教育发展方面，国际组织的相关教育项目发挥了积极的作用。

1. 促进贫困地区女童教育项目

20 世纪 90 年代以来，联合国儿基会在帮助我国西部地区女童教育问题方面做出了许多积极的探索。1994 年初，联合国儿基会为解决女童入学问题，促进贫困地区初等教育的发展，在广西选择了女童入学率较低的马山、天等、乐业、隆林、凌云、融水、上思、南丹、天峨、田阳等 10 个贫困县，实施中国与联合国儿基会合作的"促进贫困地区女童教育"项目。该项目的重点任务，一是向群众宣传女童教育的重要意义，促使更多家长送女童入学；二是培训项目学校的校长、教师，让他们掌握女童教育的特点和方法，交流"复式教学"经验，提高管理水平和教学能力。该项目采取灵活的形式办学，因地制宜开展活动，从而使在全日制学校学习有困难的女童能够有机会学习。该项目还开展教学改革和教学研究活动，开展劳动技艺教育实验，使女童学有所长。此项目的实施，有效地提高了项目县山区学龄女童的入学率和巩固率。

北京世妇会后，来自联合国项目和西方国家的支持更多了。1996 年底，广西接受了中国—联合国开发计划署教育合作项目"以女童为重点，促进贫困地区初等教育"，开始实施"广西 401 女童教育项目"。该项目的设立不再仅仅满足于解决女童入学难问题，而是期待在贫困地区探索出一条素质教育的道路。其基本框架是采取"女童为本"教育策略，以"五自"（自主、自尊、自励、自能、自控）为教育内容，以"进步程度"（从学校、教师、学生纵向比较角度出发）为标准的评估原则，以改善学校教育环境（改进学校管理、调整课程结构、改革教学方法、加强教师培训）为主要途径，最终实现女童教育的高效能目标——开发潜能、注重内化，提高女童的生存能力与全面素质。

"广西 401 女童教育项目"通过课程改革、教学改革、课外活动等途径，对女童实施鼓励性教育、创造性教育、合作性教育。课程改革体现在"革新一课，增设两课"：

（1）革新劳动课为劳技课

编写适合女童实际和当地经济发展实际的乡土教材，内容有龙眼栽培、沙田柚栽培、竹子栽培、甘蔗栽培、烹饪、裁剪与缝纫等，连平时学生种菜也要求教师适当传授相应的知识与技能，渗透劳动技术因素。

（2）增设心理健康教育课和计算机课

项目学校在女童班增设了心理健康教育课，通过三条途径来实施心理健康教育：①专门开课，各校每两周一节；②将心理教育渗透到各科教学中；③通过课外活动和日常生活，有机地渗透心理教育。项目组编写了《女童健康教育手册》作为试用教材，指导教师建立"心育卡"，对女童的智力进行了前测，对教师进行了心理健康教育培训，指导县教师进修学校派专人进行定期指导。项目学校还为每个女童班购置了十台586电脑，学校在下午和晚上分组上课，有专门的教师从基本操作技能教起，使女童班的学生了解现代化的科技信息，促使她们向往未来，追求更高的生活目标①。

在专家的指导下，项目学校进行教学方式方法的改革，强调教师要树立以学生为主体的教育思想，激发学生的学习主动性。学生们的学习积极性大大提高，从刚入学时84%的学生对学习不感兴趣到三年后几乎人人上课敢提问题、爱提问题，学风发生了极大的变化。项目十分重视师资培训，以其中一个项目点林溪小学为例，该校教职工29人，1997—1998年，外出学习达195人次，其中大部分是参加自治区级以上的培训。

为了最大限度地发挥项目的功能，广西在选择三江、隆安两个项目实验县的同时，还确定上思、天峨、龙胜等3个县为后续项目实验县，在设计方案、课题实验、人员培训等方面，都注重边实施边扩散②。

通过这个项目的研究，教育者在实施女童教育时整体观念得到了加强，能将女童教育更好地放在社会经济的大背景下加以推进；在进行女童教育模式实验中，尽可能做到把提高女童的生命质量与提高学校的办学质量相结合，把确立女童教育的目标与当前教育改革的目标相结合，把提高女童的外在文化知识水平与促进女童个体心理品质的内化相结合，把提高女童生存能力与全面素质的和谐发展相结合。

2. 女童职业教育项目

（1）春蕾女童职业教育

早在春蕾女童班启动之初，有关方面就十分重视女童职业教育。中国儿基会明确规定，每一个女童班的2万元经费中，要有5000元用于科技培训。因此，开展乡土实用技术培训正是"春蕾计划"的一大特色。1997年，中国儿基会又特别

---

① 徐巧英.1998.更新观念以改革精神实施401项目.广西教育，（6）：22-23.

② 吴民祥.2001.女童学校教育的高效能模式——广西林溪模式.民族教育研究，4（12）：34.

设立近 200 万元的"春蕾计划"实用技术培训专项基金，鼓励各地积极发展女童职业技术教育，尽可能将"春蕾计划"与农村教育转轨相结合，与科技扶贫相结合。一些地方在"春蕾计划"的小学班和初中班学生毕业后增加一年职业技术教育，或者实施短期非学历的职业教育培训，使不能继续升学的女童学有出路；一些地方的女童班所在学校创办农场性质的培训基地，帮助女童掌握一些基本的就业技能；有的则以小额信贷的方式，帮助女童班学生毕业后开展自己的创收项目。

在广西瑶族女童班项目中，龙胜春蕾女童班在职业教育方面取得了较明显的效果。龙胜教育局结合本县创建旅游大县的实际，发挥县中等专业学校职业师资和专业优势，在开办女童小学班、初中班、高中班的基础上，开办了女子职业班。该职业班与红瑶女童的生活经验联系密切，其课程以民族手工、工艺刺绣、美术绘画、音乐舞蹈、计算机等为主。该职业班最大特色是依靠政府资助创办了"龙胜巾帼刺绣厂"女童刺绣技能学习实习基地，并以此开展了勤工助学活动，由县妇联打通产品销路，为女童刺绣鞋垫打开了市场。学生在课余参加刺绣厂工作，依靠自己的双手，通过勤工俭学，在学习技能的同时也解决生活上的困难。[①]

此外，龙胜各族自治县结合山区少数民族生产生活的实际，在初中女子班开设实用技术课程，对女孩子进行果树栽培、禽畜养殖等技术的培训，使得女童班的学生能够学以致用，把在学校学到的技术直接用到生产实践中。

（2）国际女童职业教育

国际一些基金会及联合国教科文组织开展的女童项目，十分重视女童职业教育的实践与研究。1998—2001 年，由日本 NGO 野村吉三郎终身教育中心提供援助，分别在广西田东、凭祥、宜州等 3 个县（市）开办 3 个科技女童班，实施"捐助 100 名少数民族女童"的助学金计划，赞助三地 12 岁至 15 岁的壮、瑶贫困女童免费完成初等教育，并辅以实用性较强的职业技术培训。由于该项目取得了较好的效果，2001 年联合国教科文组织利用日本人力资源信托基金开展"广西五校女童职业教育研究"项目，对广西田东、融水、宜州、巴马、凭祥等 5 个县（市）200 名少数民族贫困女童进行援助，提供免费接受文化基础知识与职业技能学习的机会。这些学生中，瑶族女童占一定比例，大多数学生家庭经济贫困，在此之前，她们即将辍学或已经失学。

该项目由联合国教科文组织驻北京办事处与广西壮族自治区教育厅共同管理，广西师范大学教育科学学院作为项目实施的技术支撑单位，负责项目人员的

---

① 龙脊山上杜鹃红. 广西"十五"规划 C 类课题《龙胜民族女童教育创新的研究与实践》结题文集. 32.

培训、科研与项目协调等工作，各县及项目学校负责实施。各项目学校为女童职业班配备双班主任、一位文化教育课教师、一位职业技术课教师，两名班主任相互协作、共同配合。项目的操作方法是：在普通中学课程的基础上，增设副业教育课程，目的是使女童能掌握 1～2 项职业技能。该项目教学内容中文化基础课占 60%，职业技能课占 40%。

为使女童职业教育课程取得良好效果，5 所项目学校联合当地农业局、林业局、畜牧局、妇联、文化站、科技站等单位一起开展教学活动。各部门参与热情高，在缺少教材的情况下自行编写教材。如凭祥职业学校编写了《劳动技术》《裁缝》等教材；融水二中编写了《甘蔗栽培》《高效益养猪技术》等教材；巴马职业学校编写了《种养实用技术》教材；宜州民族中学编写了有关根雕、茶艺方面的教材；田东职业学校编写了有关养殖、花卉、种植方面的教材。为了能使学生有更多实践操作的机会，一些项目县还为女童班建设了果园、养殖场、花卉园、生化实验室、家电维修室、电脑室等一批职业教育实践基地。如融水苗族自治县开辟了五亩植物园，还将融水苗圃中心的 300 亩基地和睦山农村示范基地作为女童的实习基地；巴马瑶族自治县开辟了 160 亩的林果实验基地、三间平房的食用菌培植基地和 1 个养殖实习场地。

经过三年的学习，不少女童回到家乡开展科学种植、养殖等，她们的家庭和所在村屯成为本项目的最大受益者。在部分女童的带动下，出现了一些种植、养殖专业户。这些有一技之长的女童成了农业科学技术的传播者。女童职业教育项目取得的成绩令人瞩目，它不仅改变 200 名女童的个人命运，也改变人们对女童教育的落后观念。

（3）失学大龄女童职业培训

1995 年 3 月，由世界宣明会提供经费，在广西南丹县里湖瑶族乡开办了 4 个白裤瑶少女班，把分散在该乡边远村屯、弄场中的 107 名 10～16 周岁的白裤瑶少女，分别集中到该乡的干河、蛮告、马槽、瑶里 4 个校点办班就读。学习内容主要有识字、计算、卫生保健知识和科学种养技术等。少女班学生一般用一年半至两年时间即可掌握这些知识。在老师们的带领和指导下，学生们经过努力学习，切实学到了不少知识和实用技术。经过一年多时间的学习，她们已经掌握了 500 个左右的常用汉字，会说普通话，掌握了基本的卫生保健知识和一些科学种养技术等。

3. 扩大寄宿制民族班规模

诚如前述，广西寄宿制民族班创办于 20 世纪 80 年代初，由于受经济发展因素的制约，总体上办班规模比较小。1998—2003 年自治区举办的寄宿制中小学民族班常年在校生 15 630 人。2003 年 7 月，自治区人民政府制定了《广西壮族自治区寄宿制民族班 2004 年至 2006 年发展规划》，由此寄宿制中小学民族班的办班规模不断扩大，平均每年增加寄宿制民族班学生 8 130 人，2004—2007 年全区共新增寄宿制民族班学生 32 520 人，常年平均在校生总数 38 550 人，是 2003 年的两倍多。[①]

在扩大规模的同时，广西通过制定各项有关政策，在师资配备、经费安排等方面给予相应倾斜，寄宿制民族班的办学条件不断改善，教育质量不断提高。寄宿制民族班规模的扩大，使部分偏远地区的瑶族女童获得更多的教育机会，升上初中、高中就读的瑶族女童比例进一步提高。

在这方面，广西贺州土瑶教育的情况最能说明问题。研究资料表明，改革开放后贺州土瑶儿童的入学情况有了可喜的变化。首先，基本上达到了"普九"的要求，且男童女童获得了同等的入学权利，基本上实现了全部入学。其次，土瑶学生已从改革开放前失学率约 80% 到 2006 年巩固率 50% 左右，实现了一个大的跨越，而且在这些巩固的学生中男童女童的情况大体相当。再次，少数土瑶女生在完成九年义务教育阶段学习后，还能进入高中阶段继续学习，2002 年后在进入高等院校学习的土瑶青年中，男孩女孩的比例大致相当。窥一斑可知全豹，土瑶女童教育的进步，可以说是瑶族女童教育实现跨越发展的一个缩影。[②]

在"两基"攻坚阶段，瑶族女童教育发展取得了明显的成就。然而，事物的发展总是有它的两面性。一方面，普及九年义务教育是一个循序渐进、不断发展的过程，基本达标后的巩固提高，要求进一步优化学校布局，提高办学效益，因而各地在推进"两基"工作中，按照要求加大了中小学布局调整的力度和进度，在一定程度上确实也提高了办学效益。但另一方面，有些地方在调整学校布局时，结合本地的实际不够，没有遵循"因地制宜、量力而行、逐步推进"的原则，撤点并校动作过猛、速度过快，造成学生上学距离拉大，上学成本增加，导致新的辍学。这一因素所导致的辍学虽不具有普遍性，但它对本来还有较大发展空间的瑶族女童教育却带来了新的挑战。

---

① 高枫. 2009. 广西教育发展报告：1998—2007. 桂林. 广西师范大学出版社：312-313.
② 韦祖庆. 2015. 瑶族文化之教育传承. 北京：中国文史出版社：194.

第三节 瑶族女童教育的机遇与挑战（2007年至今）

2008—2011年，我国"两基"工作进入巩固提高的新阶段。2011年底，随着我国西部42个边远贫困县"两基"工作通过国家达标验收，全国范围宣布实现"两基"目标。实现"两基"以后，我国基础教育改革发展战略转到了继续巩固"两基"成果、提升教育质量、促进均衡发展上来。在这样的大背景下，瑶族女童教育又一次迎来了良好的发展机遇，同时也面临着新形势下的诸多挑战。

一、发展机遇

1. 国家不断加大对农村地区和贫困地区教育的支持力度

从2008年起，我国农村义务教育阶段"两免一补"政策的覆盖面进一步扩大，全国农村义务教育基本实现了"两免"，而对家庭贫困寄宿生生活补助也不断加大比例。随后，国家进一步实施一系列教育资助项目，包括普通高中学生免学费项目和国家助学金项目、中职教育资助费、家庭经济困难大学新生路费和短期生活补助等，尤其是加大了对中西部贫困地区高中阶段教育的扶持力度，进一步满足农村和贫困地区女生接受高中阶段教育的需求。对普通高中家庭经济困难女生和残疾女生给予资助，保障女生不因家庭经济困难和个人生活困难辍学。逐步实行中等职业教育免费，保障未升入普通高中的女生在就业前接受必要的职业教育。

以广西富川瑶族自治县为例。据统计，2011—2014年该县共计发放农村义务教育阶段家庭经济困难寄宿生生活费补助4 778万元，资助学生84 132人次；发放普通高中学生免学费资金1 036万元，资助学生27 930人次；发放普通高中学生国家助学金1 348万元，资助学生17 956人次；发放各种中职教育资助34万元，资助学生809人次；发放家庭经济困难大学新生路费和短期生活补助109万元，资助学生2 054次。[①]可见国家对民族地区教育支持力度之大。其中，瑶族女童受益面和受惠程度是不言而喻的。

近年来，随着国家扶贫攻坚力度的加大，贫困地区儿童发展进一步受到关注。为了提高贫困地区儿童健康和教育水平，切断贫困代际传递，2014年国务院办公

---

① 覃娟，陈家柳. 2015. 广西民族地区发展报告（2015）. 南宁：广西人民出版社：83.

厅印发了《国家贫困地区儿童发展规划（2014—2020年）》，主要针对集中连片特殊困难地区 680 个县从出生到义务教育阶段结束的农村儿童。总体目标是到 2020 年，集中连片特殊困难地区儿童发展整体水平基本达到或接近全国平均水平。2016 年教育部等六部门印发《教育脱贫攻坚"十三五"规划》，规划中明确表示：国家将采取超常规政策举措，精确瞄准教育最薄弱领域和最贫困群体，实现"人人有学上、个个有技能、家家有希望、县县有帮扶"，通过发展学前教育，巩固提高义务教育，普及高中阶段教育，到 2020 年贫困地区教育总体发展水平显著提升，实现建档立卡等贫困人口教育基本公共服务全覆盖。

这些政策的实施，已经且将继续给瑶族地区（教育最薄弱领域之一）和瑶族女童（教育最薄弱群体之一）的教育带来发展的良机。

2. 推进义务教育均衡发展，加强民族地区教师队伍建设

有学者研究认为，义务教育均衡发展具有阶段性的特点，大致可以分为 4 个阶段：低水平均衡阶段，即普及义务教育阶段；初级均衡阶段，即办学条件和师资队伍等教育资源配置相对合理均衡；高级均衡阶段，即学校管理及教育质量均衡阶段；高水平均衡阶段，即教育资源极大丰富、不同受教育群体之间差别极大缩小、每一个学生都能最大限度发挥特长和潜力、获得自由而充分的发展。实现"两基"目标，可以说只是低水平的教育均衡。我国基本实现"两基"目标之后，义务教育均衡发展进一步提到了重要的议事日程。推进义务教育均衡发展，进一步缩小城乡之间、地区之间、学校之间教育发展差距，关键是建立和完善保障义务教育均衡发展的公共财政体制，科学实施中小学布局调整，合理配置公共教育资源，重点支持农村地区、贫困地区、少数民族地区的义务教育发展，加强农村学校和城镇薄弱学校师资队伍建设，切实保障弱势群体学生接受义务教育，全面推进素质教育，全面提高教育质量。

在推进义务教育均衡发展、让少数民族孩子同样接受优质教育的道路上，广东省乳源瑶族自治县走出了一条坚实的新路子。2007 年，乳源县全面启动学校危房改造工程，使集中办学学校的硬件建设更上一个新台阶。同年 9 月，总投资 4 008 万元、择址新建的占地 200 亩的乳源民族实验学校正式投入使用，把全县 1 200 多名少数民族小学 4～9 年级共 29 个教学班的学生集中到该校就读。学生大多是乳源县东坪、游溪、必背等瑶族乡镇及各迁移点的民族学生。这样全县该学段所有少数民族学生都能在校园环境优美、办学条件一流、师资水平较高的学校中享受优质教育。

除了建设好学校，乳源县还加大投入，促使教师安心教好书、学生安心读好书。从 2008 年起，乳源县在财力十分困难的情况下，逐步设立五个"百万工程"以奖教助学，即每年从财政拨出 500 万元，分别用于贫困高中学生补助工程、中小学寄宿生营养工程、少数民族学生住宿生活费补助工程、边远山区教师特殊岗位津贴工程和强师工程。其中，边远山区教师特殊岗位津贴发放标准为：边远学校每人每月 60 元，比较边远学校每人每月 100 元，最边远学校每人每月 200 元，受益教师达 800 多人；强师工程措施为：每年拿出 100 万元对全县中小学校长、在职教师进行各种培训，全面提高学校的管理水平和教师的综合素质，推动全县教育教学改革和发展。乳源县由于实现了"小县办大教育、穷县办优教育"，2012年 3 月 28 日，被广东省人民政府授予"广东省教育强县"称号。①

3. 社会组织获得进一步发展，关注少数民族教育的组织不断增加

国内的 NGO 组织逐渐得到发展。随着志愿者机制的健全，加上媒体关于农村地区基础设施和教育资源的缺失等事件的报道，形成了强烈的公众舆论导向，促使不少社会组织将注意力放到了贫困地区、民族地区的教育上，更多的公益组织发起了针对相关地域的支教活动。

近年来，广西瑶族地区就有不少公益机构在做着这项工作，这些组织从过去单纯给予资金支持到后来更加多元化的帮助。一些组织重点关注贫困失学儿童，支持学校成立特殊的民族班级，帮助他们完成学业。如广东麦田教育基金会至今还在广西大化瑶族自治县雅龙乡和七百弄乡开办着三个"麦苗班"，广西爱心蚂蚁公益组织于 2009 年开始进入都安、大化瑶族山区，先是向六所瑶族村完小派支教教师，共计派出支教大学生、研究生近 20 人，目前重点开展"关爱农村留守儿童驻校社工"项目。在课程设置和活动安排上，放弃物资援助，弱化支教功能，强化才艺拓展、行为养成，重视体验和陪伴，致力于促进山区儿童身心健康成长。另外，他们持续开展的"小山鹰"成长计划、寒暑假成长营等活动，也都取得了很好的成效。在支持对象的选择上，这些组织往往更多地关注那些失学的瑶族女童，在项目推进过程中采取一些特殊举措，使部分瑶族女童获得更好的发展。

还有一些爱心人士关注到瑶族儿童当中的特殊孩子——孤儿、单亲儿童。广西大化瑶族自治县就有三所由爱心人士办的孤儿院，其中两所分别是韩国和香港爱心人士举办，另外一所是当地瑶族妇女班爱花于 2001 年创办的"龙万爱心家园"。

龙万爱心家园坐落在大化镇龙马村龙万新村，这是一个瑶族移民村。2001 年，

---

① 吴霓，等. 2013. 中国民族教育发展报告 2012. 北京：教育科学出版社：201-208.

班爱花回家探望生病的父亲，发现村子里大量孩子失学在家，心中感叹不已，于是下决心办起了这个家园。16 年来，班爱花将大化各瑶族村寨的孤儿、贫困家庭的单亲子女接到家园，通过募集资金，为困境家庭的孤儿、单亲儿童、留守儿童创造一个身心健康成长的生存空间。2007 年，龙万爱心家园得到教育局批准，成为龙万小学教学点。在完成教学任务的同时，龙万教学点尽心竭力地给孩子们营造一个家的氛围，给予他们心灵的慰藉，陪伴他们成长。在班爱花老师的努力下，龙万爱心家园前后共培养了 200 多个瑶族孩子。不少孩子已经上大学或是从职业技术学校毕业，他们正在改变着自身家庭的贫困面貌。

2014 年，我国颁布实施的《国家贫困地区儿童发展规划（2014—2020 年）》中，在提到发挥社会力量作用时强调：要积极引导各类公益组织、社会团体、企业和有关国际组织参与支持贫困地区儿童发展。鼓励志愿者到贫困地区开展支教、医疗服务和宣传教育工作。加强政府相关部门、学校、公共卫生和医疗机构与家庭、社区的沟通，鼓励家长参与儿童发展项目的实施。现在，相当一些机构已经跳出传统的直接捐钱捐物的"硬件资助"方式，而是对当下中国乡村教育最短板的结构性师资短缺，有针对性地予以支持。如中国社会福利基金会"传梦公益资金"发起了公益项目"资教工程"，从音乐、体育、美术、英语等乡村学校师资最薄弱的学科入手，通过公益资助的方式，有针对性地聘请贫困地区有志于从教或者未能良好就业的应届、往届师范毕业生到当地的乡村学校从事教育教学。"资教工程"的支教教师支教时间为 6 年，该项目于 2014 年 5 月正式启动，目前已经在贵州和云南两省开展了三年，给相当一些地区的少数民族儿童带来了教育上的福利，当地的瑶族女童亦从中得到很大的受益。

综上所述，21 世纪以来，每年有越来越多的资源和爱心投入教育公益事业，民间教育公益组织通过自觉分担社会转型时期的教育改革重任，已经成为一股能够优化社会转型、推动社会进步的教育改革力量，尤其是对改善农村贫困地区、少数民族地区的基础教育发挥了促进和平衡作用。

二、面临的挑战

据 2010 年人口普查数据，我国瑶族大专以上学历的人口为 76 322 人，其中女性为 35 308 人，占比为 46.3%，比 2000 年的 33.7%提高了 12.6 个百分点，说明瑶族女性当中有一部分女性受教育程度得到了提升，这显然与上述第二个阶段各地大力举办女子班，促进瑶族女性教育有着很大的关系。然而，人口普查的另一组数据也表明，瑶族女性文盲人口的比例依然超过了瑶族文盲总人口的三分之二。2000 年全国瑶族 6 岁以上人口中，未上过学的人口为 199 530 人，其中女性为 139 242 人，占比为 69.2%，而 2010 年人口普查时此项目的数据分别为 83 663 人、61 763 人、73.8%，瑶族女性文盲比例不减反增。虽然，现代文盲人口比例的高低并不能说明是新生文盲因素造成，但从广西的相关调研中也可发现，瑶族地区女童教育的地域差距似乎在拉大，地域条件好或已经在城镇居住的瑶族二代受教育程度明显提高，但地处偏僻的瑶族支系女童依然存在着较高的失学率和辍学率。分析起来，笔者认为主要有以下因素：

1. 社会变迁给瑶族女童教育带来新困扰

十几年来，社会发展给教育事业带来了许多的变化。随着高校的扩招，我国已经从文凭社会逐渐走向能力社会，即"文凭短缺"时代早已结束，实际上"文凭供给"已经出现"相对过剩"，就业岗位远远少于拥有文凭的人。于是竞争上岗越来越依靠文凭基础上的能力，这就导致一部分学生面临着毕业即待业的局面。从择业、就业、创业的竞争力来看，比起城镇、汉族和发达地区的学生，贫困地区特别是少数民族的毕业生相对较弱，这里面存在许多复杂的因素。由于家庭经济相对贫困，在读大学期间，相当一些少数民族学生几乎用完了家庭的所有积蓄，而他们如果没有突出的能力，难以在就业竞争中取胜，他们就只能待业。

具体到瑶族女童来说，本来家长咬紧牙关送女儿上大学主要是认定女儿读书出来可以有一份工作，能挣工资，不仅自己不用再像母亲那么闭塞、辛劳，除了养活自己还能帮助家庭培养弟妹，结果并非想象的那样，这对瑶族女童的家长是非常大的打击。在就业竞争本来就激烈的情况下，社会上却仍然存在一定的性别歧视，女大学生就业率更低，这就更使得人们觉得家庭投资女性教育根本不划算，"油去灯不亮"，这种观念在瑶族社会较为严重。当前，各级各类教育的成本都在增加，而教育投资的收益既难以看到又极不稳定，甚至不断减少。在这样的情况下，瑶族家庭在作出教育投资计划时更有可能首先排除女儿。

此外，在社会变迁中瑶族原本比较稳定的家庭关系也开始松动，不像过去那么自然、紧密、和谐与温馨。一方面，夫妻双方或有一方外出务工，瑶族村寨留下大量的留守儿童，他们一年当中很少见到父母或其中的一员，得不到他们的照顾和关爱，产生了许多心理、品行和学业上的问题。另一方面，部分青壮年瑶族妇女，或因为夫妻关系不和，或山居劳作过于辛苦等原因，或出于改变家庭贫困面貌的考虑，选择抛下子女，外出务工甚至逃离家庭，导致了部分家庭的解体。

这就使得一些瑶族女童小小年纪不得不担负起照顾全家的责任。这些问题，造成了本来已经越来越有希望的瑶族女童教育又面临着新的困扰。

2. 撤点并校导致部分瑶族女童失学

瑶族地区大部分位于位置偏远、交通不便之地，或是高山峡谷，或是大石山区，自然地理条件造成了人口居住分散，本身就给民族教育发展带来不少困难。在 21 世纪初我国开展大规模的中小学布局调整之前，瑶族地区基本上与其他地区一样，采取灵活多样的办学形式，做到义务教育阶段尤其是小学段孩子基本能就近上学。

到了 2000 年前后，轰轰烈烈的撤点并校把民族地区相当一部分学生数量较少的学校或教学点撤并了，以便把学生集中起来办大教育。一些县在乡镇全部不设初中，而集中到县城办学；一些瑶族山区的村小只保留小学 1～3 年级，甚至只有1～2 年级，中高年级学生要到乡镇小学单独开设的民族班上学；有的地方只在较大的村屯保留教学点，小村屯的孩子上学要走上 1～2 个小时。

毋庸置疑，撤点并校对提升义务教育办学效益、提高教育教学质量是有作用的，但在工作中脱离地方和民族实际、采取简单化和"一刀切"的办法进行中小学布局调整，其结果并没有像预期的那样取得明显的成效，反而带来了新的问题，造成一些边远山区、贫困地区农村孩子上学的不便。一些父母担心女童上学路上有危险，不得已推迟其上学年龄，有的瑶村女童到了 8 岁或 9 岁才上一年级；一些留守儿童本来已读到四年级以上，因为学校离家太远，往返没有大人接送，无奈只能中途辍学。

2015 年，笔者到广西贺州土瑶聚居的一个乡镇调研发现，小学四年级升入五年级时，86 名学生中已经有 11 名离开学校，辍学率达到 12.8%；当时的六年级土瑶学生共 42 人，他们在四年级进入民族班时人数是 54 人，两年时间共流失了 12人，流失比例高达 22.2%，其中女生流失的比例更高。在该镇某中学民族班读书的土瑶学生，三个年级共有 72 人，初一、初二、初三分别是 26 人、27 人和 19人，即便加上少数几个在该中学重点班就读及转到外地上学的学生，土瑶学生每年流失比例依然较高。笔者在询问中了解到，2015 年土瑶学生没有一个去读普通高中，只有 10 人选择到职业学校或中专去读书。

又如，广西金秀瑶族自治县六巷乡原来有一所九年一贯制学校，教学质量一直有所提升，2003 年教学成绩和教育质量甚至排到了全县各乡镇学校的前列，2004 年进行中小学布局调整时，县里规定人口在 10 000 人以上的乡才设置一所初中，由于六巷乡人口不足 10 000 人，因此该学校被撤并了。撤点并校后，虽然有"两免一补"的政策，但在一定程度上还是增加了山区农村学生家长的经济负担，一部分学生家长因经济能力有限，无法把自己的孩子送到集中办学的学校就读，或者是孩子本身因为不太适应山外的学校生活而导致辍学。

3. 女童的不安全性因素增加

1）交通安全问题。生活在大石山区的瑶族群众，居住比较分散，大多住在山坳，儿童上学路途比较远，路上有许多不安全的因素。例如，大化瑶族自治县板升乡弄勇村村民居住的瑶寨分布在各个弄场，即山间深洼地中。孩子们开学要扛着被褥、生活用品攀爬云梯。稍有不慎可能从梯上跌到山洼中，这对于年龄尚小的女童来说更是很大的考验。此外，在调查过程中，常有孩子反映他们周末回家有时候会被一些辍学少年威胁勒索。出于安全上的种种考虑，一些家长更不愿送孩子上学了。

2）性安全隐患。女童的性安全隐患大大增加，侵犯案件频发，女童身心受到严重伤害。随着瑶乡越来越多的成年人外出务工，多数孩子在失去正常照管的状态下生活，幼童特别是女童遭到性攻击、性伤害的比例大大增加。近年来，农村女童受侵犯案件频频发生。从 2008 年至 2011 年，大化检察院审查起诉的女童受性侵犯案件就达 16 起，且呈上升趋势，仅 2011 年上半年就有 5 起。[1]2012 年至 2013 年，都安瑶族自治县又有多起猥亵女童的事件被曝光，侵害者中有七旬老翁，也有同村男青年。赵俊超博士在都安瑶族自治县调查留守儿童情况期间曾见到一位不满 14 岁、因受性侵害而辍学的女孩雯雯（化名），她告诉赵博士说自己很恨那个人，对她影响最大的是从此不敢再上学，而且直到现在还很怕别人知道这件事，怕黑，怕坏人。15 岁起她到处打工挣钱养活自己，承担着这个年龄本不应承担的重担。[2]2015 年 8 月，广西隆林各族自治县"百色助学网"创始人王某披着公益外衣，性侵多名中小学生的事件被曝光。王某承诺发给得到经费资助的女童 300～500 元的助学金，诱骗女童以到县城补办手续或领取助学金为名对女童实施性侵害。这些女童家庭背景都十分类似：多子女苗族或瑶族贫困家庭，父母或外出打工收入微薄，或是无业游民，甚至已经亡故。

性安全隐患还包括那些看似"自主的性行为"。笔者在调研过程中遇到一位曾意外怀孕的女孩，当时女孩还是四年级的学生，怀孕了 6 个多月，却不知情。班

---

① 覃泓理.2011. 我国西部地区农村"留守妇女、儿童"遭受性侵犯问题研究——以广西大化瑶族自治县实证调查分析为例. 西南政法大学硕士学位论文：9.
② 赵俊超.2012. 中国留守儿童. 北京：人民出版社：6.

主任发现后通知家长，家长嫌丢脸都不来学校领人，最后由一个公益组织的驻校社工带女生去医院做了流产手术。在与该公益组织负责人小陈的交谈中，笔者了解到少女怀孕的现象并不少见。他说："社会或学校里的男生会哄骗和诱导在校女生或刚辍学打工的女孩发生性关系，而懵懂无知的山区农村女孩，很容易在无任何保护的情况下受到性伤害，甚至怀孕。"也就是说，这看似自愿的行为，实际上主要是由于开放的社会性文化、打工热潮导致学生厌学后急于想了解外面的世界，以及对性知识无知的综合结果，好奇与无知使她们很容易上当受骗。

4. 学校教育对瑶族女生未能提供有效帮助

瑶族地区一些农村寄宿制学校由于编制有限，没有专职的生活辅导人员，学校缺乏对寄宿生的管理经验，管理制度也不够完善，加上瑶族小学生、初中生生活自理能力及自我约束能力较差，一部分留守学生长期寄宿学校，缺少亲情关爱和家庭教育，身体、心理、学业等方面出现不少问题，厌学、早恋甚至打架斗殴现象时有发生。

瑶族女生三、四年级就从交通闭塞、学习条件差的"教学点"、村小转到村完小或乡镇中心校，相对于其他同学来说，她们的学习基础差，学习能力不强，容易因为听不懂而失去学习兴趣。在考试成绩不理想时，部分学生容易产生自卑心理，造成学习上的畏难情绪，容易放弃学业。同时，寄宿的学生与父母联系少，多数时候只能独自面对生活中遇到的各种挑战。而中小学生正处于身心发展的关键时期，这一过程中产生的烦恼与冲突，需要倾诉对象帮助他们分担和适时的引导。但是她们远离父母，得不到亲人的关怀与帮助，缺少与父母沟通、交流的机会。

另外，由于教师普遍年龄老化，缺乏女教师，班主任教师缺乏相关的专业知识与能力，加上教学任务繁重，无法顾及女童的情绪情感变化，未能及时对她们进行心理疏导和情感关怀。如广西贺州鹅塘三个山区土瑶村寨，2015 年共有在校学生 257 人。四个教学点共 8 名教师，其中一个教学点曾经有过一位女教师，该女教师退休后近十年时间里，土瑶山区没有一位女教师在学校任教，直至 2016 年秋季，才增加了一名女教师。在这样的情况下，学校里几乎没有人对土瑶女生进行有针对性的青春期教育及心理援助，只能任由她们孤独地自我成长。

5. 女童早婚有回升趋势

瑶族历史上有早婚的习俗，尤其是女孩。这种风俗实际上是为适应传统农业经济的需要而形成的，一方面早婚可尽早结束对女儿的投资，对于男方家来讲则可以早些增加劳动力，并可以早点传宗接代。布努瑶古时就有规定，女孩 14 岁就可以出嫁，男孩则不限。红瑶女性结婚年龄一般也不超过 19 岁，而且是逢单不逢双，即 15 岁、17 岁、19 岁为吉利，如果到了 21 岁才出嫁，会遭人非议，认为是"老姑娘"了。[①]

中华人民共和国成立后，瑶族群众逐步接受国家提倡的晚婚晚育观念，加上瑶族年轻一代受教育程度提高，慢慢地结婚年龄也稍大一些了。然而，踏入 21 世纪后，瑶族地区女童早婚情况似乎有所回升。云南学者杨晶在研究中比较了 2000 年和 2010 年我国人口普查数据，20 岁以下结婚的女童数量有所增加，这与她在云南某县的调查结果基本一致[②]。这一组数据当然包含全国所有民族的早婚女性，但总体上主要还是少数民族早婚现象的回升所致，特别是有早婚习俗的瑶族等一些少数民族。

在调研过程中，笔者所到瑶族聚居的村完小或当地乡镇中学，都有校长或教师反映有学生辍学回家结婚的事例。其中都安瑶族自治县某村完小，2015、2016 两年中共有 18 位五、六年级学生辍学，其中 12 位为女生，且有两位女生已经当妈妈了。另 10 位女生当中，有 8 位已经到婆家生活了。据当地老师反映，当前随着留守儿童增多，学生缺少家庭温暖，而有些家长对于孩子的早恋行为采取默许态度，特别是男方家庭认为儿子能早点将媳妇带回家可以解决后顾之忧。而女孩常常在早恋中因为轻信与无知，缺乏自我保护意识，导致怀孕后，害怕承受有形和无形的舆论压力，往往也选择辍学结婚。因此，女生在十五六岁嫁人的现象呈现上升趋势，这给瑶族女童的学校教育带来了更大的阻力。

---

① 粟卫宏，等. 2008. 红瑶历史与文化. 北京：民族出版社：147.
② 杨晶. 2015. 进展、成就与挑战：95 世妇会 20 年来的中国女童政策. 妇女研究论丛，（06）：57-65.

第三章

瑶族女童的学校生活

偏远山区的瑶族儿童在读小学之前，基本上没有接受过学前教育。笔者在广西调研了近十个瑶族乡，虽然一些乡也有了幼儿园，但多数是在乡政府所在地，入园的幼儿主要是壮族。如大化瑶族自治县板升乡幼儿园共有幼儿 300 人，瑶族儿童仅有 7 人，其中 2 人是姐姐当保育员将弟弟带去上幼儿园的，其他 5 个孩子的父母是在乡里工作的乡干部或是医生，村屯里的瑶族家庭几乎没有人送孩子进幼儿园。

近几年，许多瑶族青年外出务工，家庭收入有了提高，一些家长意识到要重视孩子的学前教育，个别家庭会让老人到乡镇租房子，陪着孙子孙女在那儿上幼儿园。而绝大多数瑶族村屯的孩子在上小学之前，是没有知识方面的启蒙教育的，也没有接触过书本。一部分家长担心孩子听不懂普通话，在孩子正式上小学前先送到一年级跟读，板升乡的八好小学，一年级大约有 8～10 个这样的孩子。与别的孩子不同的是，他们没有课本，似懂非懂地坐在那儿，度过他们最早的课堂生活。

当然，也有极少部分村小办了幼儿园或学前班，使得部分瑶族山村的孩子能够接受学前一年的教育，这主要集中在自然条件较好的平地瑶及一些对教育较为重视的地区。

第一节　小学低年级：懵懂无知的村校启蒙

不少瑶族村小或教学点以招收小学 1～3 年级学生为主，也有些教学点只有 1～

2 年级，情况会有些差别。一些人口较多的村保留有完全小学，周边教学点的孩子从三年级开始到完小来读书，瑶山的完小通常也会让部分住得较远的孩子住校，但大部分到乡镇中心校寄宿读书的孩子是四年级以上。在本章中，笔者将小学分成两个阶段，一是小学低年级，包括 1～3 年级，二是小学中高年级，包括小学 4～6 年级。

大部分的瑶族孩子是在本村小学或本屯的教学点接受启蒙的。瑶族居住地十分分散，在布局调整中，一些人口较少的屯的教学点被撤点并校，保留下来的教学点往往不足 30%。仙回茅坪村共有 8 个村民小组（屯），没有一个教学点。八个屯散落在大山深处，都没有通公路，屯里的孩子都要到茅坪小学读书。2014 年笔者去调研时，学校宿舍楼还在建设中，除少数学生挤在教学楼空置的教室里住宿外，绝大多数学生外宿，一些孩子上学要走两个小时才能到学校。贺州鹅塘镇所辖的明梅、槽碓、大明三个山区瑶族村，现有人口约 4 300 人，散居于其中的 17 个山冲村寨里。据村民们介绍，2001 年三个村共有 3 所完小、9 个教学点，大约有一半左右的孩子上学。到了 2011 年学校布局调整后，土瑶社区只有 3 个校本部和 1 个教学点，只招收 1～3 年级的学生。一些孩子从一年级起就需要住校，一些孩子则需步行近 1 小时的路程。槽碓村所有屯的孩子 1～3 年级都只能到槽碓校本部上学，除了少数最靠近学校的学生，其他均需要住校。

有的教学点孩子较少，基本上是一个教师负责所有年级的教学，那些 6～10 岁不等的孩子们在同一间教室接受复式教学；人数相对多的，则会多请一位代课教师，将三年级分出来，单独一间教室。

对于小学低年级的学生，笔者以观察法为主，进入村屯学校的课堂与学生宿舍进行观察。孩子们大多数处于懵懂状态，一些孩子说普通话还有困难，对于笔者的问话常常是笑笑或者说一句"不知道"就跑开了。为了更好地了解瑶族学生在小学低年级的情况，笔者对一些小学中高年级学生及中学生进行访谈，请他们回忆自己读小学三年级之前的事情。在访谈中，有些人会记起比较喜欢自己的老师，多数同学觉得小时候自己真的很不开窍，感觉自己什么都没有学会，每天只知道玩，部分同学则表示不太记得小学低年级的事情了。也有一些读到初中的女生，能够很清楚地回忆起小学时的一些情况，特别是在人际互动方面印象深刻。

归纳起来，笔者认为瑶族女童在小学低年级时有以下特点：

一、上学年龄偏大

进入 21 世纪以来，特别是农村实行免费义务教育以后，瑶族女童的入学率提高了许多，绝大多数女孩都能够进入学校读书了。然而，并不是每个女孩都能在六七岁的入学年龄就开始上学。根据笔者对偏远瑶族村小的调查发现，女童在 7 岁以后入学的情况较为普遍，差不多有近四分之一的女童到了八九岁才入学，甚至少数女孩已经 10 岁了才读一年级。瑶族女童入学迟的原因主要有两个方面：

1. 上学距离远

瑶族居住在大山中，有些地方只有几户甚至是一户人家，上学往往要走很远的山路；有些地方的孩子上学还需经过悬崖、河流等特殊的路段。大化板升乡弄勇小学是周边 22 个村民小组将近 200 名孩子上学的唯一一所完小，有些孩子到这所学校要走三四个小时。尤其是弄顶村民小组的孩子们到该校来上学时，要翻过一座山，山顶的另一面是一段 10 米多高的悬崖。村民为了方便孩子们上学，在悬崖处搭建了一个竹梯方便他们通行。多少年来，孩子们一直就这样在家长们的提心吊胆中去上学，每周往返一次。2011 年有记者进入大山，报道了这件事情，政府着手修建一条约三公里长的穿过大山的公路。2014 年建好后，孩子们终于不用翻过山崖去上学了。

山区的交通状况总体是山高路远，遇到下雨天，道路泥泞难行，山上偶有泥土、沙石滑落，殊为危险。部分家长出于担心等原因，让女孩年龄稍大后再入学。以下是笔者在大化县板升中学访谈时两位瑶族女生对小学上学情形的描述。

> 我们村不仅生活困苦，读书也很困难。我上学前班时已经 10 岁了。因为没有教师愿意在我们村教书，所以我们村的孩子都得到另一个有教师的村子去读书。那个村子离家比较远，路不好走，坑坑洼洼又陡又险，下雨天还有石头从崖上掉下来。那时我和姐姐去读书，家里还有两个弟弟。天还没有亮，我就和姐姐提着自己的午饭和村里几个较大的孩子一起去学校。没有人送，每天早上自己走路去，迟到了还被老师批评，下午又走路回家。那时我们特别羡慕一个人，她是村里有钱人家的女儿，她父亲专门开车送她去学校，晚上又接她回来。
>
> ——板升中学初中一年级小罗同学

> 由于住在偏远山区，村子里没有教学点，直到九岁才能上学。对我来说，小学的学习生活是最艰苦的，每天我总是一个人从偏远的山上到村里读书，放学了一个人回到山上，对于九岁的我而言，无疑需要很大的勇气，不过也练就了我坚强的心。
>
> ——板升中学初中一年级小班同学

为了亲自体验上学的艰苦，笔者在一些村子调研时跟随孩子们去上学。有一天，遇到下雨，为了避开泥泞的主道，笔者和孩子们一起走山路。虽然泥巴少了很多，抬脚迈步相对容易，但山路崎岖，细石沙砾不少，走路要十分小心，否则容易滑倒或踩空。两个多小时的路程走到学校，整个人有一种要虚脱的感觉（图3-1）。笔者切身地体会到瑶族孩子能坚持读书实在不易。尽管上学如此艰难，多数瑶族女孩仍十分珍惜这来之不易的学习机会。

图3-1　瑶山孩子上学的路

桂北瑶山多是土山，没有石山险峻，对于孩子们来说，翻山越岭也习以为常，但遇上下雨，辛苦与危险都成倍增加。

从小学三年级开始，我每周都要走那条陡峭的山路。小路弯弯曲曲的，不知何时是个尽头。可那时候我们早已习惯这样的情况了。有时下雨河水涨了，我们只能绕着偏远的路走。到学校时个个狼狈不堪，全身已经湿漉漉了。可我们还在那儿不停地嬉戏，没有感到生活很苦，觉得学习最重要，只要能来学校已经值了，可以放心地读书就足够了。

——贺州公会某小学六年级学生小马

2. 留在家中照顾弟妹

偏远瑶族山区群众的生活比较困难，父母每天早出晚归，子女一般少则二三个，多则五六个以上，六七岁的女孩子已经是妈妈的重要帮手了。通常情况下，父母会让姐姐留在家里带弟妹与料理家务，等弟妹稍大一点才让其到学校读书。这样就使得部分女孩入学时年龄偏大。

在大化县板升乡八好小学调研时，笔者问及女生的上学年龄，校长说："瑶族家庭孩子比较多，超过五个孩子的大约占70%。因此，男生上学比较早，女生上学一般要8岁，父母都要留她带弟妹。"他想了想又补充说："我们这里有一个家庭有10个孩子，现在有5个在我们学校读书，两个在一年级，3个读五年级。当年是姐姐带着两个弟弟一起上学的。姐姐通常比弟弟大2～3岁。"

2015年暑假在贺州鹅塘镇瑶族村明梅小学调研时，村组长陪笔者去了一个三姐弟的家。两兄弟正在看电视，于是笔者与他们的妈妈和姐姐进行了交谈。姐姐13岁，大弟弟11岁，小弟弟才5岁，姐姐和大弟弟同时在读四年级。妈妈解释说，因为没有人帮带小弟弟，所以只能让姐姐推迟两年读书。妈妈现在很头疼，一是大儿子不爱读书，经常与村里另一个男孩逃学回家玩。二是大女儿不爱说话，她说自己都不知女儿在想什么，基本不与自己说话，越来越封闭。当笔者与姐姐聊聊她在学校的情况时，她也是不愿意多说，但话语中表示不愿意多待在家里，更愿意快些回学校去读书。

在上思民族中学瑶族女童班调研时发现，初三年级女生中，年龄超过17岁的占了三分之一，有些甚至19岁了。其中一位同学说："因为家里的经济条件不允许，我在家里帮着妈妈做工，9岁时我才上学前班。刚到学校时我什么都不懂，不知道如何听课和写作业，后来跟着其他小朋友，看他们怎么做我就怎么做，才慢慢了解读书的含义。"

推迟上学的女生中，大部分都是因为经济困难，要帮妈妈做工和带弟妹，父母才没有办法让她们按时上学。有些同学说自己一年年长大了，眼看着别人去上学，心里很难过，却总没有听妈妈提到送自己去上学，就只能等着。也有的女孩是因为生病或父母离异导致上学延迟。

> 小学二年级时，我因为想帮家里分担家务，上树摘八角，结果摔了下来，受伤很重，不能走远路上学。在村子里留了两次级，直到十五岁我才上了六年级。那时，我已经长成了一个高大的少女，由于交通不便，我每周日都要走三个多小时去学校。在路上，经常被一些大人嘲笑。他们说你都长这么大了，可以嫁人了，怎么还在读小学呢？每次听到他们这样的话我都无地自容，无数次想放弃学业，但因为婶婶的开导与教育，心中有梦想，所以我一直坚持了下来。
>
> ——摘自上思某中学初二瑶族女生小梅的来信

二、简陋的校舍、沉闷的课堂

在偏远瑶族山区的教学点，一般只有一排平房，几间破陋的教室，有些甚至只有一间小房子，几乎没有其他配套的设施。笔者调研所到的教学点，个别条件稍好的能够给教师准备一间屋子，可以让老师在周一至周五时暂时居住，还有少数教学点在爱心人士的捐助下建起了简易的球场。各年级学生人数不多，只能安排一位教师进行复式教学。上思县南屏乡米强村的初中学生小珊向笔者描述了她村子的教学点及教学情况。

> 在我们村没有一所正规的学校，只有一间小小的房子充当教室用，算不上是学校。因为教室不够，学前班、一、二、三年级都挤在一间房子里。而且只有一个老师教我们四个年级，老师不怎么管学前班和一、二年级，三年级也管得不多。到现在我连拼音也不会，只懂得几个声母和韵母。一、二、三年级时，老师都不教我们读拼音的。还有数学，四年级之前，几乎都是蒙过来的。基础没打好，什么都不会，考试从来没有及格过，有时就十几分。
>
> ——摘自上思某初中女生小珊的来信

瑶族的教学点一般只有1～2名教师，即便是一些瑶族聚居区的村小，往往也只有少量在编教师。教师不足的情况下，只能在本地找一些初中毕业生担任临时代课教师。在大化县尤齐小学，6位教师中有4位是临时代课教师，贺州平桂区公会茶坪小学也是临时代课教师多于在编教师。在编教师平均年龄偏大，大多已经接近退休年龄。在笔者的调查当中，师资队伍老龄化一直是困扰偏远瑶族地区教育发展的突出问题。如贺州市鹅塘镇山区的三个村小和一个教学点一共8名教师，平均年龄超过50岁，且全部是男教师。金秀瑶族自治县六巷乡教学点的教师多数也是接近退休的年纪。

按理说，低年级的小朋友是比较活跃、好动的，但是在瑶族村屯教学点或是完小，大部分的课堂却是比较安静和沉闷的。多数情况下，老师的教学方法单一。不论是语文课，还是数学课，老师最惯常的教法就是反复念、反复记，没有教会孩子们观察、分析、理解等方法，孩子们完全是被动学习，时间一久则注意力分散，没有了热情与兴趣。结果，部分孩子就开小差，在桌子底下东画画、西玩玩。而老师往往也不管，只顾完成自己所谓的教学任务。

下面是大化板升乡某瑶族村完小一年级一堂语文课的教学片段，执教者是一位瑶族代课教师：

上课内容：复习和学习 17 课《小蝌蚪找妈妈》一文的生词与课文。

教师将生字词工整地抄在黑板上，共有 8 个生字，每个字一排。比如，肚，肚皮，左右结构，月字旁，7 笔。

教学时，老师带着学生反复地大声朗读。每个字读 8 遍、10 遍，刚开始读两三遍时，孩子们比较大声，到了后面声音越来越小，一些孩子甚至不再开口。偶尔老师会请个别学生站起来读，但学生大多都读不出来。

此时，笔者看到坐在后排的小女孩一直没有跟着读，低着头，手放在桌子底下，正在玩一张纸。纸上撕了几个小洞，孩子在玩自己的游戏。

老师仍自顾自地讲着课，反复问学生："你们记住了吗？要记住，要会写，不要写错别字啊！"

生字词复习结束，老师让孩子们读课文。但很快发现学生根本念不下去，因为很多字孩子们都不认识。于是老师说："你们读还没有那么好，那你们跟着我读几遍，听好了。"读了两遍后，教师问："你们会一点了吗？"孩子们机械地回答："会了。"

这堂课，老师自始至终声音十分地尖细，分贝高而刺耳，教学方法机械单一，孩子们很难一直集中精神进行学习。

这样的课堂在瑶山学校有一定的代表性。孩子们普通话水平参差不齐，怕他们听不懂课，学校尽可能将当地瑶族代课教师安排在一、二年级。当孩子不理解时，老师可以用瑶语进行解释，辅助教学。然而代课教师知识水平和自身能力有限，加上几乎不了解儿童的年龄特点和心理状况，教学效果谈不上。教师在课堂上采取"满堂灌"的教学方式，认为教学就是要让学生记住书本上的知识点。上课时，老师讲、学生听，教师读一句、学生跟一句，或者是老师写、学生抄。课堂没有点拨启发，孩子们没有思维活动，心态被动，身体僵硬，很快就走神了。表面上没有一个孩子捣乱，课堂很安静，实际上大部分孩子如听天书，写作业时还是不懂。

当然，也有少数例外。调研期间，笔者看到少数优秀的比较有热情的年轻教师，他们的教学颇有成效。金秀县六巷乡中心校、大化县八好小学、上思县南屏乡婆凡小学等几所学校，有一些从大山里走出去又回本地任教的年轻人，还有几位刚毕业的特岗教师、外来支教的志愿者教师，他们的知识水平较高，教育理念较新，教学方式灵活，给瑶山学校注入了许多活力。在他们的课堂上，师生互动良好，学生思维活跃，发言积极。但这样的教师所占比例太小，总体上未能改变瑶族山区小学的课堂面貌。

三、贪玩的孩子、缺乏耐心的老师

瑶族孩子放学回家要帮家里干活，尤其是女孩子，父母一般不大过问她们的学习。回到家里，她们常常没有时间写作业，或者因为学得一知半解，不能完成作业。一般是回到学校了，老师一边讲作业的答案，孩子们在下面赶紧补上。在昭平县仙回小学上六年级的女孩小妮说："我刚上学时年龄很小，才6岁。我记得自己早上起不了床，还要走差不多一个小时的路才能到学校，经常迟到。一放学就回家干活，主要是喂猪，还有煮饭。那时候我好像什么都不懂，每天都只想着玩。同学们在校园里一个有草的地方滚来滚去，我不太去玩，总是看着他们玩。"

这种体会实际上多数瑶山孩子都有，他们中的大多数，在小学一、二年级还是很混沌的样子。一个从来没有接触过书本的女孩，每天与大山、家务相伴，突然背了书包上学堂，又没能得到老师的悉心引导，茫然不知所措，只会跟随着大家一起上学，一起回家。有些孩子在小学二年级时，要到附近的村子读书，不得不寄宿在学校，那么小的孩子离开父母，心里自然十分害怕。上思县南屏瑶族乡一个四年级女孩子小萍对笔者说："我二年级时到百包村去读书，因为害怕和想家，每天都哭，一直哭到三年级。也不敢对老师说，他会骂我们，有时还打我们。就这样到现在才慢慢适应了。"

走访中，笔者在不同的瑶族山区学校看到的情况都差不多。大多数一年级小朋友，穿着比较脏的衣服，冬天也总是一双拖鞋穿在脚上。一些孩子还流着鼻涕。他们每天到学校听上几节课，然后回家干活，有时也与同学玩各种游戏。女孩小娇告诉笔者：我们有时也和男孩子一起玩，比如比赛爬树，有时还去抓田鼠。老师们也反映说：山里的孩子野惯了，女孩子和男孩子一样，小的时候也不太爱读书的，大一点后才懂得要学习，才慢慢地勤奋起来。

从调研的情况来看，以瑶族学生为主的教学点或村小，孩子们的成绩普遍不太理想，语文、数学的平均成绩均不及格，两科能够及格的学生人数一般不超过四分之一。其中有一所学校，没有一个学生是两科都及格的。甚至有的老师告诉笔者："为了让学生的成绩不至于太难看，老师们有时会在卷面成绩上给学生增加些分数。"也就是说，这些已经很不理想的成绩还存在一定的"水分"。这些学校的教学水平一般都排在本乡的末位，上级部门往往也只要求其不出什么事情，对其教育质量低下已经习以为常。由于山路难走，上级领导和教研人员极少下来检查和指导。

尽管如此，瑶族女童的读书愿望还是比较高的。调研中，当问到她们喜不喜欢读书时，几乎每个女孩都说"喜欢"。只是她们还没有"开窍"，还不知如何去学习。

对于瑶家子弟来说，其父母文化程度低，只能依靠教师进行启智开蒙。不幸的是，瑶乡能够启迪孩子心智的教师实在少之又少。多数教师只满足于完成教学任务，不知道如何帮助孩子从现有的知识结构和认知水平出发，一步步引导其进入新的阶段；一些老师看到孩子们学不会，就没有耐心，经常批评训斥学生。孩子们普遍反映自己的教师很凶。

这样一来，孩子们在读书初期的摸索时间会长得多。以至于一些孩子每天来学校，却不明白学习有什么作用，也体会不到学习的乐趣。有些孩子到了三年级胆子稍大一点，就开始逃学了。

> 二年级时，我逃过一次学。那时我觉得学习太无聊了，老师讲的课让我讨厌。于是我们几个同学约好一起逃课。那时候我觉得逃学好像很有趣，虽然怕妈妈知道后会骂我，但还是和几个同学约好在一棵大树下集合，然后我们一起跑到田野上玩。到了晚上，听见有人出来找我们，我们来不及跑就被抓住了。
>
> ——昭平某小学四年级女孩

> 到了三年级，我的同桌是个特别坏的男生，经常欺负别的同学。他不认真听课，我哥哥也和他一样，他们逃学，我也跟着。下午我们就不回学校上课了，等到大家放学时我们也跟随着回家。那时我把所有书背去学校，放学时又背回家。有作业时也会写，但都是乱写的。"
>
> ——大化某小学五年级女孩

> 小学时的事，我只记得学前班女老师教过我左手、右手，是唱着歌教的。另外，还记得一位男老师教过我们音乐，因为他不凶。其他老师没有多少印象，好多都比较凶。
>
> ——大化某中学初二女孩

在回答"你最喜欢什么课"这个问题时，相当多的孩子都说最喜欢体育课。但实际上，村小的体育课基本上是老师丢一个皮球给孩子，或是什么体育器材也没有，让孩子们自由活动，完全放羊式，而这居然也成了孩子们最爱的课。

有少数教师，因为教学认真，耐心启发学生，对学生产生了积极的影响，令瑶族学生终生难忘。有一位高中女生谈到自己的小学启蒙老师时说："她教学很认真，在她教学的那个教学点，孩子们拼音都能过关。"还有一位初中同学在描述自己的成长经历时说："从小学到初中，我最感谢的是我小学二年级的班主任。她是一位漂亮的女老师，她对我们就像是对她自己的孩子一样。记得刚上二年级的时候，我们还比较贪玩，一年级学拼音没有学会，因为老师也是山里的，教书当然比不上经济好的地方。那位女老师是城里来的，她不怕在山区跟我们一起受苦，我们一年级没有学会的，她都耐心地帮我们补上。这样我在二年级才学会了拼音。"

第二节　小学中高年级：远离家庭的寄宿生活

瑶族山区小学中高年级学生的寄宿生活，存在两种情形。

一种是在村完小寄宿。一些瑶族聚居较为集中的地方，会在其中一个位置居中的村子保留一所完小，其余的村小或者改成教学点，或者撤销了。在笔者调研所到的乡镇，只有几个地方还保留有完小，如大化县板升乡的八好小学，距离乡镇约有40分钟的车程，位于四个较大村落的交汇处。2016年该小学有1～6年级学生402人。又如大化县雅龙乡，还有胜利小学、盘兔小学等规模相对较大的学校。这些学校基本上都有一些宿舍，那些上学距离较远、走路超过1个小时的孩子，大部分在学校住宿。

另一种是在乡镇中心小学寄宿。那些人口数量较少、住得比较分散的瑶族村屯，小学只有三年级以下，四年级以上的孩子则要集中到乡镇上学。如贺州平桂区的土瑶，从2003年开始，土瑶所在的两个乡镇共6个山区村，村小只招收1～3年级的学生。由于瑶族村屯离乡镇距离很远，走路至少半天，远的地方如大明村，走一天也难以走到。这些学生每周往返学校一次，多数孩子由家长接送。少数孩子因为没有家长接送，在小学三年级后就辍学了。还有部分家长忙于农活，或外出打工，无法接送孩子，几家人就联合帮孩子租一个靠近学校的房间给孩子们周末时住。这些孩子有时要到大的节日或放寒暑假时才能回家。

对于瑶族小学中高年级学生来说，最大的困难还是学校生活融入难的问题。女童相对于男童更胆小谨慎，不轻易与别的民族的同学发生冲突。表面上看，她们似乎不太存在适应的困难。实际上，她们心思比较细腻，情感埋藏得比较深，不太容易被外人发觉。

以下是笔者在调研过程中所了解的瑶族女童住校生活情况，代表了多数偏远瑶族学生在校的状况。

一、照顾弟弟妹妹

在瑶山，大部分的家庭子女较多。随着父母外出务工人数及寄宿制学校的增多，如果身为女孩，又是姐姐，那么就得带着弟妹一起住校读书，承担起照顾弟妹生活的义务。2016 年在八好小学调研时，校长告诉笔者，该校学生中曾有过一家 10 个兄弟姐妹同时在本校的，大的哥哥姐姐在读书的同时要照顾几个弟弟妹妹。现在就读本校的就有五姐弟，其中两个在一年级，三个在五年级。在五年级读书的三姐弟，姐姐比弟弟大 3 岁，但因为要等到弟弟能上学了，带着弟弟一起读书，所以就只能晚入学了。这种情况还比较普遍。笔者问及另外的低年级孩子一些家里的情况，如每周到学校有多少零花钱等，他们会说这个问题得问姐姐。姐姐就在本校的五年级或六年级，二、三年级弟妹的大件衣服，自己洗不动，都是由姐姐帮忙清洗。姐姐大多比较懂事，也很能干，而弟弟妹妹较为贪玩，不怎么爱学习，姐姐也只能顺其自然了。

有一天笔者去八好小学，刚好是周五，下午三点学校就放学了，但学校食堂仍然做好晚餐给孩子们。大部分孩子都不会马上吃掉，而是用饭盒装好带回家去与爷爷奶奶一起吃。笔者看到三姐弟拿着饭盒在校门口蹲着，一问才知道他们在等六年级的姐姐一起回家。他们的姐姐来了，笔者和她聊了起来。她说："我小的时候父母就出去打工了，我和奶奶在家。我看到奶奶干活很辛苦，就多帮着干一些。我是姐姐，还有两个妹妹，一个弟弟，我的弟弟妹妹都很乖。现在也跟我在学校读书，有时候我帮他们洗衣服。我最快乐的事情就是过年的时候，能够和家人吃个团圆饭，看见外出打工的父母我很开心。但看到他们的身体那样瘦小、单薄，我心里又很难过。"

二、想家

学生年龄幼小，独自一人从周一到周五住在学校。学校没有专门的生活老师，学校教师只能轮流晚上值班，管管纪律和学生安全。老师很累，难以顾及孩子们情感方面的需要，如对父母的思念，与同学发生矛盾后的难过、被人笑话后的自卑等。孩子们无人可以倾诉，一些不善于与人交往的孩子会倍感孤独。如果父母在家务农尚好，周末回家还能见到父母，吃饭时能一起聊聊天，父母会关心一下孩子；如果父母外出打工，孩子周末回到家仍然是独自一人，或者虽然爷爷奶奶在家，但老人往往身体不好，没有精力照顾孙子孙女。这些都会使孩子变得内向，不愿与人交往，有些甚至想放弃读书。

有些孩子则会担心家里。在大化雅龙乡中心校调研时，笔者了解到有6个女孩子担心父母吵架，或是担心妈妈离婚，不爱自己了；或是担心爷爷奶奶不要自己了。有3个女孩子说担心爸爸妈妈不让自己继续读书，担心没有钱读书。还有4个女孩子担心爸爸、妈妈或是爷爷、奶奶的病情不能好转。问起他们为何这么懂事，孩子的回答也很令人难忘："穷人的孩子早当家。"若是在学校遇到不顺心的事，比如与同学发生冲突，学习成绩不好等，她们想家的念头会更迫切。有个孩子说，自己经常在睡觉时躲在被子里面哭，不敢让老师知道，因为老师经常骂人。到了四年级慢慢长大后，与同学熟悉了，才不哭了。

为了读书，一些孩子被寄养在外婆家或是亲戚家中，她们长期不能回到自己家里，见不到父母，那种对父母的思念则更强烈。在贺州公会镇茶坪小学调研时，校长与笔者交流时提到，这样的孩子占一定的比例。她们常常想家，其中一个女孩的日记，每个老师读了之后都不禁生出几分怜惜之情。

> 开学那一天，我妈妈送我到学校，我还没有拿到书，到明天我才拿到书。因为我好久没有回家了，我没有过过一次完整的生日，所以我不想读书。我就和妈妈说："我不想读书，我想回家。"可是妈妈要我读书，我还是不愿意读书。后来妈妈问我为什么不读书，我说："我想过一个完整的生日，我每次生日的时候，你都是给我买个小蛋糕而已，都不能给我一个完整的生日。"
>
> 妈妈又叫我读书，还说不下雨的时候就会来看看我。可是妈妈只来过两次，后来就再也没有来看我了，这使我非常伤心难过。
>
> ——公会某小学李校长提供的学生日记

2016年在八好小学调研，多数孩子的父母都在外打工。笔者请6个五年级女同学一起来聊聊自己的家。她们当中，只有一个同学父母双方都在身边，一位同学爸爸在家，其他4位同学的父母，或者都在外打工，或者有一方去世、离婚。比起有父母在身边的孩子，这4个孩子的内心多一份不安和担忧。

> 爸爸妈妈每到过年才回来，姐姐是放假才回来。平时只有哥哥和我、两

个妹妹在家，自己煮饭吃。我们都会煮饭，只有我的小妹不会煮。我希望爸爸妈妈可以回来陪我们。

——父母在外务工的女孩小敏

我和爸爸妈妈在一起时很快乐、很幸福，但后来爸爸妈妈经常吵吵闹闹。有一次，妈妈叫爸爸回家，几天后他们就离了婚。后来，爸爸出去打工，妈妈也走了。只有奶奶带着我们，我读四年级的时候妈妈又出嫁了。之后都是爸爸养我们，爸爸每个月要寄2000元给奶奶养我们。我的爸爸太辛苦了。我很担心爸爸妈妈，希望他们不要去世。虽然妈妈已经出嫁了，但她还是妈妈。如果爸爸妈妈不吵吵闹闹的话，也不会变成这样。

——父母离异的女孩小春

三、常常想放弃读书

在调研中，不少学校的老师和同学都反映每个学期都会有孩子放弃读书，但事先很少告诉老师，经常是突然就不来学校了。有的孩子，会用比较隐秘的方式提前告诉了老师，只是不太容易被老师发现或了解到。也有一些孩子，因为种种原因想过要放弃学业，但始终还在坚持。是什么原因使得孩子们在小学中高年级就不想读书了呢？调研发现，大致有以下几个方面原因：

1. 回家的路太远

孩子们虽然住校了，但不少学生每周都要自己走回家。特别是那些父母远在外地务工的孩子，有时回到家也只有自己一个人，那种辛苦与孤单不是一个孩子所能承受的。寄宿学校由于没有专门的生活辅导教师，学生住在学校，任课教师周一到周五（或周日到周四）轮流管理学生已经相当不易，周末只能要求孩子全部离开学校，对部分学生而言，回家反而成了一个很大的负担。

在上思民族中学读初一的女生小玲说："小学三年级时我到离家很远的学校去读书，每周五都是走路回家的，有时回到家天都黑了，又没有电筒。回到家没有一个人，爸爸妈妈都外出务工不在家。哥哥他们那时已经读初中了，周末也不回家。家里冷冷清清的，还得自己生火做饭。自己一个人吃，一个人睡在空空荡荡的家里。到星期天下午，我们又得去上学了，因为晚上有两节自习课。"

一些距离更远的学生，走路回家很困难，家长只好让孩子到出租屋里度过两天的双休日。贺州鹅塘土瑶班的孩子有将近三分之一属于这种情况。家里有老人的，也有奶奶到出租屋照顾他们。调研时，笔者见到一位奶奶在租用的一间小房间里，正做饭给她的孙子和孙女吃。屋子很小，一张床，一张桌子，和一些做饭的电器。她说，孩子的父母都出去打工了，家里没有人接，只能由她来陪孙女和孙子了。旁边另外一间大一点的房间，则是四个女孩子一起合租。两张床挤了四个人，周末两天她们都是自己做饭吃。除了到街上买菜外，大多数时间她们就待在房间。问她们最希望的事情是什么？孩子们说就是能回家。

其中有一个叫小婷的女孩已经有了离开学校的打算，她将这个想法悄悄地写在日记本的最后一页："老师，下个学期我就不来读书了！"班主任老师却一直没有发现。那天，笔者在办公室与教师们交流时，看到四年级班主任的桌面上有很多日记本，提出想读一读孩子们的日记，李老师同意了。笔者翻看了小婷的日记，偶然翻开最后一页，发现了这个秘密。当时告诉她的班主任李老师，李老师也很吃惊，他完全没有想到。他正为这个学期有两个学生辍学而烦恼，于是建议笔者去找小婷聊聊。

小婷个子很小，属于特别听话、乖巧的小女孩。你不讲话，她就一直安静地站在旁边。由于她赶着时间听下一节课，笔者自我介绍后，就请她上午放学后到办公室来一下。那天正好是周五，中午笔者从食堂打饭回来，看见小婷已经等在那儿了。孩子话不多，问一句就答一句。笔者想了解她的学习情况，请她读几个字和拼音，发现她的拼音没有过关，几乎都不会拼读；数学只会简单的加减，乘除有些困难。很难想象，一个充满活力的孩子每天坐在教室里，大多数上课内容听不懂是一种什么样的心情。笔者想在她父亲来接她时多了解一下情况，但小婷说她不回家，这才知道她就是那种周末很少能见到父母的孩子。得知这个情况，笔者大概能明白她为什么不想上学了。较为熟悉以后，她告诉笔者：特别想家，在学校很没有意思。

2. 担心被人欺侮

一些完小撤并后，部分瑶族学生就要到乡镇中心校去读书。有些地方，瑶族学生在班上是少数，而壮族学生占大多数。例如，大化瑶族自治县的一些乡镇中心校，每个班只有近 10 个瑶族学生。调研中，笔者发现瑶族的孩子不太讲话，比较害羞。由于人数少，而且是四年级才进入一个新班级，成绩也比不上班里的其他同学，他们在班上往往处于弱势地位。于是下课时他们只与本民族同学在一起，较少参与大群体的活动，有些同学则喜欢待在教室里面。中午吃饭时，瑶族同学会几个人或独自坐在食堂吃饭，有的则把饭碗端到校园的一角，以便与壮族学生拉开一些距离。

事实上，多数情况下壮族同学与瑶族同学相处还是比较友好的。例如，在板升中心校，当一些壮族女生知道笔者想找瑶族同学交流时，她们主动说哪些同学是瑶族同学，其中一个女生还说："瑶族同学画画特别好，是我们班的小画家。她们就是比较害羞一些。"另外一些学校的壮族女生则说："我们与瑶族同学都能玩在一起。瑶族同学也很聪明的，只是她们更贪玩一些。"

当然，小学中高年级已处于相对叛逆的年龄阶段，部分学生易受不良社会风气影响。不同民族的学生在生活学习中产生矛盾时，会发生一些欺侮现象。在访谈中发现，瑶族学生在三、四年级到镇上读书时这样的情况会多一些，部分女学生反映自己刚到新班级时，曾被人取笑过；个别同学被抢东西，但因为胆小怕事，女生常常会选择沉默，不敢报告老师。这也会影响她们的学习积极性。

> 小学时我去很远的学校读书，周五才能回家，父母都去很远的地方做工了，家里只有奶奶。我学习不好，经常被成绩好的同学欺负。有一次，奶奶给我一点钱。到了学校，就让别的同学给抢了。这钱是奶奶给我的，我一边哭一边说。还有一次，我去食堂排队吃饭，结果有一个同学扯我的头发，把我弄疼了。我哇地叫了一声，每个人都在笑我。我没有胃口吃饭了，就哭着跑回教室。午睡铃响的时候，我正走下楼梯，刚下到了三楼，有几个女生从那边走过来。其中一个人先打了我一下，又打了一下，另一个说"有没有钱？"我就说："我今天没有吃饭，我去买东西吃了，没有钱了。对不起。"可她不相信，就抢。打了我还不算，还要抢我的钱，这是些什么人啊！我回家对奶奶说：我不想去学校学习了，我来这里是让人欺负的吗？可是奶奶说："好好读书，不管别人怎么说，你永远要坚持去学校，好好学习就可以了。"
>
> ——摘自上思某中学初一瑶壮女子班一位瑶族女生的来信

土瑶民族班的班主任也谈到：在平时的生活学习中，民族班的同学害怕被普通班学生欺负，不敢过多在校园里玩。只有当普通班学生放学回家后，校园里才有他们活跃的身影。普通班的学生住在楼上，因为楼上没有水，有些同学就会进到他们宿舍洗澡，用他们的东西。瑶族班同学即便是受到别人欺负，也不敢告诉老师或同学。有些学生因为害怕就偷偷回家，直到老师动员才回校。

3. 生活条件太差

2012—2016 年，笔者到过瑶族地区许多山区学校。学校地处偏僻，占地都比较小，山里实在难以找到一块足够扩建的地方。部分学校学生住宿条件没有得到改善，寄宿条件很差。学生人数多，宿舍不够，只能2～3个人睡一张床。冬天，有的床上只有一床被子，一张席子。多数学校的宿舍没有卫生间，有些虽然建了卫生间，但由于楼上没有水，卫生间也只是个摆设。例如土瑶民族班宿舍楼的卫生间，供水的问题直到2016年才解决。2012年在防城港板八小学调研时，笔者发现宿舍里架床不够，部分孩子只能睡在地板上。这样的生活条件给学生的生活与学习带来很大的困扰，一部分女生想辍学甚至已经辍学，原因之一就是学校条件太艰苦。

上思民族中学初二的小梅同学，这样描绘自己小学时的住校情况：

> 三年级我去了一所离家很远的村校读书，周五回家和周日下午去学校都要走很长时间的路。有时回到家天都黑了，而且只有我一个人在家，但这都不是我不想读书的原因。导致我不想待在学校的原因是另一个：每当我们午休或晚睡时，同学们都吵得睡不着觉。一个教室做成的宿舍有70个人挤在里面，什么味儿都有。单是闻那些怪味儿都睡不着了，更何况还那么吵，即使有校警也管不了。下午上课更是无精打采，听的课似懂非懂，没有什么意思。星期一到星期四，洗澡、洗衣服是最困难的。学校没有洗澡房，水龙头很少，全校所有的水龙头加起来只有15个，却有400多个学生。因为没有洗澡房，我们只能在厕所里拿木棍和布围起来。而用水很难，大家只能轮流洗。即便这样，常常需要排队半小时，有些人插队的话，就只能靠力气去抢。还有，学校食堂也很小，有时怕吃不上饭，一放学一堆同学就像逃命似的边拿饭盒边跑，勺子在里面咚咚地响。有些同学不排队，有时排在最后的同学没有饭吃。发一句牢骚话，还被盛饭的工友骂"你自己来最后没有饭吃关我什么事？"她怎么可以这样欺侮一个小女孩，她凭什么这么说？每个学生都交了伙食费，每人都应该有一份饭菜，为什么饭菜会不够？

她说："当时我真的一点也不想再待在那个学校里了，每次开学心情就特别不好。真的不想再读了，我真的很想回家。我成绩不好，对学习一点也不感兴趣。我只有一个念头，只要能和爸爸妈妈住在一起，能每天见到他们，不管怎么样都行。后来，在五年级时，爸爸把我转学到了一所离家更远的学校。但我不用再走那么远的路了，因为可以住宿，甚至周末也可以。更重要的是我不用等半天才能拿到饭，不用抢水，不用到厕所洗澡，不用再每天提水。在那里，我又找到了刚上学时的感觉，对一切事情又有了自信。"

从小梅的描述来看，她当时想放弃学习是多个因素的影响，父母不在家，独自留守，上学回家的路很远。但从她细致的描述中不难看出，影响最大的还是学校的生活条件，她在那种环境下睡不着觉，吃不好饭，每天听不进课，真可谓度日如年。而随着转学后条件的改善，她又找到了读书学习的信心。可见，学生在学校的生活环境在一定程度上决定了他们的生活质量，虽然从小在山里生活的孩子非常能吃苦，但清洁卫生、文明有序、能满足基本生活需要的环境，才能给人以安定的心灵和美的享受，才能使她们在其中得到滋养。

近几年，随着国家义务教育均衡发展及"改薄计划"的实施，部分寄宿制学校的条件已经得到了改善，像小梅描述的情况大为减少。然而，在偏远的民族地区的村小，住宿条件差，没有正规的厕所，没有洗浴室，供水困难的情况还存在着，更不用说冬天能供上热水。2015年在明梅小学调研时，发现厕所极其狭小、简陋，只有一个蹲位；2016年夏天在板升乡调研，发现乡镇中心校还经常停水，遇上没有水，学生得去远处挑水回来洗澡；2017年5月在都安隆福崇山小学调研，发现学校没有自来水，师生用水全靠买，每周用大车拉到学校，据校长说公用经费主要花在买水上面了（图3-2）。学生宿舍虽有卫生间，却没有生活用水，两个学生挤在一张床上睡，宿舍里满是小梅说的那种气味。当笔者问起如何洗澡，孩子们说："如果想洗澡我们就得回家洗，第二天六点不到就得起床往学校赶。"孩子们在这样艰难的环境中学习真是太不容易了！

图3-2　生活用水

4. 学习上的体验

（1）拼音学不会

偏远瑶族山区村完小的大部分教师都已经接近退休的年龄，且以男性为主。

这些教师有一部分是当时为了发展山区教育，将一些初中学生保送到中等师范学校学习后回到山区来担任教师的。他们扎根山区几十年，为山区的教育做出了一定的贡献。但他们长期生活在山里，较少接触外界，知识更新较慢。由于工资收入不高，他们还要兼顾家里的农活劳作，所以一直以来没有精力和时间来提高教育教学能力。同时，学校地处偏僻难以招到大学毕业生，特岗教师也很少能下到村完小。瑶族山区村完小只好从退休老教师中招聘临时代课教师。代课教师多数是高中毕业生，甚至还有初中毕业生。没有经过师范教育技能的培训，他们不能在理解孩子学习能力的基础上寻找适当的教学方法。

当孩子们从教学点来到村完小或是乡镇中心校的民族班就读时，教师们面对基础差的瑶族孩子，不知如何对这些孩子实施有针对性的帮助，反而抱怨孩子们什么都不懂，还不如本校二年级学生的水平。有的老师积极地作些尝试，为他们辅导功课。但如果学生仍然跟不上，也就放弃了对他们的鼓励与帮助。于是这些基础不足的孩子只会越来越跟不上。调研中发现，孩子们汉语拼音基本不过关，相当多的学生不会拼读生字，学生很少接触课外读物，知识面狭窄，大多数学生没有完成作业的习惯，遇到不懂的问题不敢问老师，知识缺陷越积越多。此外，由于小时候就在大山里跑，学习时也难以把心静下来，身体虽然坐在教室里，手上小动作却很多。这些都会导致他们的学业困难加大，学习兴趣减弱。

在土瑶班听课时，笔者发现四年级班上只有少数同学的拼音是过关的，大约只占 20%，多数同学的作业都空着，等着老师公布答案。一次，笔者去听课，老师在讲练习册上的题目，看拼音组词。笔者站在一个女孩的边上，看到她听老师讲了一个答案后，马上将答案抄到本子上，第二个词老师不讲了，让学生自己填写。女孩不知道怎么写，只好又将第一个词组抄了上去。

（2）数学难学，害怕老师

数学课对他们来说就更难了，鸡兔同笼的问题，数学老师使出浑身的劲讲得一头大汗，多数孩子还是一头雾水，不知所云。如果老师不仔细观察，会以为学生们都懂了，因为没有一个人会举手提问。问他们听明白了吗？会得到小声的肯定的回答。而实际上，老师再提问时，他们却答不上来。这个时候学生会紧张地涨红了脸，眼睛看向地下，低头不语。即使有个别学生学会了，也敢于回答，但也很腼腆害羞，声音很小。

对于多数瑶族女生来说，最害怕的科目就是数学。

问：在学习上你最担心什么呢？

答：害怕老师提问题。（低头，声音很小）

问：害怕老师提什么问题呢？

答：数学那个……应用题最难了。

问：那你遇到不会做的题目会怎么做呀？

答：有时候会问老师，但是还是不太敢问。有时问同学。

问：怕数学老师吗？

答：怕，老师有时很凶的，会骂人。

说老师很凶的学生并不在少数。瑶族学生尤其是女生，生活空间小，接触外界机会不多，从小被要求顺从听话，因而多数孩子在外表现出害羞、胆小的特点。对她们来说，学校和学习都极其陌生，十分需要肯定和鼓励。但有些教师过于严肃，甚至太严厉，进一步加剧了女童心理上的畏惧，与教师在情感上越来越疏离。

以下是笔者与一位初中瑶族女生的对话，比较真实地反映了她在小学时学习的经历和心理体验，该学生说小学的这些经历深深地影响了自己，到初中后第一学期还是很怕老师，不敢举手回答问题。

笔者：你说自己胆小，怕老师是从什么时候开始的？

小艳：小学，在小学都没有举过手回答问题。

笔者：那是因为什么原因呢？

小艳：心理问题。

笔者：心理问题？具体是指害羞吗？还是别的？

小艳：嗯。（犹豫地看着我，欲言又止）

笔者：老师是瑶族还是壮族？

小艳：我们老师也是瑶族。

笔者：是男老师还是女老师？多大年龄？

小艳：男的。快退休了。

笔者：你们学校有女老师吗？

小艳：有，但是女老师都不怎么跟我们聊天。

笔者：有没有哪位老师让你印象深的呢？

小艳：我跟你透露一下，我们小学那些老师，根本就是专门打人的。有个老师拿那个竹棍猛地抽别人，好恐怖的。不过他不是我的班主任，但他教过我。我们当时都还不知道学生有什么权利，都是老师怎么说我们就怎么做。

（3）喜欢学习

虽然孩子们在小学高年级读书遇到的困难很多，阻力不小。但在调研的过程中，当问她们"你喜欢上学吗？"大多数女孩子很爽快地给予了肯定的回答："喜欢！"

孩子们真的喜欢读书吗？笔者与当地教育管理者及部分老师聊到这个话题，他们并不太认同，说孩子们去学校有的只是为了玩，有的则是因为学校有营养午餐。

事实并不全是大人们说的那样，孩子们的想法比想象的更多样。为什么喜欢学校，孩子各有各的理由。归纳起来大约有：可以与好朋友一起玩，能学到知识，可以懂得很多的道理，老师喜欢自己，不用在家那么辛苦地干活。一些年龄稍大的学生则说：自己将来想当白领，可以走出大山；不再被别人瞧不起，说自己没文化；看看外面的世界，不想再像父母那样生活；想当老师，能帮助更多像自己这样的山里的孩子。

可以说，这些就是瑶族孩子们想读书、渴望有知识、盼望成才的最朴素、最本原的动力。

四、萌动的情愫

在瑶族学生集中的学校，常会听到老师反映学生小小年纪就懂得谈情说爱。在与学生们的交流中进一步证实，确实有少部分学生在五、六年级时谈恋爱后就辍学了。多数学生告诉笔者，年龄比较大的同学才谈恋爱。这些学生年龄往往比七岁入学的同学大两三岁，到五、六年级时已经十五六岁了。她们成熟得也比较早，青春期心理突显，对异性比较感兴趣。而她们的情感和言行对年龄小的同班同学有一定影响，因而一些孩子也竞相模仿。有的班级，孩子们以写纸条、传纸条为乐。或会写下充满情意的爱情故事来表达自己对爱情的期待。

在走访土瑶班时，该校一位班主任林老师说："我们瑶族班到了五、六年级，差不多都懂得谈恋爱，纸条到处飞。我以前说过，学生不会写作文，但人人会写情书。每年毕业班都能成好几对，一毕业回去就成家了。这个对学习影响很大。"

在六年级的班上听课与访谈时，笔者意外地发现有一位女生的本子上画有一组图画，旁边配有文字："我多么希望有一天，你能对我说：我去帮你买，我去帮你洗，我去帮你煮。你放在这里，让我去帮你。你不要吃辣的，不要吃冷的，也不要碰冷水。"显然，这位女生是写给她心中的那位男生的。另一位女生用的是一种对话式的体例，写了一篇爱情小小说：

> 男孩：喂，把球扔过来。
>
> 女孩：干吗呀，我也要打。
>
> 男孩：你一个女孩子打什么打！
>
> 女孩：女孩子怎么了，照样可以打！
>
> 男孩兄弟：哎！我说嫂子你还是把球扔过来吧，你看我们这里就你一个女生。
>
> 男孩：别玩了，我看看她有多厉害。
>
> 女孩：你可要看好了！
>
> 男孩一跑过来直奔女孩手中的球，女孩技术也不赖，一转身避过了男孩，向前一扔，扔中了三分球。
>
> 女孩开心地回过头，对他说：你看我玩得怎么样？
>
> 可是她没有看到她投的三分球弹了回来。眼看球快要砸中她的头了，男孩看到了，就飞跑过来抱起女孩，一转身，球砸到了男孩头上。
>
> 女孩害羞地说：还不赶快把我放下来！
>
> 男孩说：喂！是我救了你，你怎么可以用这种态度对我讲话，我就不放，怎么样？
>
> 女孩说：你……你……你！
>
> 男孩：你什么你！
>
> 说着便吻上了女孩，女孩也没有抗拒。
>
> 后来，男孩说：其实我喜欢你好久了。
>
> 女孩：我……我也喜欢你。
>
> 这时男孩抱着女孩一直在转，边转边喊：我愿意疼你、爱你一辈子。

有的孩子学业不佳，更容易在情感上寻找寄托。一谈上恋爱了，学业也就更加不行，然后就跟着高年级的男生退学了。土瑶班六年级毕业后，升入初中继续就读的学生只有一半左右，其中一部分是因为学习不好，同时又恋爱了，一起出去打几年工或者回家结婚了。瑶族山区孩子这种萌动的情愫，在早恋早婚传统习俗氛围中被进一步强化，分散了学习的专注力，加速了其辍学的进程。

第三节　初中：不同班级的不同体验

从目前掌握的数据看，广西除了恭城、富川、平乐等县及金秀部分瑶族社区外，大化、都安、东兰、巴马、贺州、上思等地，聚居在山里的瑶族孩子，能读初中的瑶族女童人数虽然有所增加，但部分地方还是没能达到半数。而无论男童还是女童，能够读完初中三年达到毕业水平的瑶族学生大约只有同龄人的五分之一，有些地方则更少。如大化县 2015 年小学生的人数是 41 896 人；初中在校生 15 453 人。正常情况下，初中生人数应当接近小学生人数的一半，即接近 21 000 人，而实际上少了大约 5 000 人。就算有少量学生转到大化县以外去读初中，这部分人数也不会太多。流失的学生中，除少部分是壮族学生以外，更多的是瑶族学生。由于教育行政部门没有分民族进行人数统计，所以没有办法得到准确的数据，但从实地调研中可以得出以上结论。此外，大化县初中在校学生，女生比男生大约少 1 000 人。这与笔者在小学看到的情况出入较大。在小学，大部分学校男女生人数差别不大，到了初中则拉开了很大的距离。说明一部分女生放弃了读初中，一部分女生读了半年或一两年后辍学。

大化二中有一位女生，初中毕业后到幼儿园当保育员，她仔细地统计了自己同学上学的情况，说："我们班小学同学升入初中的大约有 20 多个，但初一和初二就有一些女同学回家结婚了，初三毕业时只有 10 个左右，最后只有一个考上了大学，她是校长的女儿。"

在上思县城读初三的南屏瑶族乡米强村女童小娇，2015 年放寒假前还乐观地告诉笔者，她们小学的同学除个别结婚外，大部分都在读初中。但 2016 年春节过后才几天，她在电话中告诉笔者说，又有两个正在读初一的女生已经放弃读书，大年初八到广东东莞打工去了。

部分县为解决瑶族乡及一些瑶族聚居区女童流失较多的问题，通过向社会募集资金开办瑶族初中、高中女子班，女童入学后所有费用全免，并帮助解决生活费用，使得女童读初中及高中的人数大幅上升。例如，上思县民族中学每年开设一个瑶女班，招收 55 位瑶族女生。该县的女童初中毕业率明显提高，现在该校在女子班就读的女生大约 150 人，而全校共有瑶族女童学生近 200 人，瑶族男童约有 400 人。可见在普通班就读的瑶族女童很少，全校瑶族男女生的比例约为 2∶1。

　　这些有幸升入初中读书的女孩子，在学校的学习生活情况如何？初中的学习对其未来会产生什么样的影响呢？笔者重点对大化布努瑶、贺州土瑶、上思花头瑶、金秀坳瑶的女生所在部分初中进行了走访调研。

　　需要说明的是，虽然一部分乡镇在初中撤并后将学生全部集中到县城学校就读，但这样的情况目前也只有少数县。如龙胜县由于人口较少，所有初中生都到县里的两所中学就读；大化县从2015年开始，将部分乡镇的初中一年级学生全部集中到县城初中就读；上思县南屏乡的初中学生全部并入上思民族中学就读。

　　笔者除与女子班学生及部分在县城就读的学生进行访谈外，走访的学校以乡镇的初级中学为主。以下主要分三种类型的班级来介绍瑶族初中女生在校的情况，一类是乡镇初中的普通班；一类是乡镇初中的重点班；一类是县城中学的瑶女班。

一、乡镇初中的普通班：迷茫困惑的城镇暂留

　　近年来，乡镇初中已经成为瑶族山区中学教育质量提升的一个瓶颈。学生厌学，教师厌教。在调研过程中，一些老师用"捱日子"来表示目前学生与教师的现状。瑶族孩子们升入初中学校后，发现生活条件、学习环境都不太好，于是不太爱学习，经常捣乱，教师也因为学生基础差、难教，不知如何改进。这样一来，大部分同学在学校稀里糊涂地过着。虽然县城的普通中学条件稍好，教师的水平和责任心也较强，但孩子们的学习劲头仍不甚高。为什么会这样呢？

　　1. 教材太难，听不懂，学不会

　　学生普遍感觉学习太难，学不会，跟不上。学校是按照教学计划和课程标准的统一要求实施教学的，各县还会有统一的测试和考评。老师们为了完成进度，需要不断地往前赶，对于学习跟不上的同学，往往听之任之。在大化某乡镇初中调研访谈时，瑶族女生普遍反映数理化很难，根本听不懂。有的说："我们刚学化学时，老师也没有介绍一下化学是用来做什么的，我们为什么要去学这门课程。每次上课，老师只把课本的内容读一遍，有时做一个实验，就完了。可是我根本没有理解这门课对于我们有什么作用。所以总是学不懂。"有的则说："我不喜欢死记硬背，也没有像老师要求的去理解好。我只是觉得，我一看就能记住了。一开始真的还可以，但也容易忘记。特别是我一到考试就紧张，看到那些题目，觉得很熟悉，本来可以慢慢分析去做的，但却总想凭记忆将答案写上去，不想多动脑子。或许是我的学习方法错了，所以后来就越来越不懂了。"

多数瑶族学生因为小学的时候没有学习过英语，到乡镇或县城上学时，难度更大。而初中的英语教材又是全市统一的进度，教师必须按照教学任务来完成。很多孩子没有英语的基础，听起来云里雾里。大化某初中的小丹说："我们小学时没有学英语，上英语课时，听到老师读到单词和句子，就觉得我们像是两个世界的人，感觉自己傻傻的。而那些在县城读小学的学生，他们都能跟着老师一起读。"以下是笔者与小丹同学就英语学习进行的比较深入的交流。

笔者：上英语课时你能听得懂老师讲吗？

小丹：有时候老师讲得慢一点我也能听得懂。如果快一点，或者上课走神就不会读了。

笔者：你觉得最难的是什么？

小丹：记不住单词，也不会语法。

笔者：你不复习吗？

小丹：复习啊，可是记不住。但是那些小学时学过的就记得住。

笔者：你怎么记呢？

小丹：就是多看几遍。

笔者：你有没有想过用一些别的方法让自己更容易记住呢？

小丹：没有。

笔者：学习有困难你会向老师请教吗？

小丹：不会，老师上完课就走了。有些同学问过，但老师就是随便说一说，也没有说清楚。

笔者在初一的班级听英语课时，发现整节课都没有一个学生张口说英语，课堂非常安静。老师一直站在讲台上讲解，学生则安静地坐着；有好几个学生英语教科书都没有打开，下课后问其原因，学生说听不懂老师讲的，也看不懂英语教材。走出教室，笔者跟随英语教师来到他所在的办公室，在谈到教材问题时，各年级的英语老师加入进来，他们纷纷发表自己的看法。

一位男老师说："现在用的教材太难。我们老师都觉得很难，有很多知识以前我们都是高中才学的。不仅难，内容也很多，基本没有顾及城乡差异。上面应该编写一些适合边远农村的教材，这个完全没有针对性，我们这里的学生是学不进去的，我们的课根本上不完。上面要求我们赶进度，下面学生反映听不懂，所以老师上课也只能蜻蜓点水地教一下。"

一位女教师略显激动地说："平时上面总是提倡因材施教，为何教材不能分几个层次呢？七年级上册，城市的初中，前面三个单元是自学内容，老师都是一带而过。而对于我们来说，小学连英语也没有上过，我们得把这三个单元当作重中之重。实际上我们比城里的学校多上了三个单元，怎么能完成教学进度？对于零基础的学生，我们老师就算有三头六臂也没有办法，只能鼓励这些孩子努力读书了。可是学生也根本学不进去，我们非常困惑。我不知道该怎么教。我们老师就像迷路的孩子，我们都不知道以后该怎么走，前面的路怎么办？"

另一位老师接着她的话说："怎么办？学生混日子，我们老师熬日子。我现在真觉得当老师太没有意思了，心里很失落，觉得自己不像一个老师。每学期刚开始时都想给自己一些动力，让自己好好上课，可是学生就是没有反应，后来真的很失望。"

教材难，学生没有基础，上级教研部门按部就班提出要求和进行检查，学校领导只管升学率，普通班与民族班的同学就只能像上述老师说的那样，大家彼此消耗着时间与精力。这种情形，在贫困地区有一定的代表性。有一位老师说："在县里开会时，我们也经常与别的地方老师交流，其实这不是我们一个民族班如此，是整个学校都差不多如此，除了重点班稍微好一点。"这是目前大部分地区乡镇初中普通班教学情况的一个缩影。

2. 学校管理不善，学生纪律涣散，严重影响女生学习

随着政府加大对薄弱学校经费的投入，这几年乡镇初中的硬件设施有所改善。从笔者对几个瑶族乡镇初中学校的调研来看，同学们对学校的硬件如住宿条件、食堂饭菜的满意度有所提升。然而，对于学校的软件，比如管理、校风、学风等，还是意见多多。学校管理人员缺乏，寄宿学校教师承担责任太多，教师害怕承担管理学生的风险，因而学校的风气、班级的纪律存在较大的问题。最令女同学不满意的是学校的学风，几乎所到之处，女生都反映说学校纪律不好。在上思县某乡镇初中，笔者与 3 名瑶族女生进行了一次集体交流。一位女生说："在我们学校，想学习的同学不是太多，女生还行，班上的男同学大多不学习，一般都在玩耍、打架，只有几个男的比较好学。可是那些不爱学习的人，对我们影响真的很大。他们不好好学，还总是去打扰大家。"另一位女同学说："我们班女生只有19 人，男生有 37 人。每天都很吵，他们经常打架，校内校外都打架。目前班上的同学大约有三分之一想读高中，三分之一想读技校，三分之一不想读书。初二时走了两个同学，我们班上个学期有 54 人，现在又有几个不读啦，这个学期才有

48 个人。"

昭平县某乡镇中学的小珍告诉笔者："班上初一时有 33 位同学，这学期只有 29 名同学了。主要是班上男生总是吵闹，大声说话、开玩笑、恶作剧。我们老师都不敢管，他们吵的时候只是随便批评一下。我希望老师能更严格一些。"这样的环境，对于一部分本来想好好学习、继续读书的女同学来说显然是十分不利的。在村里调研时，小珍爸爸说："现在小珍学习不太好，我也希望继续送她读书，但不知能不能读得下去。以前一起上小学读书的姐妹，家里有钱的都送孩子到昭平（县城）去读书了，那边的教师水平高一些，管得严一些。这里中学的老师都不敢管学生。"

学校的管理不善，还表现在学校文化生活十分缺乏，学生在学校的生活十分单调，没有课间操，没有文艺活动。除了学习之外，几乎没有任何有趣的事情。以下是笔者与初二女生小珍的一段对话：

笔者：小珍，你能和我说一下你在学校一天的生活吗？

小珍：每天就是上课，下课，吃饭，中午休息，下午再上课，晚上八至九点上晚自习，九点半睡觉。

笔者：你们女生下课时都玩些什么？学校有什么课外活动吗？

小珍：下课也复习，以前小学时还会玩游戏，现在也不玩了。学校里没有什么课外活动，女生就是上体育课时打一下羽毛球。

笔者：下课也复习啊？你学习很勤奋呢。成绩不错吧？

小珍：成绩不太好。我也不知道为什么学不好。

笔者：学校每学期有没有举办些什么文艺活动呢？

小珍：没有。

笔者：你们会去图书室或阅览室看书吗？

小珍：学校没有图书馆，也没有阅览室。

笔者：你们自己会看课外书吗？你会读一些什么样的课外书？

小珍：我们会看小说，是一些同学从昭平买回来的，我们可以借来看。

笔者：你能告诉我看的是什么内容的小说吗？会花多少时间来看小说？

小珍：就是像《青春校园》这样的，有时候会花一整天的课外时间来读。

笔者：那你如果继续读高中，还在与现在的学校情况差不多的学校读，你愿意去读吗？

小珍：不太想读了。

3. 很少得到老师的鼓励

来自山区的瑶族女生大多数比较听话、安静，不够活跃，常常被老师忽略。调研中，不少女生提到平时老师很少注意到自己。如小林说："初中时，在一些节日学校或班级都有晚会活动，但我一直都没有上台的份，只有当观众的份。幸运的是，在一次选举志愿者时，我被教务处的老师选上，这是在初中最幸运的一件事了。"从小林的话语里，能感受到一个外表沉静的瑶族女生，其内心是多么期待老师能关注到自己的存在，能有机会被大家认可。

刚从大化二中初中毕业的小艳说："刚到县城上中学时，有些科目考试不及格，老师就批评一顿，然后也不给什么指导。自己很不开心，觉得自己已经很努力了，可是还是学不会，老怪自己脑子笨。上了初三，班主任才告诉我，说我一直都很努力，只是我记忆力不好。是我的学习方法错了，如果我用另外一种方法去记的话，也许会更好。可是这个时候离中考很近了，我也赶不上去了。"在小艳看来，如果老师早一点给她一些鼓励和具体的指导，也许就不会像现在这样考不上高中了。

笔者注意到，由于种种原因，在教学中老师忽视某些学生的现象比较普遍。有一次听课，笔者查看了初一年级部分女生的数学练习册，发现好几位同学练习题目大部分都写了，但错误率很高。向学生了解原因，有的回答说自己不懂，为了完成作业胡乱写一些答案上去。笔者进一步问道：如果老师检查你们的习题册，看到你们不认真做作业，批评你们怎么办？学生回答说："老师只看我们有没有写，至于正确不正确老师不会留意。"

事实果真如此吗？笔者在与教师交流时作了探寻。老师承认学生讲的有些是事实，原因有两个：一是因为学生学习成绩差，老师对他们不抱期望，于是较少给予具体的辅导；二是一些学生缺的知识实在太多，老师没有时间帮他们查缺补漏。所以作业不会做、错题多很正常，况且学生也不爱学习，一旦遇到困难他们就往后退，不主动。有位老师说："我们每个教师不只是承担一门课，一个人常常要上两门甚至三门课，英语老师还要兼思想品德课、音乐课。学校又没有生活老师，晚上我们还要轮流值班，确实是没有时间和精力给予学生更多的辅导，只能是上课讲多少、学生能接受多少算多少了。"

在乡镇中学普通班里，偶尔会遇到特别叛逆的瑶族女生。有位小江同学，从小学四年级开始到镇上读书。她的同学告诉笔者，小江在小学时成绩不错，初一时进了重点班，但她觉得在重点班不适应就换到了普通班。在普通班与一些爱打扮的女生接触多了，小江也把自己打扮成很成熟的样子，还与男生打架、谈恋爱。为此，学校曾让家长把她接回家，反思几天，后来又回学校继续读书。在与小江面对面访谈时，小江对笔者说："我知道我们学校的人都很讨厌我，他们越是那样看我，我越是要这样做。我还经常与老师拌嘴，有一次我与一个男生打架，结果老师让我回家思过。我都不想在这个学校读书了，我想转去另一所学校，但是我爸不同意，又到学校向老师求情。老师才又给我读了。"

一些公益组织也发现乡镇中学瑶族学生流失比例较高的事实。例如，在大化县开展帮扶贫困学生的云彩关爱中心负责人小韦告诉笔者，该中心 2012—2017 年共对大化县大石山区 565 名贫困家庭儿童进行资助帮扶，经常开展一些课外活动，但这些学生中没读完初中就辍学的高达 104 人，占 18.4%，其中辍学打工的人数占了将近一半。女生辍学高于男生，约有 10 个女生已经出嫁。问及原因，小韦说："他们大多数都是留守儿童，得不到父母的关爱，学不懂、没兴趣是主要原因。此外，学习环境不好，教师教学与管理跟不上也是重要因素。"

从笔者的观察来看，乡镇初中老师工作压力不小，平时疲于应付学校繁琐的工作，多数老师对于瑶族学生的个性心理没能给予更多的关注，对学生的心理支持不够，学生的问题、困惑得不到及时解决，混日子、厌学现象在所难免。虽然也有少数教师做得不错，既敬业又有爱心、有办法，得到学生们的认可，但就总体而言，乡镇初中老师的素质还有待进一步提高。

二、乡镇初中的重点班：艰难的奋斗之路

能进入乡镇中学重点班的瑶族学生，每所学校一般只有几个人，能坚持到初中毕业的往往只是两三人。以下通过一个个案来呈现重点班瑶族女生的学习生活。

2016 年笔者在贺州看到小赵时，她是本镇中学重点班八年级唯一的一个土瑶同学。当年考入重点班的瑶族学生共有 4 个，一男三女。以下是访谈时的对话：

笔者：小赵，你能上重点班说明你成绩很好，请问你是从小学时成绩就一直很好吗？

小赵：不是的，我刚到乡镇土瑶班时，因为基础不好，也跟不上。但是我们班主任比较严格，让我们要将拼音过关，我同桌是山瑶，她的学习比较好，我们俩一起学，五六年级我的成绩就赶上来了。

笔者：老师说你们当时考进重点班的同学一共有四人，其中三个是土瑶，

现在怎么只有你一个了？

小赵：其中一个男孩转到八步中学去了，有一个女同学原来学习也很好的，但上了初中买很多衣服打扮自己，跟男同学出去玩，出车祸受了伤。治好后她到民族班读了。现在只有我和小兰两个瑶族同学（小兰是过山瑶）。小学时我和小兰一直是同桌，现在初中是单桌，但她也坐在我旁边。有几次她都说要去民族班，她觉得在重点班压力太大了，说如果去民族班，作业没有那么多，我们就有时间看点自己喜欢的书。我希望她不要走。如果她走了，我可能也会走。因为班里有几个女同学看不起我们，直接对我们说：你们瑶族的，学习跟不上我们的。

笔者：你曾经想过要去民族班吗？

小赵：其实七年级时，我也曾经想过去民族班，因为在重点班瑶族同学少，跟其他同学不熟悉，学习压力又大，特别地无助。犹豫了很久，去找班主任徐老师说："我想去民族班。"徐老师拍着我的肩膀说："我知道现在你想和她们（民族班女生）在一起，但读到高中总是会分开的，还是留下来吧。"我觉得老师很理解我，加上我妈妈不同意我去民族班，说如果我去了，就不允许我读书了，民族班的纪律实在太差了，她觉得在民族班是学不好的。

笔者：你觉得你们的老师怎么样？你喜欢他们的课吗？

小赵：初一时，我觉得我们的老师上课都很好，比较生动。英语我虽然是刚开始学，但因为有兴趣，又努力，我考试超过 100 分。老师对我们也很好，还跟我们一起做水果沙拉。但上了初二之后，二中好多同学分到我们学校来，我们的班级人数增加了，合并了一些不爱学习的同学进来，现在纪律没有过去好了，教师也换了好多个，全都比不上七年级时候的了。我们班主任很严肃，同学背地里称她"灭绝师太"。

笔者：老师管得严格不好吗？

小赵：我觉得还是徐老师那样更好，她虽然脾气好，但我们还是会怕她，纪律也很好的。

笔者：你在班上只有唯一的好朋友，学习也很辛苦，为什么你能一直坚持下来？

小赵：一是有目标，我想继续读书，我身体不太强壮，做不了体力活。二是妈妈很支持我读书，我哥哥在民族班，学习成绩特别差，我妈已经不对他抱有希望了，准备让他去学才艺，他有点喜欢跳舞。

笔者：看来妈妈的希望主要放在你身上了。

能考入重点班并坚持读下去的同学，一是有较好的学习能力，二是有教师支持，当孩子因为在人际或别的方面出现压力时，老师能够及时发现，并给予鼓励；三是家长态度坚定，不允许孩子放弃学业，一旦家长将决定权交给孩子，很有可能孩子就会选择逃避。

三、县城中学的瑶女班：独特的风景线

为帮助少数民族女童有机会接受义务教育或职业教育，广西一些地方如融水、龙胜、巴马等地开办了多个女童班。随着国家对西部地区教育扶持力度加大，加上家长教育观念的变化，举办女童班的地方，大多数女童已获得了平等入学的机会，这意味着女童班的历史使命已基本完成。据了解，目前广西多数地方的女童班已经停止招生。随着龙胜各族自治县三所小学的女童班最后一届学生于 2017 年毕业，小学女童班从此将消失在公众的视野中。

然而，一些瑶族女童教育起步较晚的地方，女童班仍是帮助瑶族女童进入初中、高中学习的最好途径。目前，广西中学层次的女子班不多，纯粹的瑶族女子班更少，只有上思民族中学的瑶女班和上思中学的瑶壮女子高中班。这两个班的发展态势至今仍然良好。下面重点介绍一下上思民族中学瑶女班学生的学校生活与学习情况，上思中学的瑶壮女子高中班的情况则在描述高中阶段瑶族女童生活时有所涉及。

上思县南屏瑶族乡、叫安乡是瑶族聚居地区，由于生活贫困、观念落后等原因，在广西已经基本普及义务教育的 2007 年，瑶族女童读初中的比例仍然较小。她们大多数小小年纪就辍学在家帮做农活，过几年就出嫁。除了观念的影响外，瑶族女童不上学的另一个主要原因就是家庭经济困难，上不起学。2008 年，在上思县人民政府领导的关心下，由中国民主促进会广东省委和广西区委牵线，组织基金会、企业家和爱心人士捐资助学，在上思县民族中学举办瑶族女生班，每年招收一个班，至今已经举办了 9 年，其中福慧基金会资助时间最长。为了让瑶族女生继续升学，圆她们读高中、考大学的梦想，在 2011 年首届瑶族女生班初中毕业后，福慧基金会继续支持上思中学开办少数民族女子高中班，主要招收瑶族女生及部分家庭经济困难的壮族女生。这样，从深山瑶寨走出来的女孩子越来越多，瑶族女子上学率达 90% 以上，瑶族女子班学生巩固率 99% 以上。

笔者能够接触并深入瑶女班的同学，得感谢瑶女班的一位班主任黄老师。2014 年，笔者在广西民族大学给某一期民族团结教育培训班授课时，认识了黄老师，在

他的介绍下，笔者还没有见到瑶女班的学生时，就已经通过书信交流的形式与她们成为朋友。她们将自己求学的艰辛历程及在瑶女班的喜怒哀乐都向笔者倾诉。通过较长时间的交流和实地考察，笔者对她们的学校生活有了深入的了解。

1. 女童十分珍惜难得的学习机会，升学愿望较强

在与女孩子们交流的过程中，发现相当多的学生提到自己最高兴的日子，就是接到瑶女班的录取通知书。因为如果她们考不进瑶女班的话，很大的可能就是在家干活。初二瑶女班小燕说："小学五年级时，家里经济困难，家人想让我辍学回家，为此还发生了争执。冷静下来后，我觉得不能读书也不是父母的错，于是我也想放弃读书。后来听说初中有个瑶女班，这是我能读书的好机会，我一定要好好把握。为了进这个班，我自己狠下功夫努力学习，终于进了这个班。我很感谢资助我们的爱心人士，让我能有机会到这么好的学校读书。"从小燕的描述中可以看到，父母想让她辍学，是担心再读下去，初中也是供不起的。知道初中有瑶女班后，想到学习生活费用有保障，所以父母又让她继续读书了。

类似小燕这样的情况，在小学中高年级的班级里还有不少。小贵同学说："小学六年级时，我的学习成绩慢慢提高了。当语文老师问我想不想继续读初中时，我说想，只怕家里没有钱供我上初中。语文老师叫我不用担心，说县城有一个免费就读的女子班。当时我很激动，我的初中梦不是也可以实现了吗？我很感谢我的语文老师，因为他的话让我更加努力读书。"

还有部分女生，原先不能按时入学或者中途曾经辍过学，因为有强烈的上学意愿，自己不断争取才能读到初中。初三的小春说："我七岁还没上学，每天跟着父母上山干活，父母从不提送我上学的事。后来父母听说上思民族中学有瑶女班的事后，才在我八岁时将我送进了小学。就这样，我一边尽量帮父母干活，一边用功学习，比别人付出更多的时间，终于以优异的成绩考进了女子班。"初三女生小邓说："我小学三年级曾经辍学回家，当时因为妈妈身体不好不能做工，哥哥弟弟都要读书，我不得不辍学回家一年帮着爸爸分担工作。第二年去学校找到语文老师，让他收我读四年级，并向他保证自己好好学习，赶上其他同学，最后老师给我了机会，我才能成为初中生。"

关于为什么能坚持读书的问题，女生们多数的回答都是想走出大山，不想再像父母那么辛苦地生活。也有同学说是为了报答父母，觉得父母太辛苦。例如，小邓说："我想读书是因为读书可以改变命运，可以获得很多知识。还有我妈妈跟我说过，如果不读书，不识字，就只能在乡村里干农活。我也体验过干农活的

那种辛苦，所以我一直坚持读书。虽然在学习上遇到很多困难，特别是数学，我上初中后就没有及格过。我也很苦恼，但我不放弃，因为我想考上高中，考上大学。所以我不能放弃学习。"小婷说："以前上学要走两三个小时的路，到学校总是满脚的泥巴。现在交通条件好多了，老天也在帮我。所以我要好好学习，考上高中，考上大学。走出大山，看看外面的世界，开阔视野，增长见识。"也有同学说得很实在，小进同学说："怕被人瞧不起，长大后又是个文盲，不想走父母那辈人的老路。我父母也希望我能够好好学习，将来有份好工作，能挣钱报答他们。"初二的小娜同学说："力量可能是来自于生活的贫困吧，我不想让父母受太多苦，想让弟弟得到更好的教育。"

2. 成绩优秀，压力不小

瑶女班绝大多数同学都十分珍惜学习机会，非常用功。在学校里，她们大部分时间都用来学习，班级纪律特别好，每个年级的瑶女班都是学校的先进班级，同学们的成绩比普通班的瑶族学生要高出许多。一些特别优秀的学生甚至超过重点班的男生。

以上思民族中学为例。初三年级除瑶族女生班外，其他各班都是均衡分班，笔者称其为混合班。各班有瑶族学生 11～13 人。笔者随机选取了两个混合班，与瑶族女生班进行对比。结果发现，瑶女班的语文和英语两科优势较为明显，数学科有些劣势，物理及历史处于中游。瑶女班与混合班的瑶族学生相比，她们在所有科目上都表现出较为明显的优势，甚至理科成绩也高出了混合班的瑶族男生。具体如表 3-1。

表 3-1　上思民族中学初三年级中考模拟考试成绩统计（2017 年 4 月）

平均分/分　　　　科目　　　班别	语文	数学	英语	物理	历史
瑶女班	83	40	61	46	39
混合 A 班	76	48	53	51	41
混合 B 班	81	48	49	44	38
混合班瑶族男生（两个班共 13 人）	63	26	38	43	35
混合班瑶族女生（12 人）	74	23	40	26	32

接受调查的同学们反映理科很难，理科成绩好的同学只占四分之一，多数同学都很害怕数理化及英语，有些同学干脆放弃对理科的学习，专注于文科。有几个同学各科基础都较差，学习成绩没有提高，但目前仍然在坚持，没有人提出退

学。初三的小娇说："我小学时每天都只知道玩，六年时光中有三四年在玩耍中度过，只是快毕业了才努力一下。刚上初中时，因为基础打得不牢固，课程增多，我感觉压力很大。有时候真想放弃学业，每当我有这样的念头时，脑海中就有两个小人在打架，一邪一正。经过一番苦苦地挣扎，我终于战胜了眼前的困难，决心好好学习。相比前几年，我进步了不少。"

女子班部分同学虽然很用功，但由于学习基础、学习能力较差，以及得到了太多人关心帮助、想要报答又怕报答不了等原因，她们的心理压力还是非常大，特别是到了初三那一年。小萍在给笔者的信中写道："我总是会分神，特别是上课的时候。我很不喜欢自己这个样子，我的成绩不是提高而是落后了。"小音说："为什么福慧基金会的爱心人士要资助我们瑶族女子班，还不是为了不让我们埋没在这偏远的山村中吗？只有知识才能改变命运。想到这些，我觉得自己一定要努力。可是每当考试的时候，我总有一些心理压力，担心自己考不好，会让父母失望，辜负爱心人士的期待，这样使我又紧张又害怕，这是我在学习上最害怕的。"小娟同学说："初三生活是最难熬的，压力大，作业多，我也没能做到科学合理安排时间，仿佛自己的前途一片迷茫。我很害怕在学习过程中被一些难题击垮，使我再也爬不起来。"

除了学习压力，还有来自其他各个方面的压力，如年龄及家庭。部分女同学读小学时已经差不多九岁甚至十岁，在班上比年龄小的同学大 3～4 岁。对她们来说，继续完成学业也需要调整好自己的心态。由于生病导致大龄入学的小婧说："年龄比别的同学大，真的会觉得很不好意思。每次听到同学们说她们的姐姐或哥哥几岁现在读高几的时候，我就很难为情。还有每次听到同学们互相问年龄时，我都会离她们远远的，生怕她们问起我的年龄，害怕她们知道后会很惊讶，然后问一些我不想回答的问题，比如说你年龄这么大了为什么还在读初中？你几岁开始上学的？这两个问题我最害怕别人问我了。"

3. 师生关系融洽，教学井然有序

同学们特别喜欢自己的班级，师生关系和谐，同学团结友爱。在上思民族中学担任了三届班主任的黄老师，被大家尊称为"瑶母"。瑶女班倾注了政府、社会太多人的爱心与关注，学校为了能培养好这些女童，挑选责任心强、教学水平高的教师担任班主任，任课教师的配备基本与重点班的教师相当。在瑶女班，同学们与老师的关系十分融洽，特别是班主任，得到了大多数学生的喜爱。而这些老师也付出了更多的精力、时间与情感。2013 年，黄老师写了一篇文章《在我做瑶母的日子里》，描写了她的辛劳付出和幸福收获。

在我做瑶母的日子里（节选）

母亲节那一天，我们学校上辅导课，第三节是我的课。我刚走进教室，一阵热烈的掌声响起，我还没有反应过来是怎么回事，她们一起喊"老师，节日快乐！"，我问是什么节日，她们回答："妈妈，母亲节快乐！"我才省悟过来。事情过后，我越来越觉得这件事给了我莫大的鼓励，也给了我莫大的幸福。你想想，学生们把自己当成妈妈，你能不感动吗？在课堂上，同学们不约而同地鼓起热烈的掌声，这掌声充满爱戴和敬意，这掌声传达了一种对我的肯定和支持的态度，传递着浓浓的师生之情。

作为一名普通的班主任，曾经深情付出，却未曾想到过回报，而恰恰这种回报是不期而遇地突然来到了你的面前，这种幸福的感觉才让人有一种如口含橄榄的那种回味无穷的滋味。这种幸福的感觉真的是让我觉得最最珍贵，最最神圣的呢！

至今，她们中很多人都叫我妈妈，同事们也戏称我是"瑶母"。其实，在我带两届瑶族女生班的六年中，也并不全是充满着鲜花和掌声。在获得种种幸福感觉过程中，需要我们付出真诚，付出真爱，付出责任，付出努力。在付出的过程中，有的时候也很痛苦、很纠结，甚至有的时候也想到过放弃。但是教师职业道德时时在鞭策着自己，使自己做到不抛弃不放弃，唯有坚持到底，才能获得胜利。

目前，黄老师带的第三届瑶女班已经上初三了，学生们在谈及最感谢的人时，不少同学都会提到黄老师。班上成绩最优秀的小慧同学在来信中写道："进入初中后，我成功地克服了胆小的问题。虽然我从小就是一个活泼好动的孩子，但在上课时面对老师颇具威严的脸庞，我很少举手回答问题。直到上了初中，遇到了黄老师，也就是亲爱的班主任后，我才渐渐大胆起来。原因是黄老师很喜欢提问，并用满怀鼓励、期待的目光注视着我们。不知为何，当时我心中涌起了一股强烈的不想让老师失望的心理，顿时浑身充满了力量。于是，我就勇敢地举手回答了她的提问。虽然我的回答并不准确，但老师却以微笑和点头回赠我。因为老师的帮助，我迈出了第一步。从那以后，每节课，回答问题的声音中很少没有我的。我真的很感谢黄老师，她爽朗的笑声总给我带来信心，关怀的目光总给我带来力量。因为有她，我们的初中生活才更加丰富多彩。"

虽然很多同学没有小慧这样的文笔，但她们在与笔者的交流中，同样也表达了各自对老师的好感。小靖说："我所说的收获，主要是从我们班主任黄老师那里学到了很多做人的道理。我们班主任真的是一个很优秀的教师，她经常教育我们如何做人处事。我们刚来到县城读书时，很多礼节都不懂的，见老师时也不主动打招呼，卫生习惯不太好，都是黄老师一点点教的，很多很多。我很喜欢我们班主任。"

除了黄老师所带的班级，初一、初二瑶女班的同学对自己的老师也有类似的表达。如初二的小金说："我很感谢班主任老师的悉心教导。我们有时候管不住自己，有时候会偷懒，老师并不会严厉地批评我们，而是向我们描述她的大学生活，激发我们的学习热情。"在学生们的描述中，瑶女班的大多数任课教师上课都很认真，对她们很有耐心，她们也不再像小学时那么怕老师了。老师们也觉得女子班的同学懂事、能吃苦、懂感恩，在情感上乐意多帮助她们把学习搞上去。有些科目开展了小组合作教学，给了学生更多锻炼的机会。

那么，瑶女班同学对教学有没有意见和建议呢？当然也有。她们觉得，老师们上课的方式还是以书本为主，教学方法比较单一。如有的学生说："我觉得课堂上不能只讲课本的，那样显得比较死板，应该在课堂上多开展一些关于该科目的活动和游戏，吸引同学们的兴趣，学习就不那么乏味了。"有的说："如果能用游戏的方式学习，使学生感受到学习的乐趣，我们会更加热爱学习的，这种方式比终日坐在教室听老师讲解更加有效，更加有味道。"的确，学生们多么希望学得快乐，学得有意思。然而，以升学为导向的基础教育，除非教师有高水平的教学能力和高超的教学技巧，不然教学的趣味与高效是难以企求的。

4. 同学亲如姐妹，活动形式多样

一个全是女生的班级，同学们的关系会怎么样呢？

同学们的回答基本一致，即都很高兴自己能进入到瑶女班，除了不用为生活费用发愁外，她们很满意能生活在一个全是女生的班级里。其中一位女生说："在我们这个班级里，没有同学之间的吵闹声，只有56个女生互相讨论学习问题的声音，只有56个女生读书的声音。"

女生们满意自己班级的理由，归纳起来有几个方面：一是因为没有男生，一些内向的女生能更大胆地交流，不至于因为害羞而影响学业；二是初中男生特别调皮，经常打架，课堂纪律比较差，参加活动不积极，会影响到女生的学习和班级的荣誉；三是女子班学习氛围好，学习动力足，班上有一股无形的力量拉着大家往前跑；四是女生能吃苦，大家互相团结，各项活动都能同心协力，取得好的成绩；五是没有男生，不容易分心或谈恋爱；六是女子班得到社会上爱心人士的探望和鼓励，每学期都能参加基金会组织的一些活动。当然，她们承认女生班也会有一些小矛盾，有些时候因为误会而生气，一些女生容易计较。但大多数时候小的争执会很快过去，大家又嘻嘻哈哈玩在一起了。

除了学校的社团及各项活动外（图3-3），为了培养学生的能力，班主任放手让她们组织活动。例如，每天早读进行五分钟演讲；每学期班级开展一次文艺表演活动，让瑶族学生的歌舞特长得到展示的机会；主题班会多由学生来主持，甚至放手让学生组织开家长会。这些活动，大大地丰富了学生的课余生活，培养了女生们的能力，充实了她们的精神世界。

图 3-3　上思瑶女初中班的花头瑶女孩

5. 自我意识有所觉醒

在回答笔者关于男生与女生各有什么优势的问题时，多数女生说：女生勤奋，男生聪明；女生文科好，男生理科好；女生细心，男生豪爽；男生力气大，女生力气小；男生大胆，女生胆小；女生仔细，男生粗心。有些女生则把学不好数学归因为女生的思维能力比不上男生，认为男生在思维的灵活性、独创性方面优于女生。从中可以看到，相当一些瑶族女生还是受到传统文化对女性角色的刻板认识，在理科学习上认同女生天生不如男生的观念。当然，也有少数女生有了一些批判性思考，自我意识有所觉醒。以下是在初二和初三女子班调查时几位女生表达的心声：

女生 A：为什么女孩子天生就没有男孩子聪明？为什么女孩子力气没有

男孩子的大？女孩子靠什么吃饭生存？难道每个女孩都要被男孩子养才行吗？我就不信了，我是这样认为的：女孩子其实并不差，她们也拥有一双手、一个头脑，她们将用自己的双手，用自己的头脑走出一片光明、灿烂的未来。我相信我也可以，今天的努力就是明天的实力。

女生 B：我觉得女孩子与男孩子并没有多大的差距。在校运会上，学校原本担心我们比不上别的班，让我们三个女子班自己比。但结果，我们班的分数竟然比其他有男生的班级还要高，这真的让很多人感到意外，我也觉得很开心。

女生 C：我们女生并不输给男生，除了纪律比他们好，我们在文艺方面比男生有优势，上课积极回答问题的也是女生比较多。

第四节　高中：少数精英的应试人生

2011 年以前，瑶族女生能够升入高中读书的比例很小。此后，瑶族女生读普通高中的人数有所增加，特别是上思县的瑶女班培养了不少优秀的高中生。2011年上思县第一届瑶女班毕业时，有 28 个瑶族女生继续读高中，其中有三位同学被钦州市一中录取，获得助学金免费入学。还有一些瑶族女生进入中等职业技术学校继续学习。

上了高中，瑶族女生已经有了一定的判断与分析能力。相比初中阶段，变得更加自信，大部分同学都不会半途而废。即使学习成绩不是很好，也会努力坚持。访谈中，笔者发现她们的个性虽然各有不同，但在家庭背景、学习目的、学习经历及对高中的感受等方面有着诸多相似之处。主要表现在：

一、目标定位比较明确

在大化民族中学读高二的小蒙是这样说的：“我来学校上学是为了以后过上好的生活，自己能够赚钱买衣服，创造财富帮助别人。我现在的衣服大多数是亲朋好友和慈善机构送的，一个学期我就买一件衣服。我们那儿的女孩子大部分读完小学就出去打工，打工一两年就出嫁，一般是嫁到外面。我觉得这些女孩子结婚后马上生孩子，一边忙家庭、一边忙工作，很辛苦。我想努力学习改变自己的命运，想读大学又怕家里没钱供我读。就算不能读大学，我也会先去当代课教师，一步步继续努力。"

上思中学高三的小雪同学说："我坚持读书，就是要成为有文化的人，出人头地，受人尊重。我能读书，是因为妈妈不想让我们再过那么辛苦的生活。我有一个哥哥和三个姐妹，妈妈让我们都读书。我们山区以前都没有经济来源，实在太困难了，所以很多女孩其实也包括一些男孩都不能读书。我记得我们村 2005 年刚开始有人种点甘蔗，但我们瑶族还没有种甘蔗，都是附近壮族人种的。二年级时，我们去帮别人砍甘蔗，5 角钱一捆甘蔗。那时我学到乘法口诀了，每天都是五七三十五，五八四十，就是说砍 70 捆才能得 35 元钱，80 捆可以得 40 元钱。总算有点经济来源了。因为父亲生病走了，姐姐只读了学前班便帮着妈妈干活，送我们几个兄妹读书。姐姐出嫁后，我家的地也全部给我姐种甘蔗。我们每年假期就帮姐姐砍甘蔗。我妈没有读过书，只会干活，因为种甘蔗太辛苦了，所以我妈都让我们读书。"

小赵说："我不想小小年纪就结婚，养育孩子，每天有做不完的活，我希望自己将来的家能够有一个很大的书房，能随时可以找书来读。"

有过暑期打工经历的小李："之前我去过广州打工，觉得很辛苦。我希望自己能通过读书考上大学，来改变自己的生活。"

有的同学还不能确定自己是否能读或者考上大学，但也有了自己初步的计划。大化二高的小玲说："我是想读大学，但是担心家里不会让我读，因为没有钱。高中毕业后想回家代课，因为父母年纪也大了，需要照顾。我也不知道自己的未来，想当设计师，以后有机会再去学设计。长大后想成为有爱心的人，找能够赚更多钱的工作。"

有的同学因为文化成绩不太好，希望发挥特长，报考艺术学校。如小丽说："我的成绩不太好，老师建议我考艺术，我现在就开始跟美术老师学画画，我希望能考上美术院校。"

二、学习生活紧张勤奋

高中瑶族女生大多非常努力，她们非常珍惜来之不易的学习机会，除了小长假及寒暑假，她们都会在学校学习。在学校，她们把时间抓得特别紧，每天听课、做作业、看书、学习，参加学校或班级开展的各种活动。以下是与几位高中学生的对话：

1. 高三学生小雪（理科）

笔者：小雪，你能否说说自己希望有一个怎么样的星期六？

小雪：我最盼望的是星期六那一天，什么都不学，吃饭、聊天、听音乐、唱自己喜欢的歌，然后睡觉，醒来就第二天了。但这种情况不是很多的，因为我们没有太多时间，只能偶尔放松一下，然后就学习了。因为我深知只有读书，出人头地，才能受到别人的尊重，当然说的是我这边的人。

笔者：你感觉高中的生活是一种什么样的生活？

小雪：高中的生活比较单调，除了听课、看书，就是作业、考试，现在高三，我们班好多同学都会熬夜到晚上一二点钟。班主任也经常让我们去打气排球，怕我们学习没有精神。

笔者：你现在觉得最难是什么科目？

小雪：数理化是老大难，物理是最困难的，如果谁的物理学得好，我们都真心佩服。

2. 高二学生小林（文科）

笔者：小林，你觉得学习上最大的困难是什么呢？

小林：学习上遇到的困难是有时候上课分心，爸爸喝酒后会打妈妈，没有办法解决，不知道怎么办，觉得很难过。这事也很影响我的学习。另外，上数学课时听不懂，我比较喜欢语文课。

笔者：数学不懂的原因是什么呢？

小林：我们班上数学好的同学不多，因为课改后数学老师讲课少了很多，有时候只讲五分钟就让我们自己学，可是我都不太懂，没法自学。我觉得数学老师上课应该多讲解。

笔者：那你目前是放弃数学的学习还是会想些办法？

小林：有时会找数学学得好的同学帮忙辅导。

三、同学关系融洽互助

同学之间的关系，性格开朗的同学的体会比性格内向的同学会更好。她们的描述显得更积极与肯定。调查发现，相比普通班而言，女子班的同学更大胆些。这与她们在初中三年得到充分的锻炼有较大的关系。小雪在描述自己高中班的生活时，认为同学之间的互相帮助令人难忘。

> 我们高中女子班，壮族和瑶族女生差不多各占一半，没有谁歧视谁，都能友好相处，互相帮助。记得上高一时，一位壮族女生见我没怎么买衣服，就主动送给我一件衣服；冬天时，另一位同学担心我冷，自己织了一条很漂亮的围巾送给我。结果我带回家放在家里，第二周回家时却发现围巾不见了。我问我妈，那条围巾呢，我妈说我四姨来家里看到那条围巾很漂亮，就拿走了。我很生气，同学送给我的东西怎么能拿走呢？后来我想还是算了，也不好开口让四姨还给我。这些事情都令我很难忘，我觉得只要真诚待人，别人也会对你好。以前我想去读职校，但是大人不同意。最后来读高中，发现这是最好的选择。因为在这里，很多老师同学都对我很好，无论我成绩好与坏，她们都给我最大的帮助。在生活上，老师帮我申请一等助学金，每个学期我都得享受 1 000 块钱补贴。上高中对我来说，真的选择对了，我觉得我很幸运。
>
> ——上思中学壮瑶女子班小雪访谈记录

有些瑶族女生性格比较内向，有些敏感，在人际方面处理得不太好。大化某高中小丽在谈到自己的人际关系时是这样说的：

> 到县城读初中时，宿舍里只有我一个瑶族人，她们全都是壮族。有时候她们会讲我们瑶族人如何如何的，我就当没有听见。这样也造成我有些不合群，有些自卑。现在读高中了，宿舍里的同学，大部分家里比较有钱嘛，经常会网购一些比较贵的衣服、护肤品等等，还有周末相约出去吃饭什么的……我不会像她们那样。没事的时候，我就自己看看书，写写作业什么的。她们就说我呆板。她们成绩比较差，有时候还故意孤立我。不过，我从来都不跟她们计较这些。相反特别感谢她们，要不然我也不会懂得如何坚强。有时想想，自卑也不都是坏事，可以激励我更加勤奋学习，努力追求自己所要求的目标；但有时候也是坏事，与同学拉开了距离，融不到集体中去，常常觉得不开心。

第四章

瑶族女童的学业与心理状况

　　为了能够对瑶族女童的学习态度、个性心理及心理健康方面有一个较全面的认识，笔者除了进行个案的访谈调查外，还在不同瑶族支系聚居地的学校开展了问卷调查，内容涉及三个方面：一是学习成绩、学业自我及成就目标、父母教养方式等影响因素的问卷调查，旨在全面了解瑶族女童如何看待自己的学习，在学校学习过程中有哪些因素在影响着她们；二是瑶族女童的个性心理特征的调查，通过与壮族、汉族相比，能够更清楚地看到民族文化对于瑶族女童个性心理的影响；三是心理健康状况的调查，对小学、初中及高中学生的心理健康均进行了调查，了解瑶族女童的心理健康水平及影响因素。在说明女童各方面状况时需要有个参照，因此笔者同时对女生和男生进行了调查。在本章中，笔者将不同侧重点的调查研究分别予以介绍。

第一节　瑶族女童学业自我发展特点及影响因素

　　学业自我是指个体在学业情境中形成的对自己在学业发展方面的比较稳定的认知、体验和评价，它包括对自己在不同学业领域中的学业能力、成就、情感及方法等的认知、体验和评价[①]。良好的学业自我不仅能够维持积极而平衡的学习心

[①]　罗云，陈爱红，王振宏. 2016. 父母教养方式与中学生学业倦怠的关系：自我概念的中介作用. 心理发展与教育，（01）：65-72.

态，保持学习心理和行为的一致性和稳定性，同时能够有效促进学习的良好适应，为学习提供持续的内在心理动力①。因而，学生积极的学业自我对于其高质量地完成各阶段的学习十分关键。

探讨瑶族女童学业自我的发展特点与规律，寻找影响其学业自我的影响因素，可以帮助教育者更清楚地了解学生学业方面存在困难的具体原因，从而找到合适的策略指导瑶族女童形成积极的学业自我。这不仅对于瑶族女童会有帮助，同时对于改善偏远民族地区教育现状具有较强的现实意义。

笔者采用郭成 2006 年编制的《青少年学业自我问卷》，对广西瑶族壮族聚居区的 9 所学校 5～8 年级瑶族男女学生的学业自我发展特点进行比较研究，同时将其与和瑶族学生在一所学校共同学习的壮族学生进行比较，从而更好地从跨文化的视角了解不同民族学生学业自我发展的差异及其原因。

通过对以往研究的分析及实地调查的发现，笔者做出假设，父母教养方式与学生的成就目标可能是影响学生学业自我的重要因素。

首先看父母教养方式。父母是孩子成长过程中的重要他人，影响着孩子的人格和价值观的形成和发展。父母教养方式指父母在教化和抚育孩子时所体现出来的教育观念、对待子女的态度及在此过程中的一切言行举止。②它不仅影响孩子们的学业行为，也对孩子们学业自我的发展产生作用。近些年来，中外心理与教育研究者探讨了父母教养方式与学生的心理健康、学业及各种人格品质发展等的联系及影响父母教养方式的因素，为各年龄阶段学生的发展与教育提供理论支持。在父母教养方式与学业关系研究领域，众多研究表明父母情感温暖和理解与学业自我概念及各维度之间呈显著正相关，父母拒绝与否认则与学业自我概念及各维度之间呈显著负相关。③

其次看学业成就目标。成就目标作为目标设置的一种延伸，是社会认知的研究取向在成就动机研究中的具体展现，是个体达成某种成就行为的目的和原因，具有认知（如对于情境的认识、成败归因）、情感（焦虑）和行为（如学习策略、任务选择和学业）的特征。④不同类型成就目标的认知、情感、行为特征不同，对个体造成的影响也不同。张庆辞等研究发现，选择何种成就目标定向不仅会影响

① 路平，刘聪颖，夏福斌. 2016. 大学生学业自我概念、学习动机与学习成绩的关系. 中国健康心理学杂志，（07）：1089-1092.

② Darling N，Steinberg L. 1993. Parenting style as context：An integrative model. Psychological Bulletin，113（3）：487.

③ Aunola K，Stattin H，Nurmi J E. 2000. Parenting styles and adolescents' achievement strategies. Journal of Adolescence，23（2）：205-222.

④ 方平，张咏梅，郭春彦. 1999. 成就目标理论的研究进展. 心理学动态，7（1）：70-75.

学生对自身学业行为的选择，还会影响学生对自身学业自我的认知，而父母教养方式又与学生的成就动机显著相关。[①]这些关于父母教养方式、成就目标、学业自我关系的研究目前都停留在单纯的两两预测分析阶段，对于成就目标如何在其中发挥作用并没有深入探讨。

研究中，笔者同时给学生发放了父母教养方式问卷及学业成就目标问卷。对问卷结果进行统计分析，试图在分析瑶族5～8年级男女生父母教养方式、成就目标定向及学业自我性别差异的同时，通过建构结构建模的方法（图4-1），分析父母教养方式、学业自我、成就目标定向三者之间的关系，以探讨瑶族5～8年级男女学生父母教养方式影响学业自我的作用机制和路径，并重点考察在这一影响过程中，成就目标的具体作用方式。

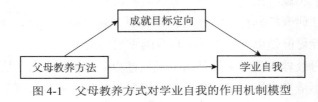

图4-1　父母教养方式对学业自我的作用机制模型

一、研究对象与方法

（一）对象

被试选自广西瑶族聚居的金秀瑶族自治县、都安瑶族自治县、大化瑶族自治县及贺州市平桂管理区共6所学校（其中位于县城的学校2所，位于乡镇的学校4所），5～8年级共408名瑶族学生参加调查，其中男生156人，女生252人，五年级、六年级、七年级、八年级的人数分别为：39人、168人、97人、104人。所选被试平均年龄为12.9岁（$SD = 1.41$）。

（二）方法

1. 测验工具

采用郭成编制的《青少年学业自我问卷》，包括学业能力知觉、学业行为自控、学业愉悦体验、学业成就价值四个维度[②]。问卷由赵小云于2007修订后，共20

---

① 张庆辞，栾国霞，李建伟. 2006. 初中生成就动机与自尊、父母教养方式关系研究. 中国健康心理学杂志，（06）：621-623.

② 郭成. 2006. 青少年学业自我研究. 重庆：西南大学博士学位论文：278.

个题项，采用 5 点量表形式作答，从完全不符合到完全符合，依次标记为 1～5 分。修编后的量表具有良好的信效度指标，符合心理测量学标准。其中量表各维度的 α 系数介于 0.862～0.791 之间，整个问卷的 α 系数为 0.913，问卷的分半信度为 0.929。量表还考察了两个外在效标，结果均达到良好水平。①

采用 Arrindell 等根据题目内容和心理测量学指标从标准版《父母教养方式问卷》中抽取出 46 道题，编制的《简式父母教养方式问卷》（Short-Egna Minnenav Barndoms Uppfostran，简称 s-EMBU）。②该问卷的中文版（s-EMBU-C）由蒋奖等翻译并修订为自陈问卷。③父亲版和母亲版各 21 个题目且内容相同，包括 3 个分维度：拒绝、情感温暖和过度保护。包含的题目数量为：拒绝维度 6 个题目，情感温暖维度 7 个题目，过度保护维度 8 个题目。问卷采用 4 级评分，1 表示"从不"，4 表示"总是"，其中 17 题反向计分，以各维度得分代表被试知觉到的该种父母教养方式，分数越高说明其父母采取该种教养方式的次数越频繁。该问卷在翻译修订时母亲和父亲两部分各维度的 α 系数在 0.74～0.84 之间，重测信度在 0.70～0.81 之间。

采用刘惠军编制的《四分成就目标定向量表》，此量表以 Pintrich 提出的四维度成就目标定向分类（掌握-趋近目标、掌握-回避目标、成绩-趋近目标和成绩-回避目标）为理论依据④，共 29 个项目，由成绩-接近目标、掌握-接近目标、成绩-回避目标和掌握-回避目标四个分量表组成量表。问卷采用 5 点计分，"完全不符合"计 1 分，"完全符合"计 5 分，将同一分量表内各项目的得分求和后平均，将均分作为四个分量表的目标定向分数。该量表的 α 系数 0.8703，四个分量表的 α 系数分别为：0.82，0.786，0.696，0.6813。

2. 施测程序及数据的处理

测试以团体方式进行，以班级为单位，由研究者主持或者经研究者指导的该校教师依据统一指导语开展。测试之前，主试先讲解测试要领，同时举一题例进行说明，请被试在每道题目的选项中选择最符合自己情况的答案。测试时间为

① 赵小云. 2007. 中学生学业自我发展及其与人格特征和学业成就的关系研究. 重庆：西南大学硕士学位论文：23-24.
② Arrindel W A，Engebretsen A A. 2000. Convergent validity of the Short-EMBU and the Parental Bonding Instrument（PBI）：Dutch findings. Clinical Psychology and Psychotherapy，7：262-266.
③ 蒋奖，鲁峥嵘，蒋芷菁，等. 2010. 简式父母教养方式问卷中文版的初步修订. 心理发展与教育，26（01）：94-99.
④ 刘惠军，郭德俊，李宏利，等. 2006. 成就目标定向、测验焦虑与工作记忆的关系. 心理学报，（02）：254-261.

30～50 分钟，施测之后当场收回问卷。

所有数据资料采用 SPSS16.0 统计软件处理。

3. 结果与分析

（1）瑶族 5～8 年级男女生学业自我的差异比较

t 检验结果显示，瑶族 5～8 年级男女生学业自我总分存在显著的性别差异，瑶族女生的学业自我总分显著高于男生。进一步分析发现，学业行为自控与学业成就价值存在显著的性别差异，均表现为女生高于男生，即相对于男生，瑶族女生学业行为自我控制水平更高，且对学业成就价值具有更高的肯定认识。无论男女同学，在学业能力知觉上得分低于其他几项。在学业能力知觉、学业情感体验上，男女生均无显著差异。具体见表 4-1。

表 4-1　瑶族男女生学业自我的均分比较（$M \pm SD$）

项目	学业行为自控	学业成就价值	学业能力知觉	学业情感体验	学业自我总分
总分	3.21±0.72	4.16±0.67	2.88±0.77	3.58±0.75	3.43±0.63
男生	3.08±0.71	4.03±0.64	2.86±0.76	3.50±0.76	3.37±0.60
女生	3.26±0.65	4.19±0.65	2.92±0.69	3.62±0.70	3.50±0.54
t	−2.35*	−2.15*	−0.81	−1.50	−2.04*

注：*表示 $p<0.05$，**表示 $p<0.01$，***表示 $p<0.001$（全书同，以下不再标注）

（2）瑶族 5～8 年级男女生成就目标定向的差异比较

t 检验结果显示，瑶族 5～8 年级男女生在掌握-趋近目标、成绩-趋近目标与成绩-回避目标上均无显著性别差异，而在掌握-回避目标上存在显著的性别差异，表现为女生的掌握-回避目标上的得分显著高于男生。具体见表 4-2。

表 4-2　瑶族小学生男女成就目标定向的均分比较（$M \pm SD$）

分类	掌握-趋近	掌握-回避	成绩-趋近	成绩-回避
总分	3.69±0.65	3.72±0.74	3.22±0.69	2.91±0.74
男生	3.66±0.62	3.63±0.70	3.25±0.58	2.91±0.73
女生	3.74±0.63	3.87±0.74	3.18±0.70	2.92±0.89
t	−1.30	−3.16**	1.02	−0.13

（3）瑶族 5～8 年级男女生的父母教养方式评价差异比较

t 检验结果显示，瑶族 5～8 年级男女生在拒绝因子得分上，存在显著的性别差异，男生遭受来自父亲的拒绝要显著高于女生；过度保护得分上，同样存在显著的性别差异，父亲对男生的过度保护要显著高于女生。在其他因子得分上，不存在显著的性别差异。具体见表 4-3。

表 4-3　瑶族男女生的父母教养方式评价的均分比较（$M\pm SD$）

	拒绝		过度保护		情感温暖	
	父亲	母亲	父亲	母亲	父亲	母亲
总分	1.60±0.46	1.69±0.50	1.90±0.34	2.10±0.39	2.40±0.49	2.53±0.54
男生	1.70±0.44	1.71±0.45	2.02±0.33	2.12±0.38	2.40±0.48	2.51±0.53
女生	1.57±0.42	1.68±0.47	1.87±0.33	2.05±0.36	2.40±0.48	2.56±0.53
t	2.78**	0.47	3.97***	1.53	−0.03	−0.94

4. 瑶族小学生的学业自我、成就目标定向和父母教养方式评价各变量之间的相关分析

对瑶族小学生学业自我、成就目标定向及父母教养方式各维度之间的相关性进行分析可知，学业自我各维度、成就目标定向各维度（除成绩-回避因子外）与父母教养方式的温暖因子（父温暖与母温暖合并为积极父母教养方式）存在显著的相关，均在 0.2 以上，这为进一步的回归分析奠定了基础。具体见表 4-4。

表 4-4　各变量之间的相关分析结果

	1	2	3	4	5	6	7	8	9	10	11	12	13	14
1.学业行为自控	1													
2.学业成就价值	0.531**	1												
3.学业能力知觉	0.569**	0.377**	1											
4.学业情感体验	0.575**	0.521**	0.648**	1										
5.成绩-趋近	0.32**	0.324**	0.317**	0.355**	1									
6.掌握-趋近	0.579**	0.559**	0.44**	0.627**	0.377**	1								
7.成绩-回避	0.028	0.052	−0.071	0.045	0.216**	0.057	1							
8.掌握-回避	0.351**	0.429**	0.148**	0.316**	0.286**	0.497**	0.327**	1						
9.父温暖	0.262**	0.234**	0.212**	0.203**	0.231**	0.281**	0.075	0.217**	1					
10.母温暖	0.307**	0.241**	0.216**	0.214**	0.274**	0.322**	0.093	0.273**	0.771**	1				
11.父拒绝	−0.096	−0.074	−0.041	−0.062	−0.064	−0.07	0.084	−0.106	−0.043	−0.042	1			
12.母拒绝	−0.022	−0.073	−0.031	−0.051	−0.09	−0.2	0.088	−0.074	−0.027	0.03	0.702**	1		
13.父过度保护	0.107	0.031	0.055	0.07	0.147**	0.121**	0.058	0.052	0.28**	0.259**	0.334**	0.281**	1	
14.母过度保护	0.12*	0.037	0.069	0.063	0.131**	0.153**	0.098	0.081	0.241**	0.335**	0.267**	0.34**	0.66**	1

5. 瑶族小学生成就目标定向在父母教养方式与学业自我中的中介作用

采用结构方程模型来检验成就目标定向的中介作用（图 4-2）。

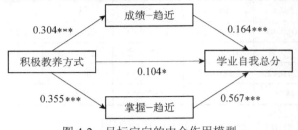

图 4-2　目标定向的中介作用模型

研究中同时构建了两个模型：无中介作用模型和中介作用模型，通过模型拟合指标的优劣来判断哪个更为合理。无中介作用模型与中介作用模型的区别在于：积极教养方式对学业自我总分的影响路径是否要经过成就目标定向。一般认为，绝对值对拟合指标 $\chi^2/df<5$、$SRMR<0.08$、$RMSEA<0.05$，及 CFI 和 TLI 均大于 0.95 表明数据与模型拟合良好。根据拟合结果显示（表 4-5）：无中介用模型多项指标均未达到要求，而中介作用模型各项指标均好于无中介模型，这表明中介作用模型的拟合效用更好。路径 1 中，间接效应（0.05）占总效应（0.356）的 14.04%，路径 2 中，间接效应（0.202）占总效应（0.356）的 56.74%（表 4-6）。

表 4-5　成就目标定向的中介作用模型拟合指标

模型	χ^2/df	$SRMR$	TLI	CFI	$RMSEA$
$M_{有中介}$	8.252	0.13	0.731	0.806	0.148
$M_{无中介}$	120.41	0.296	−0.018	0.077	0.608

表 4-6　各路径的间接效应值

	效应值	95%置信区间		Boot 标准误
		上限	下限	
1.积极教养方式→成绩-趋近→学业自我	0.05	0.024	0.087	0.016
2.积极教养方式→掌握-趋近→学业自我	0.202	0.138	0.271	0.034
3.积极教养方式→学业自我	0.104	0.001	0.206	0.052

由上可知，瑶族 5～8 年级学生父母积极的教养方式分别通过成绩-趋近目标、掌握-趋近目标作用于学业自我，成绩-趋近目标在积极教养方式与学业自我之间所发挥的作用较小；掌握-趋近目标在积极教养方式与学业自我之间所发挥的作用较大。

二、讨论

1. 瑶族 5~8 年级学生学业自我发展特点的分析

本研究发现，在学业自我的总分方面，瑶族 5~8 年级学生学业自我总分均高于中等临界值 3 分，处于中等偏上水平，表明了瑶族学生对自己学业发展的认知、情感和评价三种心理成分的整体认识较为积极。这与近年来国家对少数民族地区教育发展采取了一系列的优惠政策有较大的关系，特别是"两免一补"的实施，提高了瑶族群众送子女特别是女儿上学的积极性，且政府加大了对薄弱学校建设，学校条件与教学质量整体上来说有所改善，都可能是瑶族 5~8 年级学生学业自我总分较高的原因之一。

与壮族学生的比较发现，虽然两者不存在显著差异，但差异仍然存在。主要表现在瑶族学生对学业成就的认识高度低于壮族学生，学业行为的自我管理能力较弱，学习内在动机不强，不善于使用学习策略。[①]

对于瑶族男生与女生学业自我的进一步分析发现，瑶族 5~8 年级男女生学业自我的特点存在显著的性别差异，表现为女生的学业自我总分显著大于男生；学业行为自控与学业成就价值也存在显著的性别差异，均表现为女生高于男生，即相对于男生，瑶族女生学业行为自我控制水平更高，且对学业成就价值具有更高的肯定认识；但男女生在学业能力知觉、学业情感体验上均无显著差异。这表明在 5~8 年级，与瑶族男生相比，瑶族女生更能认识到读书对于一个人发展的价值，她们对学习行为的自控能力也更强，例如，会更少因为玩耍而不写作业或沉迷于游戏等。

一般来说，小学至初中阶段女生的智力因素、非智力因素及生理发育因素多优于男生。[②]5~6 年级的瑶族学生中，女生的成绩比男生更好，7~8 年级女生仍略高于男生。以此类推，瑶族女生的学业能力知觉和学业情感体验也应当显著高于男生，但结果却只有微小的差别，由此可以看到女生实际上比男生更不自信，对于自己的学业能力持怀疑态度，对于理科的学习尤其害怕，成绩也呈下降趋势，一些女生甚至认为自己的脑子有问题。对于学习，她们的情感特别复杂，既爱又怕，还伴有较强的焦虑情绪，其心理健康水平也低于男生，在本章第三节将专门进行讨论。

---

① 雷湘竹，徐冉. 2016. 广西壮、瑶族 5~8 年级学生学业自我的特点与比较分析. 民族教育研究，27（01）：41-47.
② 赵永华. 2000. 小学至初中阶段男女生学习成绩差异原因及其克服途径. 理论观察，（04）：77-80.

2. 瑶族 5～8 年级男女生成就目标定向发展特点的比较

研究结果表明，瑶族 5～8 年级男女生在掌握-趋近目标、成绩-趋近目标与成绩-回避目标上均无显著性别差异，而在掌握-回避目标上存在显著的性别差异，表现为女生的得分显著高于男生。在成就目标的四分法中，掌握-回避目标指尽力避免不能完成任务或尽力避免失去已有的知识技能。[①]具有该目标的人多追求完美，他们努力避免失败，要求自己不能做错任何事情，不出差错。因为害怕并希望避免失败，他们在选择目标时容易回避有挑战性的任务，或在遇到困难时，主动放弃目标，从而逃避不能完成任务后的自责。瑶族女生的掌握-回避目标得分显著高于男生，造成此种差别的原因可能主要在于瑶族女生对自己的能力信心不足，且没有真正在学习中体验成功，形成兴趣。她们害怕困难，更害怕失败后别人的态度与看法。因此害怕向外人求助，最终只能选择用回避的方式逃避所面临的学习任务。

3. 瑶族 5～8 年级男女生父母教养方式特点的差异比较

研究发现，瑶族 5～8 年级男女生在拒绝因子得分上，存在显著的性别差异，男生遭受来自父亲的拒绝要显著高于女生；在过度保护得分上，同样存在显著的性别差异，父亲对男生的过度保护要显著高于对女生，即相对于瑶族母亲，瑶族父亲存在更严重的重男轻女思想。他们对男孩的管教方式常处于溺爱与拒绝两个极端，男孩小时，父亲总会竭尽全力满足他们的需求，家中的家务几乎全由女孩承担，但发现孩子叛逆时，他们又开始约束和控制。相比之下，女孩常被父亲忽视。

4. 瑶族 5～8 年级男女生成就目标的中介作用分析

父母教养方式作为父母教养态度、观念和行为的综合，反映了亲子互动的性质，它对个体的影响是最基本且持久的。[②]消极的父母教养方式包括拒绝、过度干预，这不仅会阻碍孩子的个性发展，还会催生一些问题行为；积极的父母教养方式如父亲的情感温暖与母亲的情感温暖则有助于孩子健康人格的发展。结构方程模型的结果显示，瑶族 5～8 年级男女生的成就目标在积极的父母教养方式与学业自我的关系间起部分中介作用。

究其原因，成就目标是个体对参与某一种成就任务的目的或原因的知觉，以及对个体目标达成的评价。[③]父母教养行为的性质与学生的成就目标密切相关，受

---

① Elliot A J，Mc Gregor A H. 2001. A 2×2 achievement goal framework. Journal of Personality and Social Psychology，80：501-519.
② 张萌，陈英和. 2013. 父母教养方式与拖延：完美主义的中介作用. 心理与行为研究，（02）：245-250.
③ 梁国胜. 2002. 中小学生成就目标的结构及其发展特点的研究. 首都师范大学硕士学位论文：2.

到父母积极养育行为支持的学生，倾向于使用掌握-趋近目标；受父母消极养育行为影响的学生，倾向于使用成绩-回避目标。[①]研究表明，学生的成就动机与其学业投入、学业情绪与学业自我效能感等密切相关，良好的成就目标能预测学生杰出的学业自我表现。[②]在瑶族5~8年级男女生的教育中，父母积极的教养方式分别通过成绩-趋近、掌握-趋近目标作用于学业自我，成绩-趋近目标在积极教养方式与学业自我之间起所发挥的作用较小；掌握-趋近目标在积极教养方式与学业自我之间所发挥的作用较大。

这表明，瑶族父母在对瑶族5~8年级男女生进行教育的过程中，应注意运用积极的教养方式，包括父亲温暖与母亲温暖，营造自主支持的环境氛围，向子女传递看重其掌握知识与技能的能力而非只注重其成绩或分数的显性的理念，引导他们确立掌握知识，接近目标的学业信念，从而促进瑶族5~8年级男女生学业自我的发展。

笔者在对瑶族5~8年级男女生的父母教养方式、成就目标定向与学业自我方面的性别差异进行调查分析的同时，检验了成就目标定向在父母教养方式与学业自我之间的中介作用，发现父母教养方式一方面直接作用于学业自我，另一方面以成就目标定向为中介作用于学业自我。

第二节　瑶族女童个性心理特点[③]

瑶族女童经过多年学校教育的学习之后，其个性心理特点是否还存在独特性？这些独特性又是什么？如果存在，则说明民族文化及民族心理对一个人的影响是稳定而持久的。而通过对瑶族女童个性心理的了解，能为研究瑶族女童的教育提供更多的依据。但是选择合适的被试并非易事，由于各个县上高中的瑶族女童数量不多，而且分散在不同的学校，调查取样有一定的困难，因此笔者决定到瑶族女童相对集中的少数民族预科班进行调研。这些刚刚从高中毕业升入民族预

---

① 郝晶晶.2015.父母教养方式对高中生成就目标定向的影响：自尊的中介作用.吉林大学硕士学位论文：21-22.

② 董存梅，刘冰瑶.2016.初二学生的自我决定动机对其学业投入的影响：成就目标的中介作用.心理与行为研究，（01）：57-63.

③ 个性心理问卷调查的数据收集与统计由毛小玲、雷湘竹和许韵旖共同完成.

科班的瑶族女生，尽管从年龄上看有的已不属于女童，由于她们在预科期间带有强化高中学习的性质，她们心理上的发展与正式的大学生也有一定的距离，因此在本书中仍然将她们视为"女童"。在瑶族女童群体当中，她们是学习上的精英，她们经过了极其艰苦的努力，终于迈向了大学的校园。她们正处于人格形成、成熟阶段，对她们进行个性心理问卷调查，可以更好地了解瑶族女童的个性心理特点，对于如何指导与帮助正在中小学学习的女童也很有价值。同时，对于预科教育而言，能了解她们的人格特点，有针对性地指导和帮助其逐步完善人格，对瑶族女预科生的心理健康和学习发展具有较大的意义。

一、对象和方法

（一）对象

笔者从广西民族大学预科学院 2014 级在册预科生中，选取瑶族学生 204 名，其中女生 133 名，男生 71 名。另选取 2014 级汉族大一女生 311 名作为比较对象。

（二）方法

1. 测量工具

采用美国卡特尔（Cattell R B）编制的《卡特尔 16 种人格因素问卷》（Cattell's 16 personality factor questionnaire，16PF）作为测量工具。测验采取三级评分，共有 187 题，分为乐群性、聪慧性、稳定性、支配性、兴奋性、有恒性、敢为性、敏感性、怀疑性、幻想性、世故性、忧虑性、开放性、独立性、自律性、紧张性等 16 种人格因素，此外还包括适应与焦虑性、内向与外向性、感情用事与机警性、果断与怯懦性等 4 个次级人格因素。并将 16 个因素的原始分换算成 1～10 的标准分，4～7 为中间水平范围。[①]以此，全面评价个体的人格特点。

2. 统计分析

采用 SPSS15.0 软件进行统计分析。

二、结果

1. 不同性别的瑶族预科生在 16PF 各因子得分比较

从不同性别的瑶族预科生在 16PF 各因子上的得分可知，瑶族女预科生在乐

---

① 刘永和. 1987. 卡特尔十六种个性因素问卷手册. 西安：第四军医大学出版社：1-12.

群性、敏感性、紧张性、适应与焦虑性等 4 个因子得分显著高于瑶族男性预科生，在稳定性、开放性 2 个因子上得分显著低于瑶族男性预科生，在感情用事与机警性因子上得分极其显著低于男性瑶族预科生。具体见表 4-7。

表 4-7　16PF 各因子均值男女差异性比较（$\bar{X} \pm SD$）

因子名称	男生（n=71）	女生（n=133）	t
乐群性	5.41+2.01	6.15+1.74	−2.74**
聪慧性	6.01+2.22	5.87+1.97	0.47
稳定性	6.03+2.17	5.32+1.82	2.35*
支配性	4.96+1.87	4.95+0.1.57	0.01
兴奋性	6.03+1.96	5.88+2.08	0.49
有恒性	4.82+1.75	4.65+1.72	0.67
敢为性	6.21+1.94	5.70+2.05	1.73
敏感性	5.35+1.79	5.99+1.89	−2.35*
怀疑性	3.13+1.69	3.26+1.62	−0.53
幻想性	4.65+1.68	4.67+1.40	−0.09
世故性	5.11+1.81	4.98+1.64	0.54
忧虑性	4.32+1.75	4.61+1.68	−1.36
开放性	5.10+1.73	4.53+1.54	2.41*
独立性	4.01+1.77	4.44+1.52	−1.78
自律性	5.82+1.69	5.39+1.61	1.76
紧张性	4.69+1.53	5.29+1.60	−2.56*
适应与焦虑性	3.99+1.30	4.67+1.43	−3.37***
内向与外向性	6.18+2.27	5.93+2.29	0.75
感情用事与机警性	5.82+1.27	4.94+1.39	4.47***
果断与怯懦性	4.43+1.90	4.19+1.26	0.97

2. 瑶族女预科生与汉族大一女生人格比较

t 检验结果显示，瑶族女预科生在兴奋性因子上得分极其显著低于汉族大一女生，在内向与外向性因子上得分显著低于汉族大一女生，表现出个性特征为内向、严肃、沉静、寡言、审慎。在紧张性因子上，瑶族女预科生与汉族大一女生存在临界差异，瑶族女预科生在紧张性因子上得分低于汉族大一女生。具体见表 4-8。

表 4-8　瑶族女预科生与汉族大一女生在 16PF 存在差异性的因子（t 检验）

因子名称	汉族大一女生（n=311）	瑶族女生（n=133）	t
兴奋性	6.40±1.86	5.88±2.08	−2.61**
内向与外向性	6.380±1.98	5.93±2.29	−2.09*
紧张性	5.59±1.52	5.29±1.61	−1.91（p=0.057）
敢为性	6.09±1.87	5.70±2.05	−1.89（p=0.059）

三、讨论

1）瑶族女预科生在乐群性、敏感性、紧张性、适应与焦虑性等 4 个因子得分显著高于瑶族男预科生，主要表现为瑶族女生比瑶族男生更加乐群热情，性格更加敏感，容易感情用事，更容易产生紧张情绪。整体而言，瑶族女生适应性较男生更差，在适应新环境时更容易产生焦虑情绪。由于瑶族女生在中小学阶段相比男生承担更多的家务劳动，更少机会接触外人及外界的新鲜事物，进入新环境后遇到挫折容易出现焦虑情况。

2）瑶族女预科生在兴奋性因子上得分显著低于汉族大一女生，在内向与外向性因子上得分显著低于汉族大一女生，表现出个性特征为内向、严肃、沉静、寡言、审慎。在紧张性、敢为性因子上，瑶族女预科生与汉族大一女生存在临界差异，瑶族女预科生在紧张性因子上得分低于汉族大一女生，瑶族女预科生在敢为性因子上得分低于汉族大一女生。

这或许与瑶族性格中随遇而安、容易满足有一定关系。通过对部分瑶族女预科生的访谈，她们也认为现在自己能够上大学，已经比其他瑶妹的境遇好，因此对自己、对未来也没有太高的目标。父母亲对子女的教育期望较低，在访谈中，瑶族父母大多表示，子女自己的事情自己决定，他们最常说的一句话是"随便他们了"，对于子女未来的人生规划没有过高的期望。通过对瑶族家庭的走访发现，许多瑶族孩子交往的圈子局限于本村或者本宗族的孩子，与村外的人交往较少，因此瑶族的孩子整体都表现得比较内向。

第三节　瑶族女童心理健康状况[①]

随着社会的迅猛发展，尤其是在我国城镇化进程中，大量的农村父母离开家乡进城务工，使越来越多孩子特别是女童成为留守儿童，女童的心理健康问题也日益凸显。大量的研究表明，青少年阶段是一个人心理发展的关键时期，良好的心理素质能够帮助学生正确地认识自我，了解自我，处理好自身与他人及自身与

---

① 本节的调查数据与统计由本课题组成员毛小玲指导广西民族大学 2013 级应用心理专业学生王欢欢、韦金玲和王春香等三位同学完成，结论与分析由雷湘竹完成。

外部环境的各种关系，使他们能够主动学习，成为学习的主人，使其潜能得以发挥。因此，了解瑶族女童的心理健康水平，发现其心理健康方面的优势与不足，才能更好地帮助瑶族女童提升心理健康水平。

笔者主要选取贺州瑶族学生为样本，分别对小学生、初中生和高中生进行了心理健康问卷调查，调查发现各阶段瑶族女童的心理健康水平均低于男童。

一、瑶族小学女生心理健康现状

（一）调查对象

笔者采取分层抽样与随机抽样相结合的方法，在广西贺州市平桂区和富川瑶族自治县的两所学校，即平桂区鹅塘中心小学和富川瑶族自治县第二小学，对四、五、六年级每个年级随机抽取两个班，共计6个班、450人作为研究对象。其中，男生213人，女生237人；瑶族350名，男女生各175人，其他民族100名。

（二）研究方法

1. 调查方式

调查采取团体问卷方式，以教学班为单位，要求学生在测试人员统一宣读指导语之后独立完成问卷，并对学生提出的疑问加以解释，学生答完后，统一交卷，并记录回收情况。本次调查共发放问卷450份，收回450份，有效问卷378份，问卷有效率为84%。其中，瑶族学生的350份问卷均为有效问卷。

2. 调查量表

研究所用工具为我国学者周步成等主持修订的《心理健康诊断测验》（Mental Health Diagnosis Test，MHT），适用于小学四年级到高中三年级的学生。通过项目分析，按焦虑情绪所指向的对象和由焦虑情绪而产生的行为这两个方面进行测定。全量表由八个内容量表即学习焦虑（A）、对人焦虑（B）、孤独倾向（C）、自责倾向（D）、过敏倾向（E）、身体症状（F）、恐怖倾向（G）、冲动倾向（H）和一个效度量表构成。各内容量表分别由10～15个题目组成，共100题，每题有"是"与"否"两个答案供选择，回答"是"计1分，回答"不是"计0分。每个内容维度得分在8分以上为高分，需要对得分者进行个别心理指导；得分在3分以下属于完全正常。把这8个内容量表的结果综合起来，就可以知道一个学生的一般焦虑的程度。

为了更好地了解影响瑶族小学女生心理健康的因素，笔者在测验量表的前面部分增加了一些人口学的问题，包括性别、年级、是否寄宿及父母的文化程度等，来考察它们对瑶族女童心理健康的影响。

3. 数据处理

调查结果的统计由人机共同完成。采用 Visual FoxPro 6.0 简体中文版对数据进行录入，用 SPSS 17.0 中文版对数据进行统计分析。

（三）结果与分析

1. 瑶族小学生心理健康总体状况分析

从总体上看，瑶族小学生的学习焦虑在所有因子中得分最高，其次，身体症状、自责倾向、过敏倾向和对人焦虑的因子得分紧随其后，而恐怖倾向、孤独倾向和冲动倾向的因子得分处在一般水平，说明了瑶族小学生主要面临的是学习与人际交往的压力。具体见表 4-9。

表 4-9   瑶族小学生心理健康的总体状况

等级	因子名称	M	SD
1	学习焦虑	8.88	2.819
2	身体症状	5.85	2.882
3	自责倾向	5.83	2.207
4	过敏倾向	5.82	1.951
5	对人焦虑	5.00	2.298
6	恐怖倾向	4.59	2.518
7	孤独倾向	3.54	2.041
8	冲动倾向	2.68	2.275

2. 不同性别瑶族小学生心理健康状况比较

从男女生的比较来看，瑶族小学生在学习焦虑、对人焦虑、孤独倾向、自责倾向、过敏倾向及恐怖倾向六个因子上女生的总均分均高于男生，男生在身体症状和冲动倾向两个因子上总均分高于女生，并且在学习焦虑、自责倾向两个因子上男女生存在显著差异，在恐怖倾向上存在极其显著差异。具体见表 4-10。

表 4-10   不同性别的瑶族小学生的心理健康状况比较分析（$M \pm SD$）

因子名称	男（n=175）	女（n=175）	t
学习焦虑	8.69±2.744	9.31±2.809	−2.078*
对人焦虑	5.08±2.193	5.33±2.342	−1.037

续表

因子名称	男（*n*=175）	女（*n*=175）	*t*
孤独倾向	3.61±1.895	3.88±2.131	−1.219
自责倾向	5.70±2.056	6.18±2.147	−2.135*
过敏倾向	5.98±1.918	5.99±1.789	−0.490
身体症状	6.26±2.178	6.04±2.831	0.751
恐怖倾向	4.13±2.314	5.40±2.459	−4.992**
冲动倾向	2.90±2.316	2.61±2.151	1.220
总焦虑倾向	41.69±12.711	42.70±13.695	−0.804

3. 是否寄宿瑶族小学女生心理健康状况比较

从是否寄宿来看，寄宿的瑶族女生在所有因子上的得分都高于非寄宿的瑶族女生，寄宿与非寄宿的瑶族女生的心理健康状况在自责倾向因子上不存在显著差异，在学习焦虑因子上存在显著的差异，在对人焦虑、孤独倾向、过敏倾向、身体症状、恐怖倾向、冲动倾向和总焦虑倾向上存在极其显著的差异，数据显示寄宿的瑶族女生心理状况差于非寄宿的瑶族女生。具体见表 4-11。

表 4-11　是否寄宿对瑶族女生心理健康的影响（ *M*±*SD* ）

因子名称	寄宿（*n*=113）	非寄宿（*n*=62）	*t*
学习焦虑	9.69±2.44	8.62±3.28	2.229*
对人焦虑	5.83±2.15	4.41±2.41	3.974**
孤独倾向	4.25±2.14	3.19±1.94	3.241**
自责倾向	6.41±1.99	5.77±2.35	1.905
过敏倾向	6.33±1.60	5.37±1.95	3.524**
身体症状	6.62±2.62	4.96±2.90	3.856**
恐怖倾向	5.87±2.19	4.45±2.68	3.527**
冲动倾向	2.96±1.99	1.96±2.28	2.998**
总焦虑倾向	48.00±11.32	38.87±14.11	4.665**

4. 不同年级瑶族小学女生心理健康状况比较

从不同年级来看，四、五、六年级瑶族女生的心理健康水平在冲动倾向因子上存在显著差异，六年级的瑶族女童较四年级、五年级的瑶族女童更易冲动。具体见表 4-12。

表 4-12　不同年级的瑶族女生的心理健康水平

因子名称	四年级（*n*=73）	五年级（*n*=47）	六年级（*n*=55）	*F*
学习焦虑	9.60±2.88	9.38±3.12	8.87±2.39	1.079
对人焦虑	5.79±2.26	4.95±2.41	5.03±2.32	2.504

续表

因子名称	四年级（n=73）	五年级（n=47）	六年级（n=55）	F
孤独倾向	3.89±1.97	4.95±2.41	3.50±2.12	1.752
自责倾向	6.01±2.31	6.23±1.99	6.38±2.06	0.472
过敏倾向	6.01±1.63	5.97±1.89	5.98±1.91	0.007
身体症状	6.54±2.50	5.87±3.01	5.50±3.01	2.256
恐怖倾向	5.63±2.11	5.31±2.74	5.18±2.64	0.558
冲动倾向	2.79±1.92	1.95±2.16	2.92±2.33	3.010*
总焦虑倾向	46.28±12.08	44.00±15.21	43.40±12.46	0.871

5. 父亲文化程度对瑶族小学女生心理健康状况影响比较

从父亲文化程度的影响来看，父亲文化程度对瑶族女童心理健康水平的影响在自责倾向和冲动倾向两个因子上没有显著差异（p>0.05）；在学习焦虑、孤独倾向两个因子上存在显著差异（p<0.05），父亲文化程度在小学及以下的瑶族女童总均分最高，父亲文化程度为初中的瑶族女童总均分最低；在对人焦虑、过敏倾向、身体症状、恐怖倾向和总焦虑倾向上存在极其显著差异（p<0.01），在对人焦虑、身体症状和总焦虑倾向三个因子上，父亲文化程度为小学及以下的瑶族女童总均分最高，在过敏倾向和恐怖倾向上，父亲文化程度为高中及以上的瑶族女童总均分最高。总体看来，父亲文化程度为小学及以下的瑶族女童心理健康水平低于父亲文化程度为初中及以上的瑶族女童心理健康水平。具体见表4-13。

表4-13 父亲文化程度对瑶族女童心理健康水平的影响

因子名称	小学及以下（n=109）	初中（n=54）	高中及以上（n=10）	F
学习焦虑	9.77±2.67	8.38±2.99	9.00±2.35	4.632*
对人焦虑	5.76±2.21	4.55±2.53	5.00±1.69	5.081**
孤独倾向	4.22±2.03	3.25±2.30	3.40±1.64	4.116*
自责倾向	6.39±2.07	5.72±2.23	6.30±2.45	1.789
过敏倾向	6.21±1.67	5.40±1.94	6.80±1.54	4.893**
身体症状	6.56±2.70	4.31±2.53	6.30±2.45	8.164**
恐怖倾向	5.82±2.27	4.31±2.53	6.30±2.45	8.164**
冲动倾向	2.28±2.16	2.12±2.01	2.90±2.64	1.985
总焦虑倾向	47.59±12.61	38.74±13.88	45.65±10.98	8.972**

6. 母亲文化程度对瑶族小学女生心理健康状况影响比较

从母亲文化程度的影响看，母亲文化程度对瑶族女童心理健康水平的影响在身体症状和总焦虑倾向两个因子上存在显著差异（p<0.05）；在自责倾向上存在极其显著差异（p<0.01）。总体看来，母亲文化程度为小学及以下的瑶族女童心理健

康水平，比母亲文化程度为初中的瑶族女童心理健康水平差。具体见表 4-14。

表 4-14　母亲文化程度对瑶族女童心理健康水平的影响

因子名称	小学及以下（n=115）	初中（n=45）	高中及以上（n=14）	F
学习焦虑	9.64±2.71	8.55±3.04	9.00±2.57	2.549
对人焦虑	5.60±2.25	4.64±2.58	5.35±1.90	2.786
孤独倾向	4.05±1.96	3.37±2.47	4.14±2.24	1.737
自责倾向	6.54±2.02	5.37±2.25	5.85±2.21	5.198**
过敏倾向	6.06±1.77	5.77±1.88	6.07±1.68	0.417
身体症状	6.32±2.83	5.13±2.84	6.78±2.19	3.447*
恐怖倾向	5.51±2.45	4.80±2.44	6.35±2.27	2.558
冲动倾向	2.60±2.19	2.57±2.02	2.78±2.42	0.050
总焦虑倾向	46.35±12.57	40.24±14.04	46.35±12.06	3.725*

（四）结论

总体来说，瑶族小学生的学习焦虑最为突出，明显高出其他各因子得分，说明他们在学习上困难较大，并有较大的心理负担。瑶族小学女生心理健康水平低于瑶族男生，其学习焦虑、自责倾向均高于男生，而恐怖倾向也显著高于男生。这一结果与笔者在实际调查中观察到的情况一致，一些瑶族女孩家里弟妹较多，如果学习成绩不好，更有可能被父母要求留在家中照顾弟妹及承担家务劳动而失去学习机会。由于她们比较胆小，更害怕被同学欺侮。

瑶族小学寄宿女生心理健康水平低于非寄宿女生；高年级女生心理健康水平低于低年级女生；父母文化程度在初中的小学女生心理健康水平高于父母文化程度在小学及小学以下的小学女生，父母文化程度在高中以上与文化程度在小学及小学以下对于心理健康水平影响差别不大，可能是因为高中以上文化程度的家长人数太少。由于瑶族家长绝大多数为小学及小学以下文化程度，对于提高瑶族小学女生的心理健康极为不利。此外，父亲影响带来的差异大于母亲，这也说明在瑶族家庭中父亲对孩子的教育有更大的话语权。

二、瑶族初中女生心理健康状况

（一）研究对象

笔者采取随机分层抽样方式对贺州地区的富川民族中学、富阳中心学校、鹅塘一中的初一至初三共 550 名学生进行集体测试，回收问卷 550 份，有效问卷 497

份，有效率达 90.4%。其中男生 223 人，女生 274 人，瑶族学生 223 人，汉族学生 190 人，其他民族 84 人，其中瑶族占 44.9%。他们的平均年龄 13.77 岁（$SD=1.39$ 岁），年龄范围在 11～17 岁。

（二）研究方法

1. 研究工具

研究所用工具是我国学者周步成等人主持修订的《心理健康诊断测验》（MHT），与本章第一节"一、"对瑶族小学生所设计的问题一致，不再详述。

2. 数据处理

研究采用 Viausl FoxPro 6.0 简体中文版进行数据的录入，用 SPSS 22.0 简体中文版对数据进行统计分析。

（三）结果与分析

1. 瑶族初中生不同性别的心理健康差异

从男女生的心理差异来看，瑶族初中女生在各因子上总分均高于男生，女生的心理健康水平显著低于男生。并且在学习焦虑、对人焦虑、自责倾向、过敏倾向、恐怖倾向和冲动倾向因子上，男女生的心理健康状况存在显著性差异。具体见表 4-15。

表 4-15　瑶族初中生不同性别的心理差异比较

因子名称	男（$n=223$）	女（$n=274$）	t
学习焦虑	7.68±0.25	8.86±0.19	−3.821***
对人焦虑	4.78±0.16	5.20±0.13	−2.017*
孤独倾向	3.01±0.18	3.20±0.14	−0.838
自责倾向	5.28±0.18	6.29±0.31	−2.262**
过敏倾向	6.34±0.17	7.20±0.11	−4.304***
身体症状	5.49±0.23	5.84±0.18	−1.245
恐怖倾向	2.94±0.18	4.66±0.17	−6.806***
冲动倾向	3.04±0.18	3.51±0.16	−1.980*

2. 瑶族初中女生是否寄宿心理健康差异比较

从是否寄宿来看，瑶族初中女生在身体症状存在显著性差异。其他因素除学习焦虑外，寄宿女生均分都高于非寄宿女生。具体见表 4-16。

表 4-16　瑶族女生是否寄宿学生的心理差异比较

因子名称	是（n=236）	否（n=38）	t
学习焦虑	8.82±0.20	9.00±0.51	−0.336
对人焦虑	5.20±0.14	4.78±0.35	1.139
孤独倾向	3.24±0.15	2.89±0.37	0.885
自责倾向	6.34±0.36	5.95±0.40	0.459
过敏倾向	7.23±0.11	6.95±0.34	0.787
身体症状	5.97±0.19	4.97±0.51	2.012*
恐怖倾向	4.71±0.18	4.32±0.50	0.809
冲动倾向	3.58±0.17	3.10±0.45	1.041

3. 不同年级瑶族初中女生心理健康差异比较

从不同年级来看，总的来说瑶族初中女生年级越高，各因子平均得分越高，在"过敏倾向""身体症状""恐怖倾向"存在显著性差异，初三学生明显高于初一学生。具体见表 4-17。

表 4-17　瑶族女生不同年级的心理差异比较

因子名称	初一（n=93）	初二（n=88）	初三（n=67）	F
学习焦虑	9.32±0.29	8.75±0.31	8.37±0.37	2.153
对人焦虑	4.88±0.21	5.14±0.22	5.52±0.25	1.879
孤独倾向	2.90±0.23	3.32±0.22	3.45±0.28	1.426
自责倾向	6.05±0.25	6.83±0.78	5.91±0.33	0.866
过敏倾向	6.77±0.18	7.43±0.16	7.48±0.22	4.902**
身体症状	5.40±0.30	5.81±0.29	6.51±0.33	3.089*
恐怖倾向	4.80±0.29	4.45±0.28	4.73±0.33	0.395
冲动倾向	2.97±0.26	3.60±0.27	4.16±0.30	4.511*

此外，瑶族女生初一和初二的"过敏倾向"具有显著性差异；初一和初三的"过敏倾向""身体症状""冲动倾向"都具有显著性差异；而初二和初三的因子变量不具有显著性差异。在具有显著性差异的因子上，都是初一相对于初二和初三的显著，初二和初三不存在显著性差异，而且在这几个具有显著性差异的因子上都是初二、初三均分高于初一的，说明初二、初三的学生相对于初一的学生更敏感。具体见表 4-18。

表 4-18　不同年级间女生心理差异的事后多重比较

	（I）年级	（J）年级	MD（I−J）
过敏倾向	初一	初二	−0.658*
		初三	−0.703*

	（I）年级	（J）年级	MD（I-J）
身体状况	初一	初三	−1.110*
冲动倾向	初一	初三	−1.106*

4. 不同成绩瑶族初中女生心理健康差异比较

从不同学业成绩的角度上看，瑶族初中女生因学业成绩不同，在"学习焦虑""过敏倾向""身体症状"存在显著性差异。学习成绩一般的同学，其"学习焦虑""过敏倾向"均高于成绩较差的学生，学习成绩较差的同学"身体症状"更明显，学习成绩优秀的同学"过敏倾向"得分更高。具体见表 4-19。

表 4-19　瑶族女生不同学业成绩的心理差异比较

因子名称	优秀（n=14）	一般（n=194）	较差（n=40）	F
学习焦虑	8.83±0.75	9.10±0.21	7.58±0.46	3.465*
对人焦虑	4.00±0.42	5.11±0.15	5.63±0.35	1.804
孤独倾向	3.08±0.76	3.12±0.15	3.55±0.41	0.655
自责倾向	5.42±0.73	6.35±0.38	6.30±0.36	0.157
过敏倾向	7.33±0.40	7.30±0.11	6.60±0.32	2.395*
身体症状	5.33±0.84	5.62±0.19	6.98±0.53	3.172*
恐怖倾向	4.83±0.81	4.59±0.19	5.00±0.41	0.519
冲动倾向	3.17±0.72	3.46±0.18	3.85±0.40	0.354

此外，为确定成绩优秀、一般和较差的学生到底是哪两个之间存在显著性差异，进行事后多重比较得知，瑶族初中女生学习成绩一般者和成绩较差者在"学习焦虑""过敏倾向""身体症状"等因子上存在显著性差异。具体见表 4-20。

表 4-20　不同学业成绩间瑶族女生心理差异的事后多重比较

	（I）成绩	（J）成绩	MD（I-J）
学习焦虑	一般	较差	1.533*
过敏倾向	一般	较差	0.699*
身体症状	一般	较差	−1.356*

（四）研究结论

研究发现，瑶族初中女生心理健康水平低于瑶族男生，在学习焦虑、过敏倾向及恐怖倾向上非常显著高于男生，瑶族初中女生相比小学女生，学习焦虑、恐怖倾向得分略有下降，但过敏倾向与自责得分都有所提高。瑶族初中女生随着年级的增大，心理健康水平反而下降，这可能与学习难度加大及中考压力有一定关系。学习成绩差的学生心理健康水平稍好于学习成绩一般的女生，这可能是学习成绩差的学生已经放弃了继续读书的念头，然而成绩差的学生身体症状得分更高，这方面还需进一步深入研究。

寄宿学生心理健康水平低于非寄宿生，这一点与瑶族小学女生的情况一致。

三、瑶族高中女生心理健康现状

（一）研究对象

笔者选取广西贺州高级中学和富川民族中学高一到高三学生作为研究样本，采用问卷调查法，以班级为单位进行不记名问卷调查。共发放问卷 550 份，现场回收问卷 538 份，有效问卷 497 份，有效率为 92.4%。其中瑶族高中生 271 名，其中男生 120 名，女生 151 名，男女比例为 4∶5；高一 134 名，高二 76 名，高三 61 名；最大的 19 岁，最小的 14 岁，平均年龄为 16.5 岁。被试构成具体见表 4-21。

表 4-21　瑶族高中生心理健康调查被试构成　　　　单位：人

性别	高一	高二	高三	共计
男	58	33	29	120
女	76	43	32	151
共计	134	76	61	271

（二）研究方法

1. 研究工具

研究工具为吴文源和王征宇修订的 SCL-90（Symptom Check-List 90，心理健康症状自评量表）。该问卷采用 5 级评分制，从"无"、"轻度"、"中度"、"偏重"到"严重"，计分标准为 1～5 分。即得分越高，心理健康状况越差。量表内容涉及的内容主要有情绪、意识、感觉、行为、生活习惯、人际关系等。包含 10 个因子，分别为：躯体化、强迫症状、人际关系敏感、抑郁、焦虑、敌对、恐怖、偏执、精神病性和其他。

2. 研究程序

研究采用问卷发放的形式。为提高问卷的回收率和有效率，选取了 4 名专业工作人员协助问卷的发放、实施说明和回收工作。研究者以班级为单位对被试进行团体施测，让学生保持安静，独立完成问卷，使用统一的指导语，对举手学生提的问题加以解释，并提醒学生不要漏答，问卷测试时间为 20 分钟。学生答完后，统一回收问卷，并对所有的问卷进行编号，然后剔除个人信息有缺漏的无效问卷，没有作答或者明显乱答（如有规律的作答）的问卷为无效问卷。

3. 数据处理

研究采用 Visual FoxPro 6.0 简体中文版进行数据的录入，并采用 Excel 进一步整理数据，最后采用 SPSS17.0 中文版对数据进行统计分析。分别对相关数据进行独立样本 t 检验、单因素方差分析等。

（三）结果与分析

1. 瑶族高中生心理健康状况总体分析

研究发现，瑶族高中生的强迫症状在 10 个因子中得分最高；人际关系敏感、抑郁、焦虑、敌对、恐怖、偏执和其他因子得分较高；躯体化和精神病性得分处于一般水平。说明瑶族高中生心理健康水平的总体状况有待提高。具体见表 4-22。

表 4-22　瑶族高中生心理健康的总体状况

等级	因子名称	$M \pm SD$
1	躯体化	1.53±0.58
2	强迫症状	2.08±0.65
3	人际关系敏感	1.98±0.71
4	抑郁	1.84±0.68
5	焦虑	1.74±0.63
6	敌对	1.84±0.74
7	恐怖	1.71±0.67
8	偏执	1.78±0.62
9	精神病性	1.64±0.59
10	其他	1.78±0.64

2. 瑶族高中生 SCL-90 各因子在性别上的差异

比较瑶族高中生 SCL-90 各因子在性别上是否存在差异，本研究采用独立样本 t 检验，结果是：广西瑶族高中生在躯体化、强迫症状、人际关系敏感、抑郁、焦虑、敌对、恐怖、偏执、精神病性和其他等 10 个因子上，女生得分都比男生高，尤其是在人际关系敏感、抑郁、焦虑、恐怖这四个因子上较明显。女生与男生在人际关系敏感、抑郁、焦虑因子上差异性极其显著（$p<0.001$）；在强迫症状、敌

对、精神病性和其他因子上呈差异性显著（*p*<0.05）。而在躯体化和偏执因子上不存在显著性差异。女生的心理健康水平低于男生心理健康水平。具体见表4-23。

表4-23　瑶族高中生在心理健康方面的性别差异检验（*M*±*SD*）

因子名称	男（*n*=120）	女（*n*=151）	*t*
躯体化	1.45±0.59	1.58±0.56	−1.82
强迫症状	1.95±0.62	2.17±0.66	−2.81*
人际关系敏感	1.81±0.68	2.11±0.71	−3.48**
抑郁	1.62±0.58	2.01±0.70	−4.97***
焦虑	1.58±0.58	1.87±0.64	−3.85***
敌对	1.74±0.71	1.92±0.75	−2.07*
恐怖	1.51±0.58	1.86±0.69	−4.43**
偏执	1.69±0.61	1.85±0.63	−1.99
精神病性	1.56±0.58	1.71±0.59	−2.09*
其他	1.66±0.58	1.87±0.67	−2.81*

3. 瑶族高中女生 SCL-90 各因子在是否留守上的差异比较

考察瑶族高中女生 SCL-90 各因子在是否留守上的差异。本研究采用独立样本 *t* 检验进行差异检验，结果是：广西瑶族高中女生在躯体化、强迫症状等 10 个因子中，留守女生的得分比非留守女生高，虽然没有显著差异，但非留守高中女生比留守高中女生的心理健康水平更高。留守女生由于长期无法与父母面对面沟通，较易产生心理困惑和心理问题，在遇到困难或困惑的时候，易出现愁闷、烦躁和焦虑等不良情绪。具体见表4-24。

表4-24　是否留守对瑶族高中女生的心理健康影响的比较分析（*M*±*SD*）

因子名称	留守（*n*=49）	非留守（*n*=102）	*t*
躯体化	1.68±0.64	1.53±0.51	1.41
强迫症状	2.31±0.73	2.10±0.61	1.75
人际关系敏感	2.20±0.68	2.06±0.72	1.18
抑郁	2.15±0.71	1.93±0.68	1.85
焦虑	1.98±0.69	1.80±0.60	1.64
敌对	2.04±0.81	1.86±0.71	1.41
恐怖	1.94±0.73	1.82±0.67	0.98
偏执	1.95±0.71	1.79±0.58	1.41
精神病性	1.81±0.67	1.65±0.53	1.50
其他	1.94±0.69	1.83±0.65	0.88

4. 朋友对瑶族高中女生心理健康影响的差异比较

为考察在学习和生活中朋友对瑶族高中女生心理健康的影响，笔者采用单因素方差分析检验进行差异检验，结果是：瑶族高中女生的朋友对其影响很大这一因子在躯体化、强迫症状、人际关系敏感、抑郁、敌对、焦虑、恐怖、偏执、神经病性、其他这 10 因子上的均分高于影响大、有点影响和没有影响的均分。在强迫症状和抑郁这 2 因子上差异最为显著，在人际关系敏感、偏执、神经病性、其他等 4 个因子上呈显著性差异；在焦虑因子中呈边缘性显著。瑶族高中女生的朋友对其影响较深，这也体现了高中阶段青少年的心理发展特点。

进一步事后多重比较检验分析发现，在强迫症状和人际关系敏感因子上，影响很大与有点影响和没有影响存在显著性差异；在抑郁因子上，影响很大与影响大、有点影响和没有影响呈显著性差异。具体见表 4-25。

表 4-25　朋友对瑶族高中女生心理健康影响的差异比较（$M \pm SD$）

因子名称	很大（n=9）	大（n=43）	有点影响（n=88）	没有影响（n=11）	F
躯体化	1.84±0.59	1.57±0.52	1.59±0.58	1.30±0.34	1.60
强迫症状	2.73±0.61	2.34±0.69	2.07±0.59	1.87±0.78	4.82**
人际关系敏感	2.74±0.57	2.12±0.65	2.06±0.73	1.82±0.59	3.17*
抑郁	2.80±0.86	2.02±0.66	1.95±0.66	1.70±0.52	5.20**
焦虑	2.31±0.77	1.92±0.58	1.83±0.65	1.56±0.49	2.53
敌对	2.29±1.10	2.05±0.70	1.80±0.68	2.07±0.91	2.10
恐怖	2.26±0.92	1.97±0.62	1.77±0.68	1.83±0.72	1.90
偏执	2.14±0.84	2.03±0.68	1.76±0.57	1.53±0.47	3.54*
精神病性	2.02±0.59	1.83±0.64	1.65±0.56	1.40±0.29	2.78*
其他	2.39±0.89	1.93±0.65	1.82±0.63	1.57±0.57	2.99*

5. 得到老师关心的程度对瑶族高中女生心理健康状况影响的比较分析

研究发现，老师对学生的关心程度与瑶族高中女生的心理健康有紧密联系。在焦虑、恐怖、偏执和其他 4 个因子上，受到老师一般关心的均分明显高于关心和非常关心的均分；在人际关系敏感、抑郁、偏执 3 个因子上差异性显著，其中对抑郁因子的影响最显著；在躯体化、强迫症状、焦虑、敌对、恐怖、精神病性和其他上不存在显著性差异。这反映出在学校得到老师的关爱对广西瑶族高中女生的心理健康有很大影响。具体见表 4-26。

表 4-26　得到老师关心程度对瑶族高中女生的心理健康影响的差异比较（$M\pm SD$）

因子名称	一般（$n=77$）	关心（$n=73$）	非常关心（$n=1$）	F
躯体化	1.63±0.54	1.52±0.57	1.18	0.97
强迫症状	2.28±0.64	2.05±0.67	2.50	2.38
人际关系敏感	2.22±0.69	1.97±0.71	3.00	3.23*
抑郁	2.16±0.70	1.82±0.65	2.92	5.79**
焦虑	1.95±0.64	1.77±0.63	1.80	1.57
敌对	2.04±0.71	1.78±0.76	2.67	2.91
恐怖	1.95±0.71	1.77±0.66	1.57	1.33
偏执	1.94±0.63	1.74±0.62	1.83	1.88*
精神病性	1.78±0.59	1.61±0.57	2.20	1.92
其他	1.99±0.67	1.74±0.65	1.71	2.62

（四）结论

研究发现，广西瑶族高中生心理健康水平的总体状况不容乐观，但男生的心理健康水平总体高于女生。瑶族高中女生在躯体化、强迫症状、人际关系敏感、抑郁、焦虑、敌对、恐怖、偏执、精神病性和其他等因子上，其均分明显高于男生，而且在人际关系敏感、抑郁、焦虑因子上差异性极其显著；在强迫症状、敌对、精神病性和其他因子上呈显著性差异，这或许与前面研究中所发现的女生的个性心理特点有一定关系，例如，内向、敏感，遇到困难或突发事件时通常比较无力、焦虑，在人际交往中处于比较被动的状态。

研究表明，对瑶族高中女生心理健康影响较大的因素是朋友与老师，有良好的同伴关系及师生关系对高中生心理健康有较大帮助，那些渴望但又缺乏朋友的女生在强迫症状、人际关系敏感和抑郁因子得分偏高；得到教师关心的瑶族女生在人际关系敏感和抑郁及偏执等因子得分均低于较少得到教师关心的女生，她们更乐于交往，遇到事情能平和对待，平静处理，这说明老师如果给予学生更多的关心，有利于增强学生的自信心，让学生更热爱学习，发挥更大的潜能。此外，父母不在身边的留守女生，其心理健康水平低于非留守女生，说明家人能经常见面、关系融洽，对于高中女生的心理健康仍十分重要。

第五章

瑶族女童成长的社会性别分析

性别是人的社会文化属性的重要标识，也是最早将人区别开来的指标。人一出生就会因其生理性别的不同，而归属于不同的性别阵营。在不同阵营的男人与女人在社会上的部分角色是基于生理性别的基础，例如女性能够孕育下一代，而男性不行。这是与生俱来的男女生物属性上的差异决定的。但这个差别是否一定应当带来社会地位的尊卑高低呢？

从历史来看，女性也曾有过比男性地位更高的时期，如在母系氏族社会，女人因其人口再生产的能力被看成比男人更伟大，更有贡献，因此被赋予更大的权利。而到了父权社会，则认为女人的主要工作就是生儿育女，她们更适合抚育孩子，她们更多的职责就是照顾好家庭和小孩，在外面能做的工作也是与此相关的，比如幼儿的教育、病人的护理及一些服务行业。可见，女人的许多角色并不是由其生理特性或自然性决定的，其实质是社会文化的产物，即性别并不是纯粹自然的产物——这正是现代女性主义研究的重要发现之一。

正如一些学者所言，人除了体内的生物遗传基因外，还有体外的"文化遗传""社会遗传"，这一过程也可以被称为"濡化"。这一过程虽然是外在的，但由于人从一出生开始就浸染于其中，自然地模仿并内化为自己的需要。[1]在性别问题上，前者形成了人作为生物体而具备的生理性别（sex），后者则造就了人作为社会动物而特有的社会性别（gender）。[2]

虽然生理性别与社会性别有一定的联系，但人作为社会性动物，总是生活在

---

① 吴康宁. 1999. 课堂教学社会学. 南京：南京师范大学出版社：51.
② 西蒙娜·波伏娃. 1997. 第二性. 陶铁柱，译. 北京：中国书籍出版社：98.

一定的社会结构之中，在其中各司其职。但个人在特定社会结构与体系中的位置，或者说身份、角色，并不是天生的或自为的，而是被赋予的。这种赋予有来自国家层面的，也有来自社会文化层面的，对不同的人，包括不同性别、阶级、民族、年龄等，在行为和观念的认同上起着巨大的作用，有些还会在日常生活中被人们内化于自身。

同时，"社会性别又是表示权利关系的一种基本途径"[1]，正如王政所说："虽然有的文化中性别间的等级并不明显，但大部分文化中社会性别被用来界定性别的等级，如中国的社会性别制度就是男尊女卑"[2]。虽然在现实生活中，同等阶层的妇女并不是总处于卑者的位置，但构成等级秩序的因素确实非常复杂，辈分、年龄等因素都可能成为影响因素。"但在文化的层面，社会性别的等级含义会不断被调动起来，被各种文化和知识生产者复制，从而不断巩固男尊女卑的社会性别观念"[2]，例如"男主外，女主内""女人应当是男人的贤内助""女人头发长，见识短"等思想观念，从女人一出生就陪伴着她们，成为一种强大的心理认同的力量，让其自觉去遵守，接受已定的角色安排，并认为本来就应当是这样，即这是我们自愿的，也是理所应当的。这种无形的力量塑造和"规训"着每一个女人。虽然这种"规训"体现的就是男女之间不平等的权力关系，但由于它具备隐蔽性特点而不易被生活在其中的人觉察与反思，从而成为人生活的一种"惯习"。让人们觉得这一切是因为男女之间的生理差异决定的，从而自觉去遵循。

现代女性主义提出的社会性别理论，强调把社会性别当作社会制度来理解，正是在这种制度下才形成了人们对男女差异的理解，以及形成的属于女性或男性的群体特征和行为方式。女性主义强调人的性别是一个被建构的过程，是后天造成的。该理论也是女权主义运动实践的成果，它经过20多年的发展已经成为国际妇女理论分析男女两性问题的重要范畴，并为各国妇女理论研究提供了有力的支持。社会性别理论成为倡导和追求男女平等和社会公正的重要依据。

在推动世界各国保护妇女儿童权益的过程当中，联合国十分重视运用社会性别理论分析男女两性在社会、法律、教育等方面地位不完全平等的根源和本质，从而敦促各国政府改变女性长期被歧视的社会现实，实现男女两性全面健康发展。

瑶族女童受教育状况与瑶族男童相比，长期处于弱势地位，受教育权没有得

---

[1]　琼·W. 斯科特. 性别：历史分析的一个有效范畴. 转引自佩吉·麦克拉肯. 2007. 女权主义理论读本. 艾晓明，柯倩婷，译. 桂林. 广西师范大学出版社：180.
[2]　王政. 社会性别与中国现代化. 文汇报. 2003. 1. 12（002）.

到充分的保障，其实质就是社会性别制度与文化在其中发挥作用。本书第一章，已经对瑶族社区的性别文化作了整体性的阐述。本章则通过瑶族女童成长过程中家庭与学校教育的性别文化这一视角来分析其为何处于教育的劣势地位。

第一节　瑶族家庭性别文化对女童受教育的影响

瑶族是一个居住于大山深处的民族。从民族学者的研究来看，一个地理环境相对封闭的地方，其传统的文化保留得相对长久。瑶族每个人从一出生起，便浸染于其中，受到一系列显性和隐性的村落文化的影响。这种民族村落文化虽然也随着交通的便利、与外界交往的扩大而发生变迁，但仍然以一种潜移默化的方式，直接或间接地渗透到人们的生产生活中，尤其是传统的性别观、劳动观、家庭观对女性受教育的影响极大。

性别文化的产生具有时代性，同时也与生活地域密切相关。比如，不同地区、不同支系的瑶族对于生育子女数量及生男生女问题，其观念就有所不同。20世纪80年代，国家推行计划生育政策，广西桂北及金秀大瑶山等地的盘瑶，执行计划生育政策比较到位。一些瑶族家庭生了两个女儿以后，也选择不再生育，至于养老问题如何解决，他们是通过招入上门女婿的方式解决。而广西西部布努瑶的观念则不同，该支系一般都是多子女家庭，而且不论男孩、女孩都喜欢。当然，因为历史上布努瑶素有养儿防老及男孩可以继承财产的习俗，对男孩子会更看重一些，一些家庭在头几胎都是女儿的情况下，仍要生出男孩子为止。在布努瑶聚居的区域，每个家庭都是三四个小孩，有些地方五六个孩子占大多数，甚至有少数家庭有八九个孩子。

此外，在婚姻方面，多数地方的瑶族人会给子女一定范围内的选择权，让孩子们通过田间劳动、对歌形式自由恋爱。不过，婚姻多数还是由父母做主。有些地方比较人性化，由父母选择自己满意的女婿或媳妇，但如果孩子实在不满意也会同意退婚。对于寡妇改嫁，在瑶族地区也较少受到歧视。例如，张有隽先生在十万大山的瑶族社会历史调查报告中写道："寡妇再嫁时在社会上不受歧视。寡妇有子女，可带子女到夫家住，由继父及母亲共同养大。一般原家的财产可以带来，以后归这些子女所有，继父不得占用。但也有的寡妇再嫁时，将前夫子女交给前夫的亲戚收养，此时前夫的家产不得带走。"①这或许与瑶族山区生活条件相对艰难，人们首先是考虑人的生存问题，而不是坚守妇道的问题，封建思想的影响相对来说要小于汉族地区。

从以上所述，可以看出，瑶族地区在生儿还是生女及妇女改嫁等问题上比较宽容，比较敬重生命的自然选择。这种性别文化虽然与其生存环境因素有一定关系，但客观上表现出其对女性比较友好。然而，这种友好并不能代表性别平等，并不表明女性可以得到同样的发展机会，特别是受教育的机会。

家庭内部的男女地位是观察村落性别文化的重要指标。纵观瑶族的性别文化发展史，在家庭劳动分工、财产继承、婚姻嫁娶等制度安排中，对女性角色的定位是强调女性作为母亲的生儿育女价值、任劳任怨的重要劳动力价值和家庭主妇的勤劳能干品质。在家族中，男性是固守的，家族财产通过男系血脉世代相传；而女性则是流动的，既不能继承也不能带走任何财产。在家庭内部，女性的地位低于男性。男性是一家之主，对内管理家庭事务，对外代表家庭参与村落事务，处理人际关系。

中华人民共和国成立后，国家提倡男女平等，女性社会地位有了很大提高。但是从瑶族村寨个体家庭内部来看，男性仍然是一家之主的地位，并没有发生太大的变化。20世纪80年代实行家庭承包责任制后，重新确认了个体家庭在经济运作中的地位。以往由生产队掌握的生产决策权及工具、土地等生产资料划归个体家庭所有，实际上将这些决策权和控制权部分或全部地转移到了户主手中，无形中恢复和扩大了男性在家庭中的权力。女性在生产过程中虽然不断付出劳动，但所创造的家庭收入，支配权属于男性。这意味着大部分女性在一定程度上以更隐蔽的方式重新丧失了经济上的独立机会，更加依附于男性。

由于村寨内女性的社会地位在一定程度上低于男性，在经济上对男性有所依附，因此，当个体家庭进行教育资源分配时，如果物质资源有限，则优先考虑男性。女性在社会生产中从事的家务劳动和传统农业生产往往内容单一、技术简单，在实践中只需积累生产经验即可，并不需要具备太多的科学技术和文化知识，从而使家庭意识不到教育对女性的重要性。而男性不同，他们经常需要走出家庭，参加社交活动和市场交易，需要具备一定的知识。因此，家庭很容易进一步得出"对男性进行教育才重要"的结论。家庭教育资源在分配上出现性别差异也就不可避免。

---

① 张有隽，邓文通.1982. 上思县十万大山瑶族社会历史调查（内部资料）. 广西民院民族研究室：104.

前文多处提及有些母亲对待女儿的教育问题存在明显性别差异的事实，也从一个侧面说明：在女性的社会化过程中，瑶族村寨传统性别文化"男尊女卑"的思想在内化于家庭的同时，也内化到绝大部分女性的思想和行为中。这些成年女性既是家庭和社会性别不平等的受害者，又无意识地在下一代女性身上，参与维护和实施了这种不平等。

以下将从瑶族家庭的社会性别观念入手，分析女孩为何会比男孩拥有更少的上学机会。

一、性别文化的倾斜使女性自身的价值得不到认可

瑶族和其他山地民族一样，都是很勤劳的民族，他们一年四季大部分时间都花在了自己的田地上，生活简单而辛苦，妇女的辛劳尤甚于男子。笔者所到过的瑶族山区，无论是金秀、贺州还是大化、都安，住在瑶族村寨期间，每天都看见男女主人很早就出门，去自己的地里干活。因为地头比较远，有些要走将近两个小时，所以他们中午都不回来。在地里一直干活到晚上六七点钟，回到家男主人可以休息了，但女主人还要准备一家人的晚饭，承担起大量的家务劳动。如果孩子尚小，抚养子女的担子也多落在她们身上。而瑶族家庭一般子女较多，因此妇女几乎是停不下来。她们每天周而复始地劳作，经常将小的孩子背在身上，带着八九岁的孩子一起到地里干活。如果是下雨天，不能外出，她们也会在屋前屋后忙个不停，或者做一些刺绣。总之，难得有闲下来的时候。当越来越多的男性外出务工之后，女性的负担进一步加重。

大化瑶族自治县一位初一瑶族女生在母亲节写给妈妈的诗，真实地反映了瑶族妇女的辛劳与不易：

> 妈妈是一个妻子，
>
> 妈妈是一个女儿，
>
> 妈妈是一个媳妇，
>
> 妈妈是一个闹钟，
>
> 妈妈是一个厨师，
>
> 妈妈是一个保姆，
>
> 妈妈是一个杂工，
>
> 妈妈没有周休假，

妈妈没有病假，

妈妈没有年假……

女性作为家庭劳作的主要劳动力，在家庭劳动中比男性能够贡献更多的价值，但这种贡献价值为什么没能带来在家庭及社会中地位的提升呢？笔者认为原因有二：①女性相比男性，下大力气的活干不了。因此，虽然做工的时间长，但在人们眼中仍然不及男性的工作成效大。②当男人从简单家务和部分农活中脱离出来之后，将重心放在家庭内部的"大事"上，能显示其权威性。而且由于他们有了更多的时间参与社会生活和参加本族公共事务的讨论与决议，他们的地位和影响力因此得到了提高。而终日劳作的女性，虽然忙忙碌碌，但每天重复的工作不易被看到成绩，其价值容易被忽视。同时，由于所从事的家务劳动和传统农业生产的内容都比较单调，没有技术含量，女性又极少参与公共事务，人们容易得出女性不需要文化的结论。

在温饱问题没有解决的情况下，人们送孩子读书都是从最大利益出发考虑问题。例如，送男孩子读书，如果能考上大学或中专，将来除了有铁饭碗，有的还能当官。这样的话是能帮上家里甚至全村的，家庭也会因此获得周围人的尊重。而女孩子这样的可能性就小很多。更何况，女孩子都要出嫁，对女儿的投资回报率无法与男孩子相比。因而在家庭中，无论父亲还是母亲都不太会重视女孩的教育。

在没有实行免费教育之前，由于家庭经济困难，瑶族都是优先送男孩读书，只要男孩子能读下去，家里都会支持。女孩子到了八九岁一般也会送去学校读1~2年，会识一些汉字，能写自己的名字，买卖东西时会算数，也就足够了。在这样的观念影响下，在北京世妇会之前，瑶族女孩很少有人能读中学。相当多的女生在小学时就辍学了，一些地方的学校里甚至出现纯男生班状况。这种情况，在不少地方办了女童班之后有所改观，但在一些地方，仍没有实质性的变化。直到实施免费义务教育之后，情况才有较大的改变。但依然有不少瑶族女孩因为要带弟妹及家庭缺乏劳动力的原因而早早离开了学校。

从调研的情况来看，在支持女儿上学这件事上，瑶族母亲并没有表现出比父亲更积极。相反，大多数母亲由于受传统文化观念的影响，加上没有机会接受更多的教育，她们甚至比男性家长更固执地坚守传统。一些家庭女孩能一直读书主要还是得到了父亲支持的缘故，这也进一步说明，父亲在家庭决策中有较高的权威。

小蒙是笔者调研中认识的高三女生，在她考上大学后，聊起她的求学经历。

笔者：你成绩一直比较好，能说说你小时候的学习经历吗？

小蒙：我小时候跟随父母外出打工，在城里上过学前班。后来父母因为爷爷奶奶身体不好，就回到山里来了。我是在村里读的小学，可能是因为接受过早期教育，我在班里成绩一直是最好的，对学习也有兴趣，就一直读下来了。

笔者：你学习在班里一直最好，可我几次听到你说自己有些自卑，这是什么原因呢？

小蒙：原来我也说不清楚，现在想想，可能与妈妈有一些关系。我初中考上县城学校的时候，我妈妈一直反对让我继续读。

笔者：这么说，妈妈并不是很支持你读书。

小蒙：妈妈说我是女孩子，以后总会嫁出去的，读书是为别人家培养人才。而且当时家里也没有钱。母亲不太支持女孩读书，很影响我的自信心。

笔者：那么支持你读下去的是什么呢？

小蒙：一是父亲。他从小就看好我，他从我小时候就常说不要像他们那么辛苦。读高中那年我的物理特别差，我打电话说自己不想读书了。爸爸就说那就回来吧，我们这儿有很多的山地。我一想着那些活实在太累，就挂了电话继续读书了。二是老师。我的成绩一直比较好，老师对我也比较好。

从小蒙的事例中，可以看到她是一个比较幸运的女孩，如果不是因为学习成绩好，不是有一位相对开明的父亲，那么她的发展就会被其母亲的观念限制了。而瑶山深处相当多的女孩还是在重复上一代人的命运。在经济困难、资源有限的情况下，瑶族的父母往往把受教育的机会留给家庭最稳定的成员——男孩身上，他们普遍认为女孩迟早要出嫁，让女孩上学是白花钱，不合算。可见，女童在家庭中是主要的劳动力来源，如果投资教育既是对眼前劳动力的浪费，同时又不能收回投资成本。这是影响瑶族父母送女童上学的直接原因，而其背后则是女性的劳动价值被视为低层次、不需要智力投入，因而被轻视，其实质是女性的地位较低，其价值没有得到应有的体现。

二、勤劳与孝顺是女童安身立命之本

由于女性的地位低，不能通过读书改变其现状。那么，女孩未来靠什么来立足？在瑶族长辈的观念里，女孩子勤劳和孝顺是最为重要的品质。如果她们具备了这样的品质，那么就能找个好的婆家，就算婆家条件一般，也能把家庭照顾好，自己也能过得好一些。

1. 女孩子从小被要求有"当家做主"的责任感

在一般情况下，瑶族男女都比较辛苦，但相比之下，女人劳动量更大，甚至有个别瑶族支系还存在"男逸女劳"的情况。例如，周大鸣等人于2004年在广西凌云金保寨蓝靛瑶的考察中，发现金保寨男子很少干农活，有部分人外出打工，但也有不少人待在家里无事可做，和朋友们一起打牌、喝酒消遣，即便农忙的时候也闲在家里。而女性都要外出干活，田地、菜地、八角地全是女性负责，回到家还要喂猪、鸡、鸭。他们自己解释说男子不干农活是蓝靛瑶的习俗。"男子不能干农活，这是我们祖上传下来的规矩。"大多数已婚的女子都任劳任怨，这一切在他们看来都是正常的事。①

由于妇女的生产及家务劳动工作量都很大，压在母亲肩上的农活和家务重担，很自然会分摊到女儿身上。女孩子从小就被灌输一种当家做主的责任感，女人似乎天生要为男人服务。母亲们在孩子很小的时候就开始对孩子们进行劳动教育，尤其对女孩子，母亲会着重培养其吃苦耐劳的精神，方法也非常简单，就是身体力行，带着女孩一起劳动。四岁开始做一些家务活，烧水、煮饭，五六岁则帮带弟弟妹妹，八九岁开始参加生产劳动，成为家里的重要劳动力，一直到出嫁前女儿是家里的好帮手。除了生产上能帮忙，照顾弟妹、洗衣做饭基本就交给了她们。

长此以往，成为习惯，每家每户自然地用这一套不成文的规范来约束自己的女儿，对儿子则给予较多的空间和自由。父母为了自己的女儿将来到婆家能受到欢迎，同时也能为自己分担责任，从小就会加大对女孩子的劳动训练，让其更勤于家务及地里的劳作。在家庭人手紧缺的情况下，让女童辍学回家参加劳动显然比男童辍学回家更有意义。在这样的观念影响下，女孩自有劳动能力起，便作为一种劳动后备力量在等待着随时填补家庭生产中的空缺，久而久之，女童便成为学校教育的"缺席者"。

调研时，笔者访谈了许多中小学生，女孩子们纷纷反映自己在家做的事比哥哥要多。

比如我们一起从地里干活回来，家务活男孩子可以想干就干，不想干就不

---

① 周大鸣. 2004. 瑶族双寨：广西凌云县背陇瑶和蓝靛瑶的调查与研究. 北京：知识产权出版社：193.

干。女孩子就不同了，还要喂猪，还要煮饭，还要带小的，有时候还要刺绣。

女孩最经常干的活是打猪草、放牛、砍柴、喂牲畜，以及洗衣、做饭、看弟妹等。年龄大一点的要跟随父母去地里挖地、除草、种苞谷，大人能干的我们几乎都干。

——龙胜泗水小学五年级女生

学校放假休息回家时，我整天都要做家务活，拔草、种玉米、砍柴。因为外公和爷爷去世了，还要帮奶奶、外婆和自己家种地。所以就没有时间看书和写作业了。男孩子主要干一些重活，比如背玉米。若是家里没有男孩时，女孩也是需要干重活的。

——大化八好小学六年级女生

不同地域的瑶族女孩干的农活不太一样，大化瑶山主粮是玉米，种玉米、收玉米则是她们主要的工作；上思南屏以种甘蔗为主，所以女孩们放假时天天顶着太阳去砍甘蔗；昭平仙回一带瑶山家家户户种甜茶叶，女孩子们从小就帮着摘茶叶。大部分女生在接受访谈时都表示没有时间写家庭作业，一般也不会把课本带回家，因为根本不会看，她们也没有看书的习惯，相当多的同学在学校能学懂的东西并不多。虽然男生也很少写作业，但男孩子主要是把时间花在了玩耍和打闹上。

女孩子为什么会这么听从于父母呢？回答主要是害怕父母批评，或是觉得父母很辛苦。从以下的几段访谈对话中，可以看到女孩更在意父母的态度，更希望能得到父母认可。

笔者：你们瑶族小姑娘都特别能干，从小要做那么多事情。你们会不会不想做，偷懒？

小艳：我们小的时候有时玩着忘记做事，回来父母会生气，会被批评的。为了不让父母不高兴，我们都会努力做好家里的事。

笔者：那男孩子呢？

小艳：男孩子，父母说他们几句，他们不太在乎，父母也就不说他们了。但是我们女孩子，比较害怕父母生气，更听话些。我们也觉得父母很辛苦，不想让他们不高兴，所以我们就比男孩子多做很多事。

——在昭平仙回瑶族乡茅坪小学访谈

笔者：你能告诉我女孩与男孩在家谁做事更多一些吗？

小月：女孩子在家做事肯定比男孩子多很多。

笔者：这是为什么呢？

小月：因为女孩子比较听话，大人安排做什么都会去做。男孩子经常不做，父母骂一两句就算了。女孩子比较害怕父母，被骂后会很难过。为了不让父母骂自己，就尽量去做好。

——在大化县板升乡八好小学访谈

从直观上感受是男孩比较调皮，不太怕父母，而女孩子比较胆小，害怕父母骂，所以更听话。实际上，这和瑶族女孩子从小接受的灌输教育和严格管理有很大的关系。同时，女孩子在耳濡目染的性别文化中，慢慢接受自己身为女孩子不能与男孩子得到同等地位的事实。2014 年暑期笔者在大化板升乡某村调研时，认识了幼儿园代课老师小秋，她找来了几个儿时的同伴，与调研团队就瑶族女孩与男孩谁更受重视的问题进行了较深入地交流。她们当中，有初中辍学在家务农两年后结婚的，也有毕业后外出务工回乡的。

我们那里女孩是要出嫁的，房子什么都不会分给女孩子，出嫁就得一些嫁妆什么的。老人们说没有理由分给女孩，说我们是女孩，东西都在老公家。这边家里的比如说以前外婆和奶奶的那些值钱的古董，她们都会留给儿子，却不分一点点给女儿。女孩子有时候也会抱怨，但老人就会说"没办法啊，谁叫你们是女孩的命呢？"初一时，我家建新房，我当时对别人说有新房真好，而那些旁边的人就说："你是女孩子命，你只能看，这些都不属于你的。"我心想我知道啊，何必要说出来呢，心里就不太舒服。

——初中毕业在乡幼儿园代课的小秋

那时我妈就生了我和我妹，然后别人就跟我奶奶说"你那个儿媳妇，她肚子里装的都是女孩，看来你们俩老人没能享福咯！"后来俩老人老催我爸妈要男孩要男孩。如果产妇生的是男孩，家里的喜庆更多，好像老人们比较喜欢男孩。小时候我听到最多的问话就是"听说你家儿媳妇生了？男孩女孩？""对呀，生了，唉，是个找猪菜，不是个挑柴的"，"女孩子也好，只可惜不是男孩"……

——已经有了一个孩子的年轻妈妈小清

老人家在我们很小的时候就经常要求我们守规矩。例如要对人好，做个让人看起来是贤妻良母那种类型的，他们说凶的女人男人不喜欢。长辈训话的时候，经常说"男孩子不做事可以，因为以后他们老婆养他们，而女孩子不做事的话，谁还会娶你，谁来养你"之类的话。

——大化县弄勇屯外婆带大的小玲

我的印象是从小就要让着男孩子，老人包括父母都偏重男孩子。我记得在七八岁时，家里穷，杀只鸡，鸡腿都是给弟弟吃，妈妈说他是弟弟，是男孩子，会给我养老。

——都安县隆福乡初一辍学的小月

在我们村，有些家庭有三四个孩子读书，但都是男生，女生留在家里帮干活，我们家女儿三个，父亲又去世了，村里的人都对我妈妈说不要让三个女儿都读书了，送一个或两个读就可以了。只是我妈妈比较疼爱我们，还让我们自己边干活，边读书。

——大化县胜利村瑶族高中女生小美

2. 母亲进一步巩固性别文化，以听话孝顺来规训女儿的行为

由于母亲从小深受传统性别文化影响，加上没有机会外出见世面，对祖辈遗传下来的规矩深信不疑。瑶族家庭的母亲中，有许多人至今仍以自己的经验来编织着女儿的人生。她们一方面希望女儿在家时能为家里多干些活，出嫁时能嫁个家境好的人家，将来能反过来帮助家里；另一方面，认为自己只有将女孩子培养成勤劳肯干的人，将来嫁出去才能更好地维持自己的生活，也才能在婆家不被人看不起。所以，母亲对女儿的规训往往比男孩要严格很多。至于上学读书，除非孩子身体不好，干不了农活，而学习成绩又比较突出，父母才会愿意继续送女儿读高中直至大学。

母亲对于女儿的规训，首先是表现在劳动上。安排给女孩的农活和家务总是比男孩子多，如果女孩子做不好，母亲虽然较少动手打，但骂起来会很凶。

笔者：你说你们比男孩子干活更多，能具体说明一下吗？

小罗：比如我们一起从地里干活回来，（剩下的家务活）男孩子就可以想干就干，不想干就不干。女孩子就不同了，还要喂猪，还要煮饭，还要带弟弟妹妹。

笔者：那如果你不去做呢？妈妈会有什么惩罚吗？

小罗：会骂人，有时不给吃饭，小的时候还会被打。因为我们女孩子觉得妈妈太辛苦了，我们一般也不会偷懒。父母做工很忙，特别是妈妈，她平时也很少和我们谈她心里的想法，还是比较害怕她。

在贺州市鹅塘镇暗冲村调研时，笔者见到了一对母女。笔者问那位母亲，怎

么看待父母对女孩的管束，她说这是没有办法的。

笔者：平时父母对孩子管得严吗？

母亲：对女孩子会有限制，对男孩子这个没多少要求。像女孩子从很小的时候就要学会做很多事情。男孩子很少有要求。男孩子一般只会做一些比较费体力的事情，像上山扛柴、挑水、犁地或搞建筑等，小事情很少碰的。

笔者：女孩多大以后父母会让她外出去玩？

母亲：一般都没有可以单独出去玩的这种说法。除非出嫁了，娘家就不会管束你。

笔者：父母觉得让女孩子多学做事，将来女孩子才能嫁得出去吗？

母亲：不是，父母认为女孩子勤劳，以后自己生活才会懂得持家。

对于母亲为什么要对女儿管得更严的问题，我们也与一些瑶族母亲进行了交流。她们说，一是为了让女儿能从小懂事，带好弟妹；二是名声，一个女孩管不严，如果在结婚前，便与男孩相好，甚至有了孩子，家族会很没面子，这个女孩也就不能按父母的意愿嫁一个条件相对好的家庭。三是女孩听父母的话，就能按父母的意愿嫁本族人，不会离父母太远，以免父母将来见不到自己的女儿，也不能得到女儿的孝敬。

为进一步了解瑶族妇女如何看待自己对女儿的管教，她们自己又是在怎样的管教中成长的，笔者在大化和贺州走访时，走村入户与瑶族妇女进行交流。结果发现 50 岁以上的妇女大多数没有上过学，40 岁左右的妇女多数只读过两三年书。以下是小云母女自述的情况，在布努瑶中有一定的代表性。

云妈，43 岁，育有五个子女，其中排行前面的是两个女儿，老大 19 岁，后面的三个儿子，11 岁的儿子患有癫痫，最小两个是双胞胎，6 岁。她在大女儿只有五岁时与丈夫一起进城务工，后来孩子多了便在家里，丈夫一个人外出务工。但去年丈夫身体不适，回家种地，养些鸡，有时也在村子附近做些零工。收入大大减少，为了挣钱给大儿子治病，她不得不到广州洗水工厂继续工作，二女儿初中未毕业也到广州务工，大女儿则已经结婚。笔者去她家走访是得到她女儿的邀请，说她妈妈刚从广州回来，愿意接受访谈。以下是当时的对话：

笔者：认识你女儿后，就很想到你们家见见您，谢谢您的邀请，听小云说您非常能干。

云妈：我们瑶族妇女都是这样啊，在家总是从早做到晚。我没有读过书，我父亲去世早，当时我只有九岁，读了一年级就回家帮着妈妈干活，带大四个弟妹。

笔者：您和您妈妈真不容易！现在弟妹都已经长大成人，过得不错吧？

云妈：两个弟弟读书多一些，现在自己做些生意，还不错。妹妹嫁了，那边家庭也好。

笔者：听小云说，你的丈夫家与你家是亲戚，当时你们是自由恋爱吗？

云妈：年轻的时候自己找了个有文化的男朋友（隔壁村学校代课老师），但母亲不同意，怕人家看不起我们家，以后不能帮到弟妹，硬是把我嫁给了我阿姨的儿子。妈妈说自己人，能帮上家里。

笔者：妈妈不同意，你就这样放弃了，有没有后悔自己后来的决定的呢？

云妈：妈妈不同意，不让我出去见那个男的，那还能有什么办法？只能听她的。她说嫁给自己人，知根知底，比较放心。现在我男人对我还算好，有什么事也是大家一起商量。

笔者：现在在外打工辛苦吗？

云妈：因为没有文化，年纪也大了，只能做比较辛苦的工作，在洗水工厂，劳动强度很大。一周只能休息一天，但如果我们谁都不出来找事做，孩子看病没有钱。大儿子病情时而发作，需要靠药物控制。我们每个月都上南宁取一次药。

笔者：孩子为何会得这个病呢？

云妈：我也不清楚，很小的时候就发现了。刚开始也没有重视，后来出现次数比较多了，我们才带他去医院。现在好多年过去了，每天要吃药，也不知能不能治好。

笔者：你有没有觉得生孩子多了，生活更辛苦了呢？

云妈：我现在也有这样的体会了，特别是大男孩有病，负担就更重了。但有什么办法呢，我们瑶族多数人都生好几个小孩。

笔者：你的两个女儿都很能干，你对她们要求严格吗？

云妈：自己的孩子谁都心疼，但如果教不好，以后她们过不好，我们就会被人家说不会做老人。所以女孩子从小做很多事，也很辛苦。小云小时候我也不在身边，所以给她读书比较多，是她自己读到初中不读了。

笔者：听说小云自己喜欢上一个小伙子，你没有同意，让她嫁给乡里的一个干部了。这个干部比她大很多，她心里不是很乐意的。

云妈：我希望她离家近一点，那个乡里的干部喜欢她，来我们家提亲，她外婆和我都觉得也不错，但结婚还是她自己同意才结的。

大男孩患有癫痫，双胞胎男孩中有一个智力也显得略有些发育迟滞，这很大可能是近亲结婚导致的遗传疾病，而云妈或许到现在也不知道孩子为何会得病，她也只能通过付出更多的体力来维持好这个家庭。她已经习惯在家听父母的话，服从父母的安排，出嫁后就努力帮助丈夫，付出自己全部的精力和体力，照顾好家庭。她极少为自己打算，全部的心思都在丈夫和孩子身上。而她的女儿，似乎也在部分地重复她的人生。小云的自述反映出母女二人相同的命运。

小云：我2016年19岁不到的时候就结婚了，丈夫比我差不多大二十岁，我们没有共同语言，我现在还要照顾他前妻的孩子。其实在我读初中时有个高年级男生喜欢我，我初中毕业时他已经去打工了，还回来鼓励我继续读中专。但是我考虑到弟弟治病要花钱，我就决定放弃读护校去广东打工了。

后来，我和妈妈说了我有男朋友的事，妈妈坚决不同意，后来就只能分手了。现在这个丈夫，是我们本民族的，不同村，但离得不远。他追我，我没有答应，他后来就到我家看望我的父母和外婆。大家觉得他是干部，嫁到这样的人是很有面子的。

说句实话，我不喜欢他，我们没有共同语言，但是家里人都还蛮喜欢他的。我本来不同意，但她们谎称外婆病了，骗我回家就办了婚礼，我没有办法反对。我也不知道，我只想着，我不能让他们对我失望，也许是从小就被他们忽略，现在想多表现表现自己吧。我妈妈也说"我舍不得你们出嫁，可你们是女孩子命，不嫁别人会笑话"。我这一嫁让她心安了吧。

现在，村子里的人都说女孩要像小云那样，嫁一个有文化的人。对，就是想让父母开心，让他们以我为荣。可能一直以来，我就是那么想的。我妹妹不是那么听话，她认为我太软弱，说我拿自己的一生来赌面子。

从母女俩的婚姻中，可以看到相似的境遇：以家庭利益为重，为了家庭的利益可以不考虑近亲或是年龄的差距，可以不考虑结婚的双方是否有感情基础。在瑶族村寨，像小云这样为了父母的要求，放弃自己的愿望包括对爱情的向往的情况并不是少数。父母考虑的角度更多是家庭的面子及一些实际的利益。例如小云家，还有三个未成年的弟弟，且大弟身体不好，需要花费不少治疗费用，家里人在选择女婿时会更多地考虑女儿出嫁后能不能继续帮助家里，减轻家庭的负担。而这些因素远比女儿是否喜欢更为重要，因为那些看不见摸不着的爱情，太过虚幻，而经过自己考察的女婿，人还老实，也离家不远，又有文化，已经是标准的好女婿了，至于年龄的差距、是否有感情都不是问题。

象小云这样的女孩，因为从小在以男孩子为贵的文化中，作为女孩子的她们较少得到父母的关注，她们从小就害怕因为某件事情没有做好，而被父母指责。因此，形成了听话、顺从的个性特点，她们总是急切地渴望能被父母认可，只要父母高兴的事情，宁可放弃自己的爱情。当然，也与一直以来要求女孩要听话、孝顺长辈的社会文化有着很大的关系。

瑶族人十分注重亲情，讲究孝道。他们看重父母的养育之恩，追求对父母的孝顺之情，对亲情的重视和对老人的孝敬是瑶族伦理道德教育的一个重要内容。瑶族的民间歌谣中就有许多诉说父母的养育艰辛，教育后代要尊老敬老的内容，如"做人要做老实人，小的要把老的敬；父母恩情如山重，要记父母养育情"。他们还将瑶族人民对惩恶扬善的理想与宗教迷信联系起来，用因果报应的观念来阻止人们的恶行，如"自古好丑总有报，天眼恢恢不顺情，忤逆还生忤逆子，孝顺乃生孝顺儿""善恶报应有分明""为人不将父母孝，枉为人子似豺狼"。

瑶族家庭中，父母必须对子女尽抚养教育职责，同时子女也要赡养父母。传统的瑶族婚礼仪式中的"坐歌堂"就是对年轻人进行伦理道德教育的重要时机。歌堂中就有很多历数父母养育艰辛的内容，教育后代如何为人、如何持家、如何处理邻里关系，尤其是如何孝敬长辈、与家庭成员和睦相处的歌词占比例很大。

这种强调家庭亲情、尊老敬老的传统家庭美德有其现实意义。但其中也有些消极的因素，如用封建迷信、因果报应观念来强化道德教育的权威性，使得子女对父母唯命是从，缺乏主见。导致过早放弃读书，或服从父母安排的婚姻，造成一些婚姻的不幸。

女孩尤其孝顺父母，还与她们从小与父母一起劳动，更多地看到父母的辛劳，更具有关怀品质有一定关系。在问及她们为什么看着男孩不做事，自己却那么辛苦去地里干活时，女孩子们的回答很简单：因为父母比我们更辛苦。的确，她们的父母每天早出晚归的劳作也只能维持最基本的生活，如果要供孩子读书或是娶媳妇，父母还要加倍地劳作。所以，瑶族人年过四十，大多显得比较苍老，孩子们接过父母的辛苦钱去读书，也常常会更加内疚。一些女孩子会因为自己的成绩不好，而决定辍学给弟弟妹妹读书。在她们看来，这是为父母减轻负担。

一个正在读初一的瑶族女生小邓，在给笔者的来信中说出了自己内心的愧疚：

> 每次我一想到父母，我就会心痛甚至落泪。因为我看到了他们的艰辛和

付出。每次牵他们的手时，总会发现他们的双手变得好粗糙，有时还看到他们的手满是伤，有时候脸上也有。我真的好心痛，因为我不能帮他们做点儿什么。而他们却为了我而付出了无数的爱和汗水。每次我都想取得好成绩来报答他们却都没有成功，每次我一边吃饭就一边盯着书看、背、练。可是一到考试我却是头脑一片空白，什么都不会，好像有这么一句名言：功夫不负有心人，只要努力就有收获。可是我却没有，每次考试都没有好结果，一如既往的烂成绩，我不管多么认真，终究还是笨蛋一个。

瑶族女童在受教育的过程中，由于家庭贫困，她们没有能力去购买必要的学习用品，随时受到辍学的威胁；好一点的可以不用辍学，但是繁重的家务劳动和照顾弟弟妹妹成为她们生活的重心，甚至还背负着学习不好对不起父母的巨大心理负担。这诸多因素影响势必严重分散她们学习的注意力，学到的东西因为没有时间和精力去复习和巩固导致遗忘速度加快，成绩自然好不起来。

那些能有幸进入初中学习的女生，家里多数是有一个支持自己读书的父亲或者母亲，特别是父亲。这主要是瑶族男性受教育程度高于女性，他们或者自己本身有一定的文化，认为读书重要；或者在外出务工的过程越发意识到读书对于子女的重要性。因此，当孩子们在学习遇到困难时，能鼓励孩子继续坚持。

3. 女孩更听话是因为她们希望得到父母的认可

从这些女孩谈话中，可以看到女孩子们成长的环境对她们的性别意识的影响。她们的观念更多的来自家里的老人、父母和邻居，而老人、父母、邻居实际上就是民族和村落文化的代言人。在一个以男性为尊、女性地位低的文化中，女孩子从小要学会听话，顺从于长辈。为什么要听话呢？因为这是女孩的命。无论是家里的老人还是周围的邻居，当每个人都告诉你，你是女孩子命，你就得认命。这些话经过不断地重复，就变成真理一样在女孩子的脑子里扎下根来。于是女孩子能敏锐地感受到自己的地位比不上男孩子，他们只能更听从父母的，才不会受到更多的批评，才可能被父母喜欢。

当女孩到了读书的年龄，如果父母不说送她们去读书，她们一般也不敢主动要求去上学，或者提出来后父母不同意的话，那也就没有什么办法了。在调研中，当问起以后的打算，多数同学都回答说不知道。实际上，她们也真的无法确定自己是否还能继续读书，一是担心家里没有钱送读书，二是不确定自己能否学得好。当然，也有少数女孩通过观察生活当中的情况，能暗暗定下自己努力的目标。

　　我们村有一户人家生了七个女儿，一个儿子。可能是生活条件差，他们家有五个女孩得病去世了，只剩下两个女孩，但他们家就只送男孩子读书，父母重男轻女的思想很严重。村里老人经常说女孩子读书太多也当不了官，女孩子读书没有用。我觉得他们这样说不对，男孩女孩都应当多读书。我们家老人比较支持男孩子读书的，但是我家族中也有亲戚支持我来学校读书。我希望自己能一直读到大学，以后我想回家乡像"爱心蚂蚁"的哥哥姐姐一样当志愿者。

——大化县盘兔小学六年级女生小雯

　　小雯是笔者调研中见到的一位比较有主见的小学女生，她能清楚地说出自己的想法。显然这与她们学校有公益组织的志愿者参与有一定关系，她现在与两个妹妹都在学校读书，父母在外打工，她还要照顾瘫痪的奶奶。她对于父母想生一个弟弟，也有自己的认识。她说："我们瑶族居住条件很差，空间小，但是每个家庭最少都要生三个小孩，我的父母也想生男孩，我自己也想有个弟弟。因为父母不是不喜欢女孩子，是要传宗接代，也需要弟弟以后照顾父母。我所在村子里十五六岁的女孩子一般就会结婚的。女孩子离开家了，只能弟弟来顾父母。"

　　从上面这一段谈话中，可以看到这个在民族村落中成长的女孩对性别文化的理解，她十分清楚自己的所处的位置，她希望能在一些有远见的亲戚的帮助下，努力读书。但正如她所言，更多的女孩，在贫困及性别文化的双重压力下，抗争的空间还是十分有限的。

三、早婚的习俗阻碍女童接受教育

　　中华民族一直有早婚传统，直到中华人民共和国成立前几十年里我国妇女的平均初婚年龄还在 18.5 岁左右，女性早婚比例也高达 50%以上，中华人民共和国成立后 30 年左右的时间中早婚率很快下降到男 6.12%、女 7.83%，得益于当时严格的社会控制，但传统早婚思想在民间一直有较强的存在基础，特别在民族地区，因此 1980 年《婚姻法》修订时，为尊重少数民族的风俗习惯，规定少数民族自治地方可以根据本民族的实际情况对法定婚龄作变通规定。[①]广西壮族自治区虽然没有作变通规定，但经济发展较缓慢的少数民族聚居区也普遍保留早婚习俗，这样的习俗不仅影响女童身心健康的发展，同时也对她们继续接受中学以上的教育造

---

① 杨晶，梁海艳. 2016. 中国 30 年早婚变化分析——基于"六普"数据. 南方人口，31（03）：57-68.

成了较大的阻碍。据广西瑶族社会历史调查记载，瑶族青年男女在 15 岁左右开始进行恋爱活动，因而早婚者居多，结婚年龄以 15 到 18 岁为普遍。在瑶族地区 20 岁以后结婚是极为个别的现象，同时这个时候结婚的人也会遭到社会的议论，认为个人没有人格魅力，没有人喜欢。①

2010 年第六次全国人口普查资料显示，中国男性平均结婚年龄为 26.7 岁，中国女性平均结婚年龄为 24.9 岁，男性比 10 年前推迟了 1.4 岁，女性比 10 年前推迟了 1.5 岁。

潘璇在广西南丹县怀里村进行调查时发现，在 45 名村民中，20 岁之前嫁人的女性有 12 人，20 岁之前结婚的男性 4 人，早婚人数占总人数的 36%。②这与笔者在大化板升乡某屯、昭平仙回乡某屯的调查结果相一致。根据对比，山区瑶族各支系的平均结婚年龄比全国的平均结婚年龄早 4~6 岁，只是由于他们结婚后拿证时间都是在法定年龄之后，因而从政府的统计数据中并不能看出太大的差别。

早婚习俗的形成原因是多方面的。通过对历史文献的查阅及现实生活状况的考察，笔者认为主要有以下几个方面：

1. 结婚对象有限促使瑶族早婚

瑶族在较长时间里都是实行族内通婚，不与其他民族甚至其他支系的瑶族通婚。虽然后来这样的规矩已经发生了松动，但由于居于深山之中，家庭经济困难，也难以与外族通婚。如果女性嫁出去的人多了，瑶族男青年则不容易找到结婚对象。因此，在传统社会，由于实行族内婚，结婚对象有限，错过了机会年龄大了就难以找到合适的对象了，因此形成了尽早成家结婚生子的传统观念，凡是村里有喜庆活动，年轻人都会结伴去参加，通过以歌传情寻找意中人。例如白裤瑶女孩十五六岁就加入了"抢腰带"的行列，开始谈婚论嫁。

2. 早婚可以早些补充劳动力

瑶族主要依靠大山来生产，垦荒耕种等工作需要大量的劳动力。如果孩子结婚早，对男方家里来说就可以更早地增加人口。在他们看来，两个人赚钱要比一个人多，可以更快地摆脱贫困状态。早一点结婚，40 岁的时候孩子已经长大成人，可以自己赚钱，有人可以给自己养老了，做工就不需要太辛苦——这样的人生才能够算是圆满的。

① 广西壮族自治区编辑组.1984.广西瑶族社会历史调查（第三册）.南宁：广西民族出版社：370.
② 潘璇.2015.白裤瑶小学女童教育——以广西南丹县里湖乡怀里村蛮降屯为例.南宁：广西民族大学硕士学位论文：25.

3. 不愿意让女孩嫁到外族去

害怕女孩子长大后更有主见，不易听从父母的安排，嫁到外族去。原因是外族人讲话老人们听不懂，不好交流，而且也难得再见到女儿的面。而女孩子年龄小一些还能听从父母的安排，嫁到条件好的人家，彩礼费还会高一些。有个女生说："我爸爸认为壮族、汉族没有那么孝敬老人，不准我嫁到外面去，让我在身边，对我管得比较严格，回家后都不准出去玩。"

4. 防止女孩自由恋爱

在瑶族家庭，有些父母害怕女孩子大了自由恋爱，不守规矩，将来名声不好后嫁不出去。在女儿尚小不会自己做主时将其嫁出去，会比较踏实。这种想法在部分家长，特别是老一辈中还是存在的。

总的来说，瑶族社会已发生了很大变化，着装及生活方式已大有不同，在外人眼中他们已经没有什么"特点"了。但实际上，瑶族作为以农耕为主的族群，经济上虽然增加了外出务工的方式，但他们的农业生产仍处于自给自足的自然经济状况；婚姻生活仍恪守传统的原则，从其婚恋文化，足以看到传统习惯的力量之强大，超出人们的想象。特别是在其他因素的合谋之下，文化传统会很快地恢复。当前瑶族的早婚就有这样的发展趋势，中小学生恋爱成为瑶乡教师头疼之事。

从这几年的调研来看，差不多每个瑶族支系都存在早婚的现象。少数地方如平地瑶由于女生读中学比较普遍，早婚的情况相对较少。在山区则仍较为普遍，与 20 世纪 90 年代相比，近十年来似乎有上升的趋势。这可能与大城市为青年提供了大量的务工机会有关系。在过去如果不读书则要干很累的农活，一些孩子为了不再回到农村像父母那样辛苦，在学习上更加努力。但现在不读书后可直接到广东去打工了，甚至不需要父母的同意。一些初中学生读了一两年书后，便纷纷结伴外出打工，不到一年工夫，在外地打工的女孩有了孩子便回到家乡。

从调查的村子来看，大部分的瑶族村寨都有年轻人在 18 岁之前结婚，人数有多有少，还有少数女孩在小学没有毕业就辍学回家结婚，甚至个别女孩子不到 18 岁就已经是两个孩子的母亲。在都安下坳某小学，2015~2016 学年辍学的学生 18 人，其中女生 12 人，是男生的两倍。校长告诉笔者，其中有两个女生已经结婚并有孩子了。恋爱、结婚、生子，年轻的她们过早地承担起养儿育女、承担家务的重担，再没有机会学习文化知识，只能将自己的未来托付给自己的丈夫。如果有幸遇到一个勤劳肯干、善良顾家的男人，生活还能有盼头，至少还可以过上虽然辛劳但也幸福的生活；但如果丈夫好吃懒做，不怜惜家小，就只能忍气吞声，自己一辈子辛苦受罪；或者只有抛家弃子，远走他乡。在瑶乡，这样的妇女每村都有，她们被村里人指责，但谁又知道她们背后的辛酸。

以下是笔者调研过程中遇到的几个年轻妈妈的个案。其中小蓝与小金都是调研团队的一个联系人小芳的同学。小芳是一名布努瑶，也是大化县某村小学的代课教师。

个案1：小蓝，布努瑶，2016年遇到她时，20岁，是三个孩子的妈妈。

见到小蓝时，小芳说她变化很大，以前瘦瘦的，现在长胖了。衣服看起来很旧了，穿着一双有几个小洞洞的布鞋，身边还带着三娃。见到小芳，小蓝主动过来打招呼"老同学，你好啊！"然后大家一起聊天，当得知小芳嫁了一个教师之后，她说："我好羡慕你，你家男人对你挺不错，你做的事是在屋里又不像我们一样晒太阳，你不用像我们一样天天下地干活，也不用像我们一样要看管自己的孩子，有时孩子生病了还需要担心。"

小蓝告诉我们，她小学毕业就结婚了，现在有三个孩子，大女儿五岁多，二儿子两岁半，小儿子才六个多月。结婚之后家里就分家了，家公跟大哥住，家婆跟三叔住，她丈夫是老二，他们小夫妻自己住。她说，平时没人帮她带小孩，所以去哪都得带上三娃，老公常年在广东打工，只有过年才回来一次。一般是元宵节后出去，直到年底才回来，有时家里有重要事情才回来，不然一年都没回几次家。

她一个人持家，每天早上趁三娃子还没醒，她就上坡去割草，回到家才煮饭和喂鸡喂猪。有时还要下地干活，一整天都是忙忙碌碌的。笔者问她："那做那么多事情，你不累吗？"她说："累啊！但是我有三个孩子，我在家不做这些，只靠我老公一个人，他也养不活我们呐！这个大的也要准备上学了，而且我还想要一个女儿呢。"小芳当时惊呆了，她说"你是说你还要生一个孩子？"小蓝笑着点头。

回来的路上，我问小芳："你觉得小蓝为什么要生那么多个孩子呢？"小芳说："我想这也许就是人们所说的母爱吧！她真是个不怕苦不怕累的女人，即使自己过得不好，她还想生孩子，我们这边的女人都想多生孩子的。"

小蓝，在早婚妈妈当中算是比较传统的，她继承了瑶族妇女吃苦耐劳的精神。好多女子生完孩子就留给家公家婆管，两夫妻一起下广东挣钱。她也想多挣点钱，可是没人帮她看孩子，想去哪都不行，自己也舍不得扔下孩子。所以，在家带孩子的同时，自己也努力多做家务活，给孩子们的未来创造好一点的条件。

个案 2：小金，19 岁，有一个 1 岁半的女儿。与报道人小芳是初中同学，初三毕业考不上高中，回家就结婚了。有一天小芳在街上偶然遇到她，两人才又有了联系。这次是小芳专门让人去家里把她叫出来的。

> 我们见到小金是在小芳的家里，她怀里抱着女儿。刚开始她比较腼腆，不太愿意谈家里的事，大家熟悉了一些后，她放轻松多了。特别是小芳问她："金，你怎么这么瘦了？我们读书时，你可是大家眼中的班花啊！"她听后眼圈一红，说："我毕业后就结婚了，婚后的日子过得挺辛苦的。"

从她的叙述中，笔者了解到她丈夫经常对她实施暴力，嫌弃她只会生女娃不会生男娃，心情不好，喝了酒就打人。家婆在家帮看女儿，她就起早贪黑地下地去干活，一个月不得上一次街。结婚两年了，回娘家还不到三次，而老公却无所事事，经常东跑西跑地去朋友家玩……最不可理解的是，手机也不让她碰，家公家婆都有手机，就她没有，她心里的苦想找个人倾诉都不行。临走时，小金说最后悔读书时不用功，回家就听从父母的安排结了婚，可没有想到父母给自己找了这么个人家。

小芳后来对笔者说："天呐，我在想这日子怎么过？这和我们父母那个年代有什么差别？而且老公还是那么一个游手好闲的人，这年代还有这种人？我真为我的同学感到不值。相比之下，我虽然也是 19 岁结婚，曾经为自己早早被家庭捆住而难过，但相比她，我的情况还是要好很多。"

从小金的婚姻中，可以看到她的艰辛与无助。从她的描述来看，夫家生活条件不错，这或许是父母将她嫁给对方的主要因素，而男方的人品却未能充分考察，结果导致女儿婚姻生活的不幸。

个案 3：小妹（盘瑶），17 岁结婚，访谈时 19 岁，有一个快 1 岁的男孩子。她自述道：

> 小时候，爷爷在昭平工作，我跟着爷爷奶奶在昭平读书，一直读到五年级，那时成绩很好。后面爷爷脑出血，他病了后，奶奶就和他一起回山里生活了。家里也变得困难了，当时茅坪小学有民族班，有补助，妈妈说要省钱，叫我回茅坪读六年级，我的成绩就开始不好了。在仙回中学读初中，快中考的时候家里更加困难了，两个姐姐又在外面读书，我就决定不读了，想打工

挣钱。不读书后，在昭平当服务员，包吃包住一个月的工资是 850 元。因为月工资不高，妈妈又不在了，只有爷爷奶奶两个人在家，很心疼他们，我就回家了。

我打工的时候认识了现在的丈夫。他初中毕业后觉得在家做工辛苦，就去读了技校，学数控，毕业后去上海工作一年，后嫌工资低，回家做农活。我 17 岁结婚，现在自己的儿子快一岁了，能在地上爬。现在在家没什么收入，干些农活，爷爷有退休金，生活上还过得去。实际上，我们自己想多谈两年再结婚，但老人比较传统，见我们恋爱了，催我们赶紧结婚，怕出什么事情，我们也就听老人的安排结婚了。现在孩子小，希望以后培养他多读一些书。

从小妹的自述中，可以看到她的婚姻还是比较理想的，丈夫是她自己选择的，且有一定的文化，两人有共同语言。但从与她的交流来看，能感觉到她内心有一些失落，对自己未能继续读书，心里多少留下了遗憾。瑶族女孩因为家庭及学业成绩不理想而辍学，回到家等待她们的一般就是早早结婚，为人妻、为人母，开始操劳的人生，曾经的梦想早早地离她们而去。能让父母在 40 岁左右时能背上孙子、孙女，她们都感到莫大的幸福。

有些瑶族女孩早婚，也有其他的原因。在调研途中曾遇到一个女孩，看她年龄很小却抱个孩子，一问果然还不到 18 岁。她说自己读到初二就不读了，因为玩手机把心玩野了，学不进去。后来交了男朋友就退学了，很快有了孩子，便当起妈妈来了。

当然，不是每个瑶族女孩都会早婚。少数女生能够一直读完高中甚至考上大学，她们能够在更大程度上为自己做主。小蒙是一位来自大化县七百弄乡、2016年考上广西某大学的女生，她所在的高中班级只有三个瑶族女同学（另两位已经生活在县城），她是唯一考上大学的瑶族女生。因为她成了大学生，父母就不会再干涉她的婚事了。通过对小蒙的访谈，笔者进一步证实她的大部分同学也已经结婚了。

　　笔者：小蒙，我想与你聊一下早婚的话题，你看可以吗？

　　小蒙：可以的，这个问题的确比较普遍。

　　笔者：你小学、初中的同学都成家了吗？与你一起读书的有几个读到高中？

小蒙：她们小学或初中不读书后，多数在大约十五六岁就结婚了，也有些在外地打工后没有联系，估计多数也结婚了。与我从小一起读书的十几个人，最后只有我一个女生读高中，班上有另外两名瑶族女生，但是她们家在她父亲那一代已经搬到县城生活了。

笔者：那些结婚早的女孩，她们是自己找对象还是父母帮找的？

小蒙：一般都是经过两边父母认识的人介绍认识的。不过那些外出打工的就是自己认识的，父母不同意也不行，她们生了孩子就把孩子带回来给父母养，自己继续在外地打工。

笔者：不外出的，多大年龄才会来提亲呢？村里有专门做媒的人吗？

小蒙：一般是从小学六年级开始有上升的趋势。如果小学六年级或初中不读书了，就有人来上门提亲了。如果家庭条件差点的，结婚会很早。

笔者：是因为家庭条件差，结婚可以得一些彩礼吗？

小蒙：是的，有的父母会拿这些钱去还债，或者是建房子、添家具。

笔者：女孩子为什么都愿意那么早结婚呢？

小蒙：我觉得主要是从小受到的教育。我们小时候，村里的大人跟我们走在一起，就说，勤劳点、嘴巴甜点，长大了才能找个好人家，要早点结婚，女孩子又不当官，读书太多干吗？你看某村某个女的，20多岁不结婚，现在谁娶她。在这样的环境中长大，觉得早结婚是正常的事。像我这样，在我读高中、没有考上大学之前，也是被村里人说闲话的。

——与瑶族女大学生小蒙的访谈记录

从小蒙讲的情况来看，可以进一步证实传统文化的稳固性。孩子们从小在早婚多育的文化中，不知不觉接受其合理性。而家长对于孩子的早婚多数是支持的，当孩子在学习上遇到困难，觉得自己读不下去不想读时，多数家长不会反对。就算是开明、愿意支持女孩读书的家长，如果孩子自己不想读了，他们也都是顺着孩子的意愿。而家庭条件差、又有儿子还要等着娶媳妇的人家，往往更倾向于将女孩早点嫁出去，以便有钱建房子帮助儿子娶媳妇。早婚风气日盛，反映在学校当中，则是早恋风气日盛，使得本来在学习上没有兴趣的孩子将注意力转移到恋爱上，更无心学业，导致大量的辍学现象发生。

第二节 学校性别环境及教师性别观念对瑶族女童教育的影响

除了所属民族性别文化的影响，学校也是学生性别角色社会化的一个重要场所。有研究者指出："性别公平的学习场所有助于性别平等意识的形成，而性别不公平的学习场所则容易滋长性别歧视意识。"[①]

对瑶族女童来说，如果她们所在的学校能营造出更富时代性的性别文化，更公平地对待男性与女性，她们就会在学习过程中对传统的性别文化产生批判意识，从而更相信自己的能力，更努力挑战传统的性别观念，不为性别角色的束缚放弃自己的兴趣与爱好。这对瑶族女童与男童的成长都将是大有裨益的。应当说，随着社会的发展及多年来对男女平等政策的宣传，人们的观念也已经发生了较大的变化。但调研中笔者发现，当前学校教育仍普遍存在隐性的性别刻板印象，学校的性别环境还是体现着男性中心价值体系，教师性别观念中也仍有着传统的思维定式。学校性别教育的缺失，教育机会的不平等，无疑对学生性别意识的引导带来隐性的偏见。

一、瑶族女童的学校性别环境

学校是儿童成长奠基的阶段，他们在学校不仅学习书本知识，也在环境中习得各种价值观念，儿童的成长与学校环境息息相关。目前瑶族女童所处的学校性别环境是怎样的？她们生活在一个什么样的性别环境之中来习得其性别角色呢？

这个问题需要从两个方面来讨论。一是符号环境，例如所阅读的教材及各类的书籍、观看的各种媒介中的性别形象等。这部分主要以语文教材来进行说明，因为全国教材基本一致，因此只作简略说明。二是现实的生活环境，对此将作重点的阐述。

（一）符号环境

1. 从语文教材来看瑶族女童所面对的符号环境

由于语文教材蕴含着我国民族文化的精华，体现国家人才培养的观念，因此

---

① 许烨. 2016. 教育中的性别意识偏向及哲学反思——从"第二性"的角度. 现代教育理论，（04）：9-14.

语文教材中的性别观对儿童性别观的形成有着重大影响。许多研究者通过对教材的研究，发现教材特别是语文教材在潜移默化中影响着学生的性别角色观念，因为语文教材集中体现社会主流意识对男性、女性的看法，特别是对不同性别的社会价值的认识，是一种性别文化的直观反映。

然而，从近二十年的研究来看，人们看到中小学语文教材性别比例失衡且存在严重的刻板印象，多年来几乎没有什么改进，或者说改进得十分缓慢。以小学语文教材为例，研究者发现不论是人教版还是苏教版小学阶段的教材，女性形象所占比例极低。

2011 年，有研究者对人教版小学语文教材进行统计，其结果是：在所有明确性别指涉的篇目中，以男性特征为主人公的课文有 17 篇，比例为 63%；单纯以女性身份出现、作为主人公的篇目有 4 篇，仅占总数的 15%。其次，教材中所反映的女性的工作职业，与男性相比，范围窄、地位低、权力小。在与文艺创作、机械、战争相关活动中基本没有女性参与，女性在专业领域的活动所占比例也较低，而在体力劳动方面比例偏高。此外，在男女共存的图片中，男性基本上都是动作的主导者。[①]这一研究结果与史静寰 2002 年的研究一致，说明在众多学者提出质疑以来，人教版虽经多次修订，但在性别角色方面，改变甚微。

武晓威等对苏教版的性别角色进行过统计，发现该版教科书里共展示了 219 个社会角色，其中男性角色 172 个，占总数的 78.54%；女性角色仅有 47 个，占总数的 21.46%。课文对男性与女性自致身份（后天努力达到的身份）的赋予上，差别也非常明显。男性高达 200 个，赋予男性角色的身份特征种类是丰富多样的，有政治领袖、帝王将相、共产党员干部、军人、文学家、思想家、教育家、科学家、艺术家等，而女性被赋予的身份却是简单而贫乏的，只有 19 个，而且多为普通劳动者，甚至是愚昧无知的反面人物，在对这些女性人物的描写中，有的连她们的姓氏都不曾提及。[②]课文中涉及儿童角色时，男性儿童以聪明机灵、勤奋刻苦形象为主，女性儿童则多以乖巧听话得到赞赏。

对于偏远山区的瑶族儿童来说，语文教材对他们的意义或许还要大于别的发达地区的儿童。因为大多数瑶族儿童接触到的第一本书就是语文书，他们甚至在低年级时只上语文课和数学课，很少能读到课外书。可以说，他们从学校中学到

---

① 李向梅. 2011. 中国大陆小学语文课本中插图的性别表征分析. 华南理工大学硕士学位论文：27-31.
② 武晓伟，闰艳. 2006. 教科书中人物性别分配不均衡性的社会学思考——以苏教版小学语文教科书为例. 江苏教育学院学报，（01）：8-10.

的东西，特别是一些社会价值观念大多来自于语文课本，课本中所包含的性别观念对男童和女童的影响是不容忽视的。瑶族女童接触最多的是语文书，她们却几乎不能从中获得榜样的力量。原因就是因为自主、富有理想与个性、努力为事业奋斗的女性形象实在是少之又少。

另一方面，比起城市学校的教师，乡村教师大多数也是在传统性别环境中成长起来的，有较为固化的性别规范，他们在教学过程中很难对教材中刻板的性别定型进行反思与批评，从而给女童以鼓励。甚至在教学中他们还有可能强化性别不平等意识，使学生加深了对不合理性别差异的认同感，进而顺从或漠视社会现实中的性别不平等，将传统的性别观念内化为自己的性别观念。

2. 从大众媒介中的性别话语来看瑶族中学女生面临的性别环境

青少年网民规模持续上升，地区间差距逐渐缩小。截至 2014 年 12 月，中国青少年网民规模达到 2.77 亿，占中国青少年人口总体的 79.6%。中国青少年新增网民为 2072 万，增长率为 8.1%。从城乡差距来看，城镇青少年网民规模为 2 亿人，农村青少年网民规模为 7736 万人。与 2013 相比，城镇青少年网民规模增长了 2.4%，而农村青少年网民则大幅上涨了 26%。青少年网民偏重娱乐类应用，接触网络音乐、网络游戏、网络视频和网络文学这四类应用的比例均高于网民总体水平。从网络依赖程度来看，58.4% 的青少年网民对互联网非常依赖或比较依赖，且对互联网信任程度较高，60.1% 的青少年网民信任互联网上的信息。[1]

据笔者调查，瑶族学生升入中学后，相当多的同学都拥有了智能手机。虽然家庭经济并不富有，但父母在外打工，为了方便与子女的联系，都会满足子女的要求。因为拥有智能手机，新媒体环境对学生的影响大大增强。在新媒体当中，新闻对女性的关注度远远高于传统媒体。有研究者统计，两周内腾讯新闻通过移动客户端转发的新闻，总共 80 条新闻中关于女性新闻的报道就有 30 条，其中大多都是关于娱乐明星的，剩下的都是有关妇女生活层面的新闻，女性仍然排除在政治话题之外。[2]

传统媒体对女性形象的期待主要是外形美丽，无论是电视剧主人公或是真人秀中的娱乐节目，对于女性的审美集中在"容貌姣好""娇小可爱""性感迷人""体形优美"方面，以此来呈现女性的价值。在新媒体中，在消费文化的影

---

[1]　中国互联网络信息中心（CNNIC）. 2015. 2014 年中国青少年上网行为研究报告. 中国信息安全,（06）：68-70.

[2]　赵丹. 2016. 新媒体环境下的女性形象研究. 新媒体研究,（08）：95-96.

响下，"女性美"晋升为一种资源。"美女"能够吸引受众的眼球，由此产生出"美女经济"。"身体"作为一个象征符号成为一些网站"叫座"的卖点，网络主播就是一个例子，一些女性迎合男性对女性身体窥视的兴趣而获取高额的报酬。此外，还出现了通过消遣丑女以娱乐大众的现象，从大摆 S 造型的芙蓉姐姐、到自认为智商无人能及的凤姐，除了更显功利与反智的特点外，新媒体时代的女性形象还没有摆脱女性作为"被看者"这一定位。女性仍然作为男性审美的主体，是被观赏的对象，置于男性权威的凝视和判断之下。

在一些网页上，随处可见的女性形象，诸如"足球宝贝""性感车模""天王女友"等都将女性定义为被消费者。在一些广告中则常常存在性别歧视，将女性直接定义为"男性的附属品"和消费品。譬如在手机、电脑以及汽车等高科技产品的一些广告中，女性经常站在一旁，以羡慕的眼神或者夸张的表情来表现出对男性使用者无比崇拜之情。甚至还有赤裸裸地将女性视为性对象、性目标的广告。

总而言之，以女性为主的网络频道的定位都表现了女性特征的"小我"。但是对于女性作为独立、平等社会人的"大我"内容，尤其是人生追求、理想信念、个性需求等问题的涉及微乎其微，这就使得女性传统性别角色被进一步强化。虽然也有一些拥有女性主义视角的女大学生在网上发表一些文章，发出自己的一些声音，但毕竟太少也太微弱，还极少被青少年网友发现与了解。

可以说，瑶族女中学生所面对的网络性别环境还很不理想，她们常不自觉受其影响，不少女生对自己的相貌、身材、皮肤等十分不满意，表现出较自卑的一面；有一些女生则较早地学习打扮，把不少心思花在如何提高自己的个人魅力上。在一些初一年级瑶族学生的 QQ 群里，经常能看到这样的一些表达："越来越丑我不要""如果我变成了丑八怪你还要我吗""大千世界，我只是墙角的一朵花，一个灰姑娘，在等待，有一个人会摘下我，有一位王子，会爱我一辈子"。不少的女孩，将未来梦想寄托在白马王子身上。

（二）校园生活中的性别环境

1. 男教师占多数，男性领导为主

瑶族聚居山区的村小中，绝大多数教师是男性，一些学校特别是教学点几乎全部是男老师，规模稍大的一些村校一般十个教师中有 2-3 位女教师。近几年，少部分村小来了一些特岗教师，女教师稍有增加，如都安隆福村小，近三年共进了 4 名特岗女教师，贺州土瑶山区 2016 年终于有了一位女教师。然而总体上看，

男女教师的比例较为悬殊。

同时，乡村学校的女性领导更为稀少。即便是一些男女教师比例相当、学生人数超过 1000 人的乡镇中学，常常是一个女性领导也没有。甚至有个别小学，男教师人数虽然少于女教师，但男教师差不多全部是校领导，指挥着女教师们做着各项工作。笔者走访了近 20 所学校，仅有一所瑶族村小的校长是女性，仅有一所乡镇中心校有 1 名女校长、1 名女性副校长，乡镇中学中也仅有 1 名副校长是女性。女校长的比例为 10%。学校中层领导中，也只有两所学校有女性担任教导主任，男性教师在乡村学校可谓一统江湖。

身在其中的教师们是如何看待学校领导岗位上女教师少的问题呢？女教师在这样的处境中有什么样的心态呢？

带着这个问题，笔者在调研中与部分教师进行了交流。以下是接受了访谈的30 多位教师中较有代表性的回答：

巴马某村完小韦老师（女）：我们全校一共有 11 名教师，男老师有 8 位，女老师 3 位，全校学生 302 人。我们学校女老师没有担当领导的，我觉得女老师能力低，不能担任领导。

金秀村完小李老师（男）：学校有女老师 2 个，男老师 12 个。目前没有女老师进入领导层，教导主任曾经有一个女老师当过，但现在已经离开学校了。女老师读书多了，有能力了就会离开大山，离开这个学校。男女老师的待遇差不多，学校是根据教龄和工龄来发工资的。

大化某中心校蒙老师（女）：目前学校老师一共有 36 个，女老师 24 个，女教师年龄在 26 岁到 35 岁之间。现在有一个年纪大点的女教师进入领导层，担任的是副校长。我认为女教师没能进入中层领导是因为女老师年轻，经验不足。

昭平某瑶族乡村小蓝老师（男）：我们这儿一直都是男校长，虽然也有几个女老师，但女老师威信不够，可能镇不住，我们这儿要办事有时还得要和村干部及老百姓喝几杯的。

都安某乡镇中学江校长（男）：我们也希望能培养一些女教师到中层来做管理，但女老师的热情不太高，而且现在她们要不就是年纪偏大了，要不就是家里孩子还小。

大化某乡镇中心校刘老师（女）：我们学校一共 33 位教师，15 位女老师，没有一个女领导。我也觉得应该有一位女领导，女教师比较负责，想问题周到些。现在因为没有女领导，我们的一些建议只能在同事面前说一说，不敢去向领导反映。女老师工作很认真，班主任多数是我们女教师担任。但如果让我当领导，我恐怕有些工作做不好，或者有事不会做时，别人不帮忙，将工作都推给你。此外，当领导了，怕同事之间的关系没有那么好相处了。

都安隆福乡中学教导主任（男）：我们学校 37 名教师，其中女教师 17 名，但没有一位女教师进入领导层。其实女教师当中也有一些挺有教学能力的，但我们的中层领导都是上级部门任命的，我也不太清楚为什么没有女老师得到提拔，女教师也是愿意承担一些责任的。你问男老师与女老师相比有什么优势，那就是学生更怕男老师一些。

从教师们的叙述来看，对于没有女教师担任校领导的事情，大家还是比较习以为常的。男教师认为女教师做校长威信或能力不足，在瑶族村寨家里是男主人说了算，学生有什么事都是男家长出面，女领导要应对一些家长可能会有些困难。

除了客观的原因，还由于偏远山区受现代文化冲击相对较少，传统的社会性别制度比较牢固，无论是在领导还是教师眼中，多数人都认为男性更有能力，更适合于当领导。这种性别刻板印象，使女教师的知识和能力受到男性主体的怀疑，把乡村女教师排斥在学校管理层之外，导致一些上级部门的领导在提拔教师时，更自然地想到男教师而较少考虑女教师。而女教师由于在家庭里要承担更多的义务，在她们干事业正当年的时候，往往也是家庭当中最需要她们的时候。因此，相当多的女教师没有得到合适的机会，当孩子大了，而她们的年龄也偏大了。当然，也有部分女教师没有足够的自信，担心自己有些工作做不好，担心同事间的关系不好相处，女教师更在意别人对自己的看法，更宁愿做一名普通教师。

也有个别情况例外。刚毕业的女大学生中，有的很有思想，富有热情，希望能发挥更大的作用。在一个偏远山区的瑶族村完小，笔者遇到一位工作快满三年的特岗女教师小柳，她是本县人，老家在另一个乡镇。她刚来这所学校时，充满热情，原来的教导主任调走之后，中心校安排她担任教导主任。关于学校及自己的发展，笔者与她进行了较为深入的交流。通过她对自己三年工作的叙述，可以看到一位女教师成长过程中会遇到些什么样的阻力。

我刚来时，担任班主任，教四年级的语文。孩子们拼音不会，写作更不好，也不喜欢写作文。因为他们每天除了带弟妹，放羊、种地或在家里帮做家务，很多人家里还没有电视机，见到的东西太少，没有可以写的素材。学生课外没有阅读习惯，也不会朗读，刚开始我教他们朗读时，声音拉得很长

　　我觉得这些与老师有关系，学校里基本上都是男老师，他们讲课太严肃，方式过于大人化，没有亲和力，基本都是满堂灌，学生听不懂，也没有兴趣。于是我就从早读开始训练他们，上课也会尽量使用一些图片，或是补充一些内容，例如讲讲作者的故事，增强与学生的互动，学生的学习兴趣有了一定的提高。到现在，我们班的学生是朗读得最好的，我还代表学校去参加中心校举办的教学比赛，也获得了二等奖。但我不上课后，学校又听不到朗读课文的声音了。

　　我们学校人员调动很频繁，三年间共调走了7位教师，大家都不安心。校长也调走了，去年提拔了一位校长，但他觉得自己年龄大了，又不会电脑，就辞去校长的职务了。现在新来的校长不太安心，不太管事。去年，因为教导主任调走了，中心校让我当教导主任，各项业务我很快就熟悉了，但是其实这一年我就是个材料员，什么都归我管，向上汇报都是我，但布置任务基本没有人听，校长也没有给一点支持。教师上课不上课，我也说不上话，这个学期体育老师因为要担任一门数学课，他就自己在学校公告栏里贴一张纸，写着：这个学期不上体育课，根本没有提前问过我或告诉我一下。上一年级课的男老师，一到上课时间他就自己看 NBA，根本不去教室上课，孩子们就整天在教室时跑来跑去，校长不管，我就更不好管了。还有中心校组织的教学比赛，今年我希望后面新来的几个特岗教师去参加，但也没有人愿意去，校长又只能让我去，我又获了同样的奖。其实我希望有更多的老师能去参加，可我又能有什么办法呢？

　　说心里话，我如果是男的，当时中心校领导问我可不可以当校长时，我肯定当，因为我有男教师所具备的一些能力，再加上我对学校各项业务都比较了解，没有多大问题。但因为自己是女的，又那么年轻，，那些年轻的男老师总觉得凭什么你一个女的来管我们？老教师又会觉得我缺乏经验，我真不敢当，没有威信，现在做这个主任都没有人听。但如果是男的，我肯定当，能力我有，也比他们愿意干。现在校长这样什么都不管，工作实在太难了，我转正后，也想要调走。我不是对孩子们失望，而是对同事失望。

　　从观察与交谈中，笔者能感受到小柳是一位很有事业心的女教师。她从一所北方大学本科毕业回到自己的家乡担任特岗教师，心里原本是"希望自己能回到家乡，好好教山里的孩子"，可是在工作中她却感受到无形的阻力，各项工作开展得十分困难。虽然担任教导主任，她却叫不动任何人，即无法拥有实际的职权，几乎没有老师会听从其安排。当她发现自己的处境之后，也不敢对老师再提出什么要求。

由此可见，乡村女教师在职业领域内处于较低位置，这是看不见的性别制度在起作用。这种男家长管理模式体现的是男性的主体思维，使得乡村女教师无法掌握主动权。这主要不是由乡村女教师自身的缺陷造成的，虽然也有部分女教师由于家庭事务多，会对工作有一定的影响，但多数女教师刚开始也希望自己能克服困难，更多地投入到工作中，但往往是发现自己怎么努力也不会得到认可，而渐渐放弃了努力。

小柳老师的学校 2016 年新招聘了四名青年女教师，她们看到小柳老师的境遇后，工作积极性也受到影响，不愿意对学生付出更多的时间与精力，把学校当成暂时的"栖息地"，希望能在三年转正后尽快离开。在小柳老师看来，她们都不能成为自己的同道。她说："那些去年刚来的女老师，只关心什么时候放假，能发多少钱。"如果换一个环境，比如男校长、男同事比较尊重和重视女教师的环境中，或许这些女老师会有不一样的表现，工作热情会比较高。总体上看，瑶族乡村学校以男性为中心的社会性别环境，使女教师难以发挥出应有的作用。显然，这样的校园性别环境，缺乏女性教师成功的榜样，更不利于女童的成长。

2. 男生在班级中占据主要地位

在一些瑶族乡村小学，在任命班长时，如果男、女学生各方面条件相当，老师会优先让男生担任，只有在女生的组织能力及学习成绩均表现得比较突出的情况下，教师才会考虑女生。因此，我们看到，虽然老师们普遍认为女生比男生懂事，但女生当班长的比例却不到一半，一些老师解释说是想通过班长的位置让男生能更好地约束自己。

在调研中，女生普遍反映男生调皮，上课很吵。只要老师不在教室，教室里基本上是男生的天下，他们经常打来打去，根本无视女同学的存在。这虽然很影响女生，使她们不能安静地学习，但她们也从不会去找老师告状，基本上只能听之任之。当我问女孩子为什么不制止男生时，她们说："我们瑶族的男孩都是很调皮的，我们说他们又不听。告诉老师也没有用，老师也不管，而且他们还会打我们的。"上课时，男生比女生大胆，总是抢着回答老师的问题，不管会与不会，而不少女生则特别担心老师会提问自己，尽量在提问时隐藏自己，希望不被老师发现。

到了初中，男生公然不听课的行为增多，在课堂上走来走去，讲一些笑话，有些班级的男生会严重影响课堂教学的进行，他们甚至完全无视女同学与女教师的存在。这当然与不良的社会风气有一定关系，但也与男性在家庭里一直处于较优越的地位有关系。相对于女生，家庭较少对他们进行约束，给他们更多的空间；在学校，老师们也常常视男孩子的调皮淘气为理所当然，而对女孩子则以"要有女孩子的样子"加以规训。这两方面使得男孩子在进入青春期后，更容易表现其叛逆，成为班上的"捣蛋魔王"。

心理学的一些研究者表明，处于儿童中期的男孩已经有了地位等级意识，他们会努力提升或维持自己的地位，除了通过学习成绩、能力强来获得在同伴中的地位外，学习上没有优势的孩子，则可能通过表现攻击行为、破坏行为和制造麻烦等来获得同伴的认可。这些方式虽然比较消极，但因为会被同伴认为很酷、很顽强，或认为他们敢于打破规则，做他人不敢做的事而备受欢迎。[①]如果没有得到有效指导与改进，男孩在初中阶段更难约束。

在调研中，曾经遇到几位在乡镇中学普通班读书的瑶族女生，因为班上纪律太乱，学习很受影响，最后干脆就不读了。有一个同学说："我们班男生经常打架，校内校外都有，老师也管不了，上课经常被打断，班上没有学习气氛，成绩越来越差，就干脆不读了。"

这种情形，笔者在上思民族中学瑶族女子班调研时，得到的却是相反的印证。在学生们被问及女子班有什么优势时，不少同学除了谈到有基金会的支持，可以免费读书外，最大的益处就是全部是女生，不像普通班有男生而整天乱糟糟的。有女生说："我们班都是女生，大家学习都比较认真，班级纪律、学习成绩等各方面都比其他班级好很多。"也有人说："男生爱打架，爱使用暴力，还很粗暴，对女生也很凶，爱取笑女生。班上没有男生，就没有人违纪了，老师不用整天花时间训斥大家，我们班级很团结。""我们女子班，有着特别和谐的、快乐的气氛，而不像普通班有男生，整天乱哄哄的，也不会有早恋。"

女生们说的这些情况，在调研到的多个民族聚居区的乡镇，除少数学校外，情况大体相同，"反学校文化"在青少年当中较为普遍，而那些希望通过努力学习改变自己命运的女生，往往因为受到不良环境的影响而被动受到伤害，由于不能好好学、学不会或早恋等原因使她们在初中阶段放弃了学业。

男生为何会与女生的表现有这么大的反差呢？实际上，学生处在一个不成熟、爱模仿的年龄段，很容易受到来自家庭、学校环境和家长、教师性别观的影响。

---

① Vaillancourt T. Hymel S. 2006. Aggression and social status：The moderating roles of sex and peervalued characteristics. Aggressive Behavior，32（7）：396-408.

瑶族男生从小被家庭看重，得到的关注更多，人们对其社会角色期待较高，他们也会有意识地模仿周围的男性成年人，认为自己强大、勇敢，也更希望竞争，更希望得到他人的认可。因此，他们总体上表现得比女生活跃，即使学习成绩不好，也不会因此认为自己不行，因为家长老师们常夸他们聪明。他们内心认为，只要努力就可以做到。

而女生则恰恰相反，随着年龄的增大，她们慢慢表现出安静、听话、乖巧等特点。因为女生具有这些特质才会被教师和同龄人所赞赏，认为她确实是个好女孩。在课堂上，由于害怕自己回答不正确被人笑话，她们更在意自己的面子。时间一长，她们便习惯地将表现的机会让给男生，使男生占据班级的主导地位，而自己在教室里变得越来越沉默。

当然，在女生宿舍你会发现情形有所不同，女生们有自己的乐趣和游戏。熟悉之后，她们会特别友好，表达她们对你的喜爱。笔者曾经在一天之内得到了很多女孩子亲手制作的小卡片，上面画着花花草草，写着对客人的祝福。

总的来说，瑶族女童在多数的班级里是沉默而不受关注的，这种信息量的累积将会影响她们自信心的建立，从而使她们在实现自我的道路上找不到方向。

二、教师对学生仍存在着性别刻板印象

调研期间，笔者经常会问老师这样一个问题：你觉得自己更喜欢男生还是更喜欢女生？大部分老师说自己能一视同仁；少数老师会表示，因为女生更努力，成绩更好一些，所以选班干时会选女生多一些。这是否意味着老师们拥有了性别平等的观念呢？应当说，这些年随着妇女地位有所提高，在涉及性别问题时，老师们的认识也有所提高，那种直接说出贬低女性价值的言论相比过去少了很多。但是人们对男生、女生的刻板定型是否不存在呢？

通过深入观察，笔者发现，一些观念有着较大的隐蔽性，甚至有时当事人自己都没有觉察到自己还存在某些性别刻板观念，以及该观念对学生产生的不良影响。

1. 在肯定女生的学业时，强调女生听话与努力

从近几年的调研情况来看，瑶族男生、女生总体上学业成绩不太理想。以某瑶族村小为例，小学一、二年级稍好，到了三、四年级，期末考试语文和数学都及格的同学大约仅占 10%，即在一个 50 人的班级里，通常只有 5 个左右。这几个成绩较好的孩子中，女生和男生都有。从全班或全年级看，语文科的成绩，女生

优于男生，数学科的成绩，男女差别不明显。

当问起老师怎么看待女生学习成绩比男生好时，老师的回答多数集中在女生更爱学习，更听话。下面摘录几位小学教师的回答：

教师1（男，壮族）：女生成绩比男生好一些，因为女生学习用功，听话。

教师2（男，壮族）：女生和男生差别不大，爱玩。瑶族因为父母不重视教育，回家还要干很多的活，学生周末回家从来不带课本。女生稍好一点，主要还有点怕老师，在学校还做点作业，成绩就好点。

教师3（女，壮族）：男生调皮，女生听话。但男生头脑还是要灵活些，女生要稍微用功一些。

教师4（男，汉族）：我们学校有壮族和瑶族学生，相比之下壮族的成绩要稍好一点。高年级数学成绩普遍较差，我教的五年级平均分不足60分。其中男生整体数学成绩要比女生好些，但数学成绩最高分又是女生。所以你问我女生适合不适合学理科，我觉得要看情况，女生更细心些，男生脑子更灵活些。

教师5（男，壮族）：女生学习成绩比男生好一些，但她们还是靠死记硬背的方法，读到后面难度就越来越大了，到中学后还是跟不上。

教师6（女，瑶族）：瑶族孩子有些很聪明的，我觉得在智力上应当和壮族没有太大的差别，可惜他们从小在山里玩野了，家里父母没有文化，不重视学习。如果男孩子懂事些，应当是可以学得好的。女孩子有些来读书年龄就偏大了，到五、六年级就没有心思学习了，父母一看成绩也不好，或者孩子不想读了，就同意了。

从老师们的表述及调研的观察来看，老师们对于瑶族学生的学习成绩所抱希望不大，无论男生还是女生都没有达到教师们的期望。相比之下，女生成绩总体上比男生好，老师们在承认这个事实的前提下，归因于男生好玩，没有用心学习；女生听话，比较刻苦勤奋，学习成绩主要是靠死记硬背。认为随着科目增多，难度增大，女生不会比男生强。这仍然带有很强的性别刻板定型，认为男生聪明、脑子灵活，女生成绩好，是因为勤奋、努力背书。有一个女生在班上数学考了最高分，老师认为是因为她细心，不容易出差错，并不是因为她比男生更聪明。

教师们的潜台词：如果男生用功了，女生学习就会不如男生。其实，教师们不是刻意要否认女生，只是社会性别文化在左右着他们的思维习惯，使他们在思考问题时很容易陷入窠臼。

2. 老师更重视女童教育的"工具价值"

女童教育的工具价值是指将女童教育的立意放在培养"母亲"上，女童，不是作为独立存在的主体而自然享有受教育权，而是由于家庭及社会所赋予的角色的需要。女童自身及其教育的价值是通过他人（子女）的折射、通过履行相夫教子的传统女性职责而表现出来的。女童教育的工具价值还包括通过提高其受教育年限，她们可以为所在家庭及社区的可计算的经济收益获得增长。

对于女生为什么会更努力，都安一位初中教师的解释颇具有代表性：

> 到了初中后有一些瑶族学生辍学，男孩子放弃的多。男学生自己也认为读不起大学，没有能力去读大学。男孩子读到初中后就去外面打工了，大多数男孩子还是想待在山里面，男孩子会娶云南、贵州等地的老婆。因为女孩子不读书又干不了什么事，以后出去打工也很难，女孩子想去外面生活、结婚就需要多读书，所以女孩子比男孩子更爱学习。女孩子就想离开大山，因为山路不好，干活累，交通不方便，不想嫁在当地了。

从这位老师的描述中，至少可以看到其中的三层含义：

1）大部分瑶族学生没有获得较好的教育资源，其所在的家庭不重视教育，学校教学条件差，教师水平不高，多数学生是难以考上大学的，所以希望通过教育改变命运存在较大的困难。

2）男生虽然不能通过知识改变命运，但男生有体力，在城市制造业大量需要劳动力的情况下，男生可以先外出务工，存下钱后再回来娶妻生子，毕竟家乡有土地，有自己的根。女生则不同，因为女生如果初中不毕业，打工很难找，由于文化低，也只能嫁回到山里，干活比男人还要累，且那儿也不是她自己的家，仍然没有根。如果嫁到外面来，生活条件会好一些，不用那么辛苦。而女生如果想嫁出来，只能多读一些书，有更高一点文化，在乡镇或县城才能立足。因此女生即使考不上大学，但如果能读到高中毕业，其眼界和胆识就不一样了，再嫁人就更有机会嫁到乡镇或县城来，所以女生读到初中后，当她们会考虑这些问题时，自然就更用功了。

3）这个社会仍然以男性为主，男性无论在哪个层次，他都可以做自己的主人，只要努力，他改变自己生活的途径还是有的。而女性只能通过婚姻来改变命运，对于瑶族女生而言，你如果读书努力些，你可以争取嫁出大山，不用再过交通不便又十分辛劳的日子。可见，在一些教师眼中，女人就只具有一种价值，就是为人妻，女孩子努力学习主要是为了嫁得好。

由此可见，以男性为中心，从男性的视角来看待问题是一种极为普遍的现象。教师很少看到女性自身的价值，以及其作为一个人的受教育的权利。一个女生即使非常努力读书，希望可以拥有更多的掌握自己人生方向的权利，但在男性的眼中，她们只是想嫁得更好一些。或许这是部分女性不得已的选择，但绝不是全部，也未必是她们的初衷，多数人并不了解她们内心世界，仅凭自己的推测与臆想来进行判断。

2015 年，笔者到贺州土瑶所在一所村小调研，与该校校长及两位男教师交流土瑶的教育问题。三位教师都是山子瑶，住在山外离镇政府所在地比较近的一个屯。对于把土瑶四年级以上的学生，全部迁至镇里的学校统一办民族班，他们三位持反对态度。

刚开始时，他们告诉笔者，之所以反对，是因为集中到镇里去上学后，学生的成绩没有一点变化，"十年时间只培养出极个别的大学生。而且学生集中到镇上后，与中学生在同一所学校，中学管理不严，校风不好，一些学生爬墙出去，进网吧、玩游戏，不但学习没有学好，品行也给带坏了。"

实质上还有另一个深层原因。谈到后面时，其中一位老师将自己的担忧说了出来："村里的女孩子到外面读书后，见了世面，小学没毕业有些就谈恋爱，毕业后不读书也外出打工，不回村子里了。现在我们这儿越来越多的光棍，土瑶村子里好多三十多岁的男人找不到老婆。我对村支部书记说，再不把小学高年级从镇里要回到村里办，他们土瑶过不了多少年就可能有很大的危机。"校长及另一位教师也都表示赞同。

后来笔者见到村支书也证实了此事。村支书说，曾经与镇上的领导口头请示过，但领导不同意，而且三个土瑶村也找不到一个合适的地块重新建一所学校，只能作罢。

深入了解和分析之后，笔者认为上述老师所表达的重点，其实是后面所说的那段话。在他们看来，土瑶学生无论在乡下还是到镇里读书，教育对于改变土瑶人口素质的作用并不明显，反而让女孩有了走出大山的意识和勇气，最终可能影响到该民族支系的繁衍发展，这才是他们所忧虑的。在这几位乡村教师眼中，女生个人的幸福是小事，而如果她们读书多了之后，远走高飞，瑶族男子都娶不到老婆那才是大事。

改革开放后不久，土瑶村寨为了限制女孩外嫁，曾经商定了一些村规民约。1983 年，贺州沙田镇狮东村召开四甲会议讨论过禁止土瑶女子外嫁问题。作为普通的土瑶村民，担忧族群繁衍发展本在情理之中，因为在村民的心目中，女童就是未来的老婆，这是她们的价值所在。然而作为教师，一个有知识、有文化的群体，而且其职责是教书育人，他们理应认识到女童作为独立存在的主体自然享有受教育权，教师理应维护女童的权利，不应苟同村民的陈腐观念。

然而事实却相反，上述教师因为担心学校教育可能会给予女孩子重新选择自己生活方式的机会和能力，而支持甚至鼓励村干部将小学高年级拉回到山里来办。从其出发点而言，就是置女童于不平等的地位，没有站在女童个体发展的立场上看问题，而是以男性的视角，希望将女童尽可能长时间地封闭在大山之中，使她们心甘情愿地嫁给本族男子。他们只看到女童作为未来妻子与母亲的工具价值，为了维持当地社会的稳定与发展而不惜牺牲女童作为人的基本权利、发展的基本权利。

在农村，还有相当多的教师只看到女童的工具价值，这就会减少他们对女童自身需要的关注。在他们的潜意识里，甚至也认为女孩反正要嫁人，没有必要读太多的书，能够过得去就行了。无形中，教师降低了对女孩的期望值，就如同她们的父母一样，当女生遇到困难离开学校时，教师们常常觉得自己也做不了什么而放弃做更多的努力。在平时的学习中，当女童遇到挫折时，只有少数教师能察觉并予以适时的鼓励。

对于贫困地区的女童来说，受教育是一种赋权过程。有人说"学校是贫困地区唯一能使女孩子产生梦想的地方"，笔者十分赞同。当你走进大山深处，并在那儿生活一段时间，你就会发现，假如山里的女孩不能走进学校，她除了做家务、干农活、嫁男人、生孩子，生活中就没有什么别的内容了。在贺州，一位山子瑶妇女说的一段话，令笔者记忆深刻。

姜某，女，48岁，贺州山子瑶，小学读到三年级后辍学，丈夫是村小教师。

小时候，妈妈只让我读了三年书，说弟弟妹妹要读书了，以后要嫁出去的，不用读那么多书了。我大哥是高中毕业，弟弟和妹妹也都读到初中毕业。小时候，我每天都要带着弟弟妹妹，有时还要带他们去学校，有时一整天课都没得听。所以名义上读了三年书，真正也没有学到啥。刚开始不得读书时，我做梦都想读书，看到别人都去读书，我心里不服气，有点恨妈妈，但后来慢慢就习惯了。

你问我感觉与别人有什么不同？主要就是没有文化。我总觉得外面的人什么都懂，自己什么都不懂，除了做工，什么也不会做。还有胆子小，不敢走到外面去，几乎天天都在家里、地头上转。

——贺州山子瑶妇女姜某家中访谈

如果说在 20 世纪七八十年代，由于种种原因人们对瑶族女童上学读书不太支持尚可理解，但到了今天，特别是国家实施免费义务教育之后，瑶族女童上学读书依然受到传统性别观念的影响，连教师们都不自觉地流露出"女孩子学不好也没有多大关系"的思想，就很值得反思了。在这种情况下，瑶族女童本来具有、并可能实现的人生梦想就可能面临着破灭的危险。

3. 教师未能从女童的特点出发，给予有效的支持

调查发现，多数教师没有性别敏感性，他们较少关注女生与男生个性上的差异。除了知道女生通常比较害羞、尽量不当众批评女生外，老师们较少去了解女生在学习上有些什么特点，会遇到哪些困难，怎么样才能更好地激发女生的学习动力，保持学习热情，如何帮助她们平衡家务劳动与学业问题，等等。

当然，也有个别老师做得较好。都安瑶族自治县崇山小学有一位特岗女教师，她发现每到圩日，班上就有不少女生请假回家，了解之后知道她们虽然小小年纪，肩上已经有了不小的责任，于是她多方鼓励，帮助瑶族女童提高学习的信心和决心。

每逢赶圩那一天，我们班上的女生常会有人向我请假回家，男孩子则没有人请假。刚开始，我很纳闷为什么只有女生请假回去。一问才知道，因为父母要去赶圩，她们是回家带弟弟妹妹。瑶族的女生真的很辛苦，她们如果不读书就只能早早结婚生子。所以我经常给她们讲自己在北方读书的生活，给她们看一些照片，鼓励她们努力学习，走出大山，不要再像她们的母亲那样过一生。下课时，一些女同学就会围过来，问我一些问题，例如下雪天是什么样子的？老师你敢出去玩吗？班上有些女生慢慢也懂得学习了，我教的那门课成绩也有了提高，现在我们班女生在学校成绩算不错的。

——都安崇山小学与特岗女教师访谈

像这样能关注到女童的特殊情况并及时给予引导、鼓励的老师，在瑶族村小并不多。调研时，一些女孩说上课听不懂，但也不敢问老师问题，问她们为什么？回答说是老师"凶"。笔者分析这个"凶"主要指的是严肃、爱批评人。瑶族家庭子女较多，生活压力大，父母与孩子交流少，平时对孩子教育时都显得比较严肃，所以多数儿童特别是女生都比较害怕家长。当她们到学校后，如果遇到的老师也是比较严肃甚至喜欢批评学生时，她们就会很惧怕教师。在学习上有困难，

宁可不懂装懂，也不敢去向老师请教。再加上进入学校之前，她们从来没有接触过文字、书本，甚至不会听普通话，学习上的困难可想而知。如果教师在上课时不能用她们容易接受的方式加以引导的话，学习困难就会不断累积。久而久之，那些对读书曾经充满向往和憧憬的孩子，对学习就越来越不感兴趣了。相反，如果老师们在孩子对学习充满渴望的一、二年级能放慢教学进度，关注知识与他们生活的实际联系，多用游戏的方式、启发的办法来教学，让孩子能够在理解后快乐地学习，那么她们整个小学阶段包括未来的学习都可能会有不一样的收获。

相比瑶族村屯的小学老师，乡镇中心校和乡镇中学的老师其实更不了解瑶族学生的的文化背景与生活环境，对其学习所存在的一些困难也很难理解。笔者在都安瑶族聚居的某乡镇中学，问及瑶族学生与壮族学生在个性上有什么差别时，不少教师认为现在的瑶族学生已经与其他民族的学生没有什么区别了。一位女老师说："过去还能从穿着上看出来，现在从外表已经看不出什么差别了，学习方面也差别不大，可能壮族会稍好一点。"有一位老师则说："以前我觉得女生都很听话，都是乖乖的，现在这个班我刚接手两个月，我还不太了解呢！"

后来，笔者在该学校蹲点了半个多月。在与孩子们的交流当中，发现瑶族女生特点还是比较明显的。除了少数同学比较活泼外，多数同学都比较内向，不主动与别的民族同学交谈，她们听不懂课几乎都不会问老师。问她们什么原因，她们说觉得老师很忙，没有时间来解答自己的问题，而且不懂的东西太多了，也不知从哪儿开始补起。有同学悄悄告诉笔者："家里还有好几个弟弟妹妹，我读不好书就回去做工，让他们读，反正家里也不缺我一个读书的。"这些想法，她们从来没有向老师透露过，因为老师也没有私下里与她们个别谈心。

在本书第三章中提到一个土瑶女孩，她到镇上读四年级，到了第二学期，还没有学会拼音，学习对她来说困难重重。因为周末没有家人接送，双休日她只能住在小小的出租屋内，学校生活让她感觉不到乐趣。于是自己悄悄做了个决定，准备下学期不来读书了。她想告诉老师，但又不敢，只好将这句话写在日记本的最后一页，老师一直没有发现。而她一个学期无心学习的状态，老师也完全没有看出来。其实，这个孩子如果能得到老师多一点鼓励，帮助她解除一些障碍，例如安排一个孩子帮助她学习拼音，老师自己辅导辅导，帮她找到学习方法，再与父母沟通沟通，请其父母或家人多一些时间看望孩子，她应当是可以在学校找到乐趣并坚持读下去的。

在与个别瑶族女大学生和高中生访谈时，笔者问她们：为什么能一直坚持读书？除了父母的支持外，与她们能遇到一位好老师不无关系。其中一位大学生说：

"我刚上学时很胆小，但有一年六一节活动，老师选我去朗读，于是我认为自己是很不错的，否则老师怎么会选上我呢？当时我就表现得很自信。从那以后，我就变得勇敢起来了。"还有一位学生这样讲述自己为什么会一直喜欢学习：刚上小学时，很害怕数学，根本不开窍。但到三年级来了一位新老师，很会鼓励学生。在同学们能正确回答问题或作业完成得好时，就会奖励一面小红旗。从那以后，她的数学突然就好起来了。

心理学研究表明，女生由于从小处于关系情境中，如果周围长辈、老师能够给予她们更多的肯定，会让她们更相信自己，从而能突破自己的种种限制。瑶族女童的成长，尤其需要教师关注其性别环境下形成的心理特点，消除性别刻板印象，尊重和爱护她们，及时鼓励并帮助她们克服学习和生活中的困难。

第三节　瑶族女童的性别心理劣势约束其自我发展

经过近几年的调研，笔者见证了瑶族女童的成长，同时也强烈地感觉到，相对于社会经济以及文化教育快速发展而言，瑶族女童进步的幅度仍很小。在人们的印象中，瑶族女生的学业成绩不佳，学习习惯不好，学习兴趣不浓。对于瑶族女生，人们更多记住了她们的听话懂事与吃苦耐劳。一些志愿者到了瑶族地区，也常常会听到这样的话："我们的孩子什么都好，就是学习不好。"而为什么不好，极少有人去考察其背后复杂的社会文化因素，通常只是简单地归因于思维发展及家庭教育因素。瑶族男生的学习成绩虽然也不好，但人们往往将原因归结于不爱学习，或不够努力。言外之意就是，男生还是有发展潜力的。因此在中小学阶段，虽然一些瑶族女生学业成绩好于男生，但实际上得到的消极评价却比男生高，使其更容易形成性别心理劣势。这种心理劣势带来的负面影响是不容忽视的，它可能使女童失去学业自信，产生错误的自我意识，影响了女生自我的发展。

一、瑶族女童自卑感在自我概念中占据主导地位

在观察、访谈以及问卷调查中，在涉及瑶族女童与本民族男童比较，或是与壮族、汉族女童比较时，无论是从学生自己的反馈还是教师的评价来看，瑶族女

童普遍都表现出自我评价不高，自信心不足。这究竟是什么原因导致的呢？这需要从瑶族女童自我概念的发展来探寻。

（一）瑶族女童的自我概念形成阶段

自我概念是有关一个人的身份，他们关于自己作为个体是什么样子的信念体系（Graven，2002）。[①]人的自我发展有几个关键的时期：儿童前期（学龄前），开始对自我的思考；儿童中期，发展积极或消极的自我观点；儿童晚期（青春期），对自我的认识进一步深入，并引导自尊的发展。在自我概念发展的每一个阶段，瑶族女童的状况如何呢？

1. 儿童前期

儿童对自我的看法反映了周围人特别是父母对自己的评价，而这些评价都与性别身份有关。从两岁开始，儿童就给自己及周围的人贴上了男性或女性的标签。到了 5 岁，他们的性别刻板印象的信念就越来越显著。他们持有的性别印象与社会中传统的成人很相似。在瑶族家庭，对女孩子的鼓励性评价就是听话、懂事，能参与家务劳动，能带弟弟妹妹。当然还包括长得可爱、乖巧和有礼貌。女孩以她们令人喜欢的个性得到赞扬，男童则往往以他们的聪明、机灵、顽皮得到成人的鼓励。女孩在这样的文化与教育中逐渐习得乖巧、友善、持家及服从等行为方式。

2. 儿童中期

在这个阶段，儿童进入到学校进行学习，他们的自我概念进一步发展，并开始区分学业自我概念和非学业自我概念。学业的自我概念即是对自己学业成绩、能力的评价；非学业自我概念则包括身体外表、同伴关系和身体能力。在这个时期，儿童开始使用社会比较的方法，通过与同龄人（主要是同学）进行比较来判断自己的能力水平。在这一阶段，学业自我概念对儿童的影响尤为明显。

从本书第四章中已经介绍，瑶族女童对自己的自我学业能力的评价低于瑶族男童，也低于壮族女童。深入了解后发现，她们对于自己学业最大的不自信来自于数学的学习，因为大多数瑶族女童学习数学有较大困难。虽然瑶族男童的数学成绩并不比女童的成绩高出多少，甚至有一些学校女童数学平均分还高于男童，但女童对于自己学不好数学仍然归因于自己的脑子不好，自己不如男童聪明。以下这样的个案较为常见：

---

① 罗伯特·费尔德曼. 2013. 发展心理学——人的毕生发展. 第 6 版. 苏彦捷，邹丹译. 北京：世界图书出版公司：213.

笔者：在学习的课程中，你最喜欢哪一科呢？

小花：语文和数学。

笔者：音乐、美术和体育课呢？

小花：我们不上音乐、美术课，体育课只是大家在外面自己玩。

笔者：那你语文和数学学得不错吧？

小花：语文还可以，数学一直都不好。

笔者：数学不好，上课能听懂吗？

小花：上课能听懂，但很快又不记得了。

笔者：那你觉得是什么原因呢？

小花：我也不知道，我觉得我的脑子不好。

笔者：脑子不好，为什么这么说？

小花：因为男孩子不爱学习，语文也没有我们好，但数学却比我们女生好，他们脑子更灵活些。

笔者：是谁说男生的脑子更灵活些呢？

小花：大人们都这么说，我们也觉得是这样。

3. 儿童晚期

在儿童中期，瑶族女童在非自我学业概念方面已经有些负面，特别是那些进入乡镇中小学校读书的女童，她们发现自己矮小的个子、乡土的打扮及内向不善交往的性格等，与乡镇学校的壮族儿童都有较大差距，因而降低了自身的自尊水平。到了儿童晚期，这些因素对瑶族女童的影响将更加突显出来。在青春期，与男孩相比，除学业成就外，瑶族女孩往往对身体外表和社交功能更加在意。尤其是那些学业成绩不佳的女生，如果有姣好的外貌或人际交往能力，则会增强其自尊感，使其将注意力转移到其他爱好上来，比如文艺或与异性交往。如果两者相对都较差，他们则会对自己评价更低，以至于放弃读书，回家后听从父母的安排，较早地进入婚姻生活。

（二）瑶族女童自我概念的特点：自卑的同时自主性不强

瑶族女童自我概念发展的各个阶段，与瑶族的生活环境与性别观念有着密切的联系。总体上看，瑶族女童自尊水平相对较低，多数女童比较自卑。

1. 对自己的学业能力评价相对较低

从学业自我测评中可以看到，瑶族女生对自己的学业成就预期普遍不高。在访谈对象中，只有一半左右的瑶族女生表示还想继续读书；另有一部分女生回答不知道，其中包含两层意思：一是不知道父母是否还能送自己读书，二是不知道自己能不能坚持下去，因为有太多的课听不懂。对于自己学习成绩不好，瑶族女生更多地将责任归结自己身上，一是觉得自己比较懒；二是认为自己脑子不好。她们极少归因于外部因素，一般多是怀疑自己的学习能力，加重自卑感。

实际上，瑶族女生的学业成绩之所以较差，有着一定的客观原因，其中语言因素和文化环境的影响就相当大。有研究者指出，居住于山区的瑶族学生"数感"明显低于壮族学生，而"数感"与数学学习有密切关联。[①]"数感"是近年来颇受关注的一个概念，它是一种内隐性的、非结构性的关于数及其运算等方面的程序性知识，"数感"主要是后天习得的结果；同时，"数感"是以数概念在人脑中的扩展而产生的一种对数字问题的敏感。瑶族学生的"数感"不理想，与其所处狭小封闭的生活环境有关，使其见识少，束缚了瑶族学生的思维空间，由数字引起的联想缺乏广延性，对数字之间的关系也缺少敏感性。

另一方面，语言因素也影响了瑶族女童的数学学习。低年级的瑶族学生日常思维主要借助母语，理解汉语表达的数学问题感到困难。其主要表现是不能深入理解汉语言的词义和语句、语段间的逻辑关系，常以瑶语的语法、语序嫁接于汉语的语法和语序上。因此，瑶族学生理解数学文字时常常不是以整句理解而是断句分割或者颠倒词序加以理解。[②]

例如，瑶族学生把"351 和 442 哪个大？"理解成"351 与 442 的和"，曲解了问题情境中的"和"字的意义，结果就出现了"351+442=793"。从这个例子中，可以看到瑶族学生数学思维产生的机制，了解了该机制，才能理解他们为何会出现这样的错误。

然而由于山区的教师力量薄弱，极少有教师能够从文化的角度关注学生的学习困难，多数教师将学生的成绩不好归结为学生不爱学习，或者不够聪明，这也导致了更多学生遇到困难不愿意求助老师，凭着自己的感觉去理解数学，使得错误的理解没有得到及时的修正，其数感得不到快速发展，随着学习难度增大，她们便失去了信心，变得退缩。

2. 不知道自己将来要做什么

瑶族女童对自己的未来职业都会有什么样的憧憬呢？笔者在与瑶族女孩接触

---

① 廖克顺.2005.广西巴马县壮、瑶族学生数感的比较研究.桂林：广西师范大学硕士学位论文：30.
② 廖克顺.2005.广西巴马县壮、瑶族学生数感的比较研究.桂林：广西师范大学硕士学位论文：38-39.

交流时经常会问她们将来的理想是什么。在大化瑶族某村小六年级某班座谈时，胆子稍大的女孩都大声地说出自己的理想：当画家、设计师、舞蹈家、歌唱家、医生和教师。她们在宣布自己的理想的时候虽然显得有些盲目，但在生活艰难、学习条件不好的情况下，这些孩子内心还是萌发了自己的理想，令我十分高兴。但也有相当一部分孩子似乎从来没有想过这个问题，她们的回答是"不知道"。

"不知道"包含着什么样的信息？笔者想探个究竟。于是在一次调研中，笔者跟着一个叫小珍的六年级小姑娘回了她的家。她的爸爸和姐姐都外出打工了，妈妈身体不好，一个人在家，堂屋里除了一张桌子，几张凳子，再也找不到别的家具。小珍学习成绩还不错，墙上贴着她的几张奖状。妈妈说小珍很懂事，在她生病期间，小珍从学校跑回家来陪着她，她说自己老公不爱干活，对她不好。小珍对笔者说自己最担心妈妈的病，妈妈生病了就没有心思学习了。她从来也不去想将来，因为那个看不到，如果没有钱，初中可能就不能读了。

在瑶族的村屯，像小珍这种情况的女孩并非少数。有些孩子的妈妈已经跑到外面再也不回家，有些父母长期在外打工，他们在学校的学习也仅仅是多识几个字，会看懂一些文字，她们根本无法掌握自己的未来。当家境不好、需要她们去打工或出嫁时，她们完全无法、也没有能力反抗，这就难怪她们说不出自己的理想了。因为这样一个社会现实基础，决定了很多生长在山区的瑶族青少年，特别是女童未来的人生轨迹——她们没有获得自主性的环境及教育资源。

二、瑶族女童性格特点影响其心理健康及发展

性格是个体在遗传素质的基础上，通过社会化过程而形成的相对稳定的心理特征和行为倾向，它决定着人行为的独特方式。性格产生与发展的根源虽不排除遗传与身体的潜在影响，但主要是社会文化的产物，是个体社会化的结果。[1]瑶族女童从其诞生之日起，就被她们所处的社会文化因素所包围，接受其影响并内化为个体的心理结构，成为个人行为的重要的内在调节力量。

（一）瑶族女童在性格上表现出较强的内倾性

对民族预科生的调研发现，瑶族女生无论与汉族女生还是与瑶族男生进行比较，在性格特点上均呈现出一定的特点。与汉族女生比较，其突出的特点是兴奋

---

[1]　张锋，窦刚，高建昆. 2000. 民族和性别因素影响中小学生性格发展的测验研究. 云南师范大学学报，2（6）：1-5.

性低及内倾性明显，表现出个性特征为内向、严肃、沉静、寡言、审慎。她们主动性较低、顾忌多，对于未经历过的事情，不敢尝试冒险，容易害羞、退却。与瑶族男生比较，则更加敏感、情绪较紧张，在适应新环境方面更容易产生焦虑情绪；个性方面不如男生开放，不易接受外界的新事物，比较被动；情绪更温和、易与人相处，能自制，少冲动。

问卷调查与笔者在瑶族聚居区进行的实地调研较为一致，瑶族女童除少数女生比较大胆之外，多数在外人面前表现得比较内向、害羞、敏感。与熟悉的朋友在一起时，她们还比较活泼，但较少主动结交新朋友；不敢问老师问题，问及原因时大多都说老师很凶。在她们眼里，老师一句批评的话都是对她们的否定，令她们害怕。究其原因，与女童的生活环境有较大关系，一是居住在山里，比较封闭，见识较少；二是在瑶族家庭，父亲处于权威地位，他们在家里时间不多，且多数时候沉默寡言，极少与儿女聊天，对于孩子犯的错误则比较严肃，导致孩子从小害怕长辈，在家里不敢对父母的意见表达不同意见。这或许与家庭经济贫困有较大关系，汪小琴等研究发现贫困女童较少得到父母亲的情感温暖、理解而较多得到父母亲的惩罚、严厉、拒绝、否认。①

访谈中，多数女童都说自己害怕父母，特别是父亲，平时极少能与父亲交流，长大后也不知道与父亲说什么。一位初中女生说："小时候，我做错事时，爸经常骂我脑子是不是进水了。我清楚记得有一次，我拿了邻居小孩的玩具，被爸爸揪了耳朵，说让我拿去还给邻居。"也有女生说："我父亲很严格，希望我好好读书，不要再像他那样辛苦。我们之间很少说话，但我一直很尊敬他，是他一直坚持让我读书。"父母的态度及对孩子的教养方式是造成瑶族女童内向个性的基础。

（二）进入乡镇学校就读，陌生的环境强化瑶族女童的性格弱点

由于大量的撤点并校，除了部分人口较多的瑶族村屯还保留了村完小外，相当多的瑶族孩子从三、四年级起，就要到壮族或汉族聚居的乡镇中心校上学。到乡镇或县城读书后，由于瑶族学生人数相对较少，他们总是害怕被壮族、汉族学生看不起，尤其是女生怕受欺负，导致交往面窄，人际沟通能力进一步下降，一些学生更加胆小、敏感。她们往往只与本民族同学交往，如果班上没有同村的朋友，能坚持读下去的学生则更少，一些瑶族女生甚至会因为害怕受欺侮宁愿回家帮妈妈干活。

---

① 汪小琴，许爱珠，张建灿，等.2014 农村贫困女童人格与父母教养方式的相关研究.第七届全国心理卫生学术大会论文汇编：174.

　　研究表明，过早让瑶族学生进入"陌生"环境，接受"文化震惊"，对于瑶族女生个性的发展是不利的，会加重瑶族学生尤其是女生的敏感、害羞。这是因为乡镇学校的主体民族学生对于瑶族学生多少存在一些心理歧视，这就好比城市居民对进城农民的心理一样。山上的瑶族学生到乡镇去读书，就好像进入一个陌生环境的移民。美国社会学家帕克认为，陌生人之所以"陌生"，是由于新的社会环境导致的心理认同的缺失，产生了"两个或以上个体或其他范畴之间的能察觉到的亲近感的缺乏"，移民在心理上想融入其中，但文化上的隔离等原因，仍然会导致很多人陷入"边缘人"的尴尬境地。[①]

　　一些学者对流动儿童的研究也得出相似的结论。例如石燕等对南京市流动儿童的调查发现：无论哪类公办学校，流动儿童都能明显感受到作为"外地人"而受到的歧视。研究认为这种歧视并不是一种理性的歧视，即不是因为家庭经济条件、学习成绩、穿着、口音等，而更类似于一种刻板印象。是社会对于流动儿童的一种笼统的、概括的、固定的看法。[②]

　　乡镇上壮族、汉族学生对于瑶族儿童就存在这样一种刻板印象，这种经过历史积淀下来的印象要改变起来并不容易。在镇上或是附近村子的壮族、汉族学生在瑶族学生面前自然而然的优越感，都有可能伤害到瑶族学生。上思县瑶女班的同学在访谈时，好几位同学提到少数壮族或汉族的同学会在她们面前有意无意地说她们瑶族总是要让别人照顾，有些嫉妒又有些看不起的样子，令她们有些难过。板升乡某小学的一位班主任告诉笔者，她们班有十多个瑶族学生，其中有少数几个学生无论是学习成绩还是与人交往都很不错，她在"六一"活动时选了一名瑶族学生当节目主持人，但有一些壮族学生表现出不理解，他们去问老师为什么要选一个瑶族女生当主持人？老师当时觉得有些诧异。这是个很典型的事例，孩子们很单纯，他们向老师表达他们的不满意时并不认为这是对那个瑶族女生的伤害，似乎瑶族同学是不应当得到这样的机会。在这些孩子的内心世界已经将壮族与瑶族区分为不同的等级，即使学习优秀、普通话也很好，但还是不能当主持人这么重要的角色。这说明孩子的内心深处是受到民族文化偏见思想影响的，作为广西占人口多数的汉族或壮族是存在民族优越感的，而且这并不是在短时间能改变的。

　　这种歧视或偏见对于女生的影响要大于男生，因为瑶族男生与女生相比，在

① 资金星. 2011. 论农民工政治参与边缘化消融的路径——基于政治资源的合理配置分析. 三峡大学学报（人文社会科学版），33（04）：36-40.
② 石燕，周建芳. 2011. 公办学校流动儿童的人际关系现状研究. 北京：中国城市化进程的社会心理研究：314.

未到乡镇读书之前接触人比较多，活动面相对广，他们的适应能力往往强于女生。女生对于人际关系更加敏感，她们在面对学校文化排斥力大于融合力时，会更容易封闭自己，融入新的环境将更为困难。这也导致了女生在心理健康方面问题更为突出。

（三）瑶族女童心理健康问题常常被遮蔽

调查发现，瑶族女生从小学到高中，心理健康状况普遍低于瑶族男生，也低于壮族、汉族女生。由于心理问题具有内在性和隐蔽性等特点，在没有出现严重的心理问题之前是不容易被发现和关注的，而且她们的沉静的外表也常常给外人以假象。

从对广西瑶族小学中高年级学生的心理健康调查来看，女童的学习焦虑在所有因子中得分最高，其次，身体症状、自责倾向、过敏倾向和对人焦虑的因子得分较高，寄宿女童的心理健康问题较非寄宿女童更突出。在小学高年级，女孩对学习成绩不好产生较强的学习焦虑，且自责倾向比较严重，将学习不好的原因归结为自己笨，脑子不灵活，或不够努力，心理负担比较重。同时，由于离开自己熟悉的生活环境而产生对人焦虑及交往方面的困难等。每到放假在家，女童又面临着繁重的家务和农活负担，没有充足的与同伴交往的机会和时间，从而无法提高她们独立解决人际冲突的能力，当她们遇到自己无法解决的事情时，也只有闷在心里。这对女童社会性发展不利，影响其心理健康。

到了初中阶段，从调查来看，瑶族女生与男生相比，在学习焦虑、过敏倾向和恐怖倾向上存在极其显著差异（$p<0.01$）；在对人焦虑、自责倾向上存在显著差异（$p<0.05$），并且女生的均分均大于男生的均分，表明瑶族初中女生的心理健康水平较瑶族初中男生的心理健康水平差。

随着学习科目增加、学习难度加大，初中女生的学习焦虑也随之上升。此外，正处在青春期的女孩子对外貌等开始敏感，面对自己瘦小的身材和黝黑的皮肤，她们有着更多的自卑。部分女生在学习上遇到困难后，容易在情感上寻找寄托，这样的现象在以瑶族学生占多数的乡镇中学及民族班较为普遍。在一些学校，学生们热衷于写情书、递条子、约会。一位毕业生告诉笔者，说她上学时班上几乎每个人都谈过恋爱。她说："当时同学们真的很狂热，因为大家都谈，有的是在网上谈。我进了中学后，成绩下降得很快，学习跟不上，成绩都没法看，就稀里糊涂地开始网恋了。"个别女生开始注意自己的着装与打份，但看到家里困难又十分自责，内心矛盾。

傅金芝、符明弘对云南贫困农村女童的研究发现：贫困农村女童的认知能力和性格的理智特征略低于男童，而且女童从小学到初中非智力因素呈下降的趋势，特别是好胜心和求知欲出现负值，低于男童。[①]该研究还表明，贫困地区的女童在上初中后，由于环境的变化，特别是面对多数同学家境比自己好时，更易退缩和自我封闭，情绪上更为压抑、焦虑与抑郁。

瑶族高中女生在 SCL-90 的各因子得分上都比男生高，尤其是在人际关系敏感、抑郁、焦虑、恐怖这四个因子上较明显。在与多位高中女生深入交流后发现，她们在进入高中后由于理科知识难度的增加，学习上的自信心进一步降低，加上读书已经花了家里不少的钱，且要面对父母、亲人的期待及村里人的议论，她们的压力相比初中生更大。同时，由于自身的社会知识面较窄，又得不到老师及时和有效的指导，在高二进行文理科分科时，她们往往不知道如何根据自己的实际情况进行选择。例如，一些女生在理科综合（三科）成绩总分不超过 50 分的情况下仍听从家里人的意见，选择了理科，致使她们在接下来的学习中困难重重，用她们话说，看着总是个位数或十几分的成绩自己也麻木了，失去了学习的原动力。

总的来说，女生在人际关系上更容易出现焦虑等情绪，是与社会文化及家庭的教养方式有密切关系的。女孩从小被更严格地规训，其人际空间比较小，对人对事更敏感，对于人与人之间的关系，她们有更敏锐的观察和更细腻的感受。在重男轻女的乡村环境中，她们早已经习惯于听从安排。特别是家里没有男孩的情况下，更是小心谨慎，生怕惹来别人的议论，她们比男孩子更容易受到外部环境的影响。当她们走出瑶族村屯相对单纯的环境后，在面对复杂环境时会产生更多的心理困扰，而又由于其内向的特点，这些困扰不会轻易告诉家长与老师，所以问题常常会一直伴随着她们，不能得到及时的调解。笔者认为这是瑶族女童在心理健康方面比壮族、汉族女童更突出的原因。

三、瑶族女童性别心理的自我建构

（一）瑶族女童有了最初步的男女平等意识

与十年前相比较，瑶族女童对于性别平等的意识有了一定的提升。

首先，这表现在有一部分瑶族女生认识到无论男孩还是女孩都应当去上学。在瑶族学校与孩子们访谈时笔者经常问他们一个问题：有人说"男孩可以多读几

---

① 傅金芝，符明弘. 2002. 贫困地区女童心理特征及其教育对策. 云南师范大学学报，3（6）：6-9.

年书，女孩不需要很高文化"，你对此有什么看法？小学高年级和初中的女生绝大多数都表示不赞成这样的看法，认为女孩也应该多读一些书，也要提高文化水平。这可能与多年来的宣传及免费的义务教育的实施有较大关系，虽然女童们并不知道这是她们应有的权利，但是她们已经能意识到如果不希望再像父母那样辛苦，或者不想早早结婚，就唯有读书一途。

其次，有一部分女生能对性别不平等的做法有所觉察。在走访的过程中，有些年龄稍大的小学高年级女生能明确地说出对一些现象的看法。比如有一位女同学说："我们村里老人说女孩子多读书对家里一点帮助也没有，还浪费家里的钱。可是男孩子读书也有一些没好好读，那为什么还要送男孩上学呢？"大化县盘兔小学六年级的小清同学给笔者的印象最深，她说："我们村里重男轻女的思想很严重，有一户人家生了七个女儿，一个儿子。他家女孩子得病去世了五个，现在就剩下两个女孩子了，他们家就只送男孩子读书。村里老人经常说女孩子读书太多也当不了官，女孩子读书没有用。我不喜欢这样的说法。我家老人也不大支持送女孩读书，主要是舅舅和堂妹支持我读书，舅舅是在外地工作的，他说学知识很重要。"小清的奶奶瘫痪，父母并不是很支持她读书，到八岁时才在舅舅的支持下进了学校。

一些女生从母亲的生活中思考自己人生，有了一定的自我性别觉察能力。一个初三女孩告诉笔者，她之所以坚持读书，就是不想过母亲那样的生活。她说："妈妈很累，而且没有自由。"笔者问她为什么认为母亲没有自由？她说："父亲虽然也辛苦，但是家里每天做什么是由父亲安排的，父亲是自由的，一般只是割松油、收八角才会去，母亲则没日没夜地做事。我周末从学校回来，母亲都没有空和我说话。我们已经很长时间没有聊过天了。"

（二）多数瑶族女童仍在无意识中接受传统社会性别角色定型

笔者在某乡镇中学访谈多位瑶族女生，对于自己将来是否读高中多数同学都表示不清楚。一些同学担心没有钱，父母可能不送自己读，一些同学说弟弟还要读书，自己得打工供弟弟读书。多数同学对于能否读书是无法自己做主的，而不能做主似乎也并没有让她们感到不满或难过。因为多数人都如此，她们也觉得很正常。在与一个女孩子深入交谈后，笔者对瑶族女童的未来多了一份担忧。

小香，女，16岁，仙回中学初二学生。

笔者：小香，你在家里是最小的，初中毕业后你决定继续读书吗？

小香：我不知道。

笔者：你毕业后希望读书还是去找工作，你没有计划吗？

小香：我要听我父亲的，他说会给我安排的。

笔者：你什么都听父亲的吗？那如果他不让你读书了，让你出嫁呢？

小香：他是户主，只能听他的啊！我们这儿都是男的说了算。

笔者：你是不是很害怕你父亲？

小香：我爸爸总是骂我妈妈笨，他以前还打过我妈妈，我们都得听他的。

可见，在封闭的贫困山区里，在家父亲做主，无论父亲的做法是否合理，都得听从于他。正如郑安云教授所说：男女不平等的意识和现象普遍存在，而男女平等的经历非常少见。这便使人们头脑中的男女不平等意识进一步得到强化，因为他们会简单而习惯地运用"事实"说话，而这种"事实"的背后是什么，为什么会出现这样的"事实"，却没有人去思考，或者说思考的人本身其思考方式和前提就已经对这种"事实"的结论定位了。①

在调研中，笔者曾结识上思县某村瑶家三姐妹，她们分别在高中和初中的民族班读书，学习与生活费主要依靠某公益组织资助，她们上面还有一个姐姐和一个哥哥。由于父亲去世，妈妈改嫁，姐姐出嫁，哥哥成了家里实际的户主。哥哥初中没有毕业，什么都没有学成，闲在家中，依靠低保生活。呼朋唤友喝酒后经常摔坏家里的东西，没钱时就到学校找妹妹要。而妹妹甚至将基金会给的生活补助交给哥哥。哥哥所有的无理智的消费，比如贷款购买高档手机等行为，虽然令她们很烦恼，也默默忍受并利用暑期打工为其偿还。

或许一些人会"恨其不争"，然而只有生活在其中，才能明白她们为何会那样。读高中的姐姐告诉笔者：不管怎么样，他是哥哥，是家里的传承人，我们瑶族家里过各种节日要"做法"，只能由男人去做。如果没有男人，得花钱请别家的男性长辈来帮忙，我们这儿都这样，虽然我也不太信，但大家都这么做。在该瑶族支系，各种节日都要进行祭祀活动，遇到家里有人生病还要请人"做鬼"（瑶族的一种祭祀仪式），而这些活动按规定都必须由成年男性来主持。

这位高中瑶族女生还告诉笔者："有些人总是说我们瑶族重男轻女，你们汉族不也一样吗？多少人在生了一个女儿之后，不是也总想要生一个男孩子吗？"她说的没错，这是整个社会的普遍现象，只是生活在其中的很多女性已经与这种文化

---

① 郑安云，靳连冬. 2004. 贫困地区女童就学障碍的社会性别分析及对策研究. 西北大学学报（哲学社会科学版），34（5）：82-85.

抗争，并具备了一定的主宰自己生活的能力。因此，这种看似普遍的意识在城市中已经不那么普遍了，但在农村特别是瑶族聚居区，还是很普遍地存在。

从以上案例可以看到，因为女童从小生活在相对封闭的文化环境下，在接受知识、形成个体经验的过程中，本身就接受了这种性别传统观念。尽管有些女性多多少少也感受到了这种不平等，但周围存在的巨大"社会势力"和女性自身的"自卑情结"往往会使她们更无力反抗，并且习以为常地顺从于各种的约束与规训。

发生认识论认为，儿童对性别的认识也有着自身的规律。孩子是一个积极主动的探索者，当他们认定了自己的性别角色之后，就会对自己所担当的角色抱有好感，向相同角色的社会成员学习，积极去探寻符合自己性别角色的行为方式，把与自己性别相一致的行为方式同化到自己的认知结构之中。所以，瑶族女童性别角色的形成是个体成熟与环境间相互作用的结果。

（三）学业失败加重了女童性别心理劣势

在瑶族女童班调研中，当问到"男生与女生有哪些不同"这个问题时，90%的女生都认为男生比女生聪明，认为他们的头脑更灵活。有位初中三年级女生写道："和男生相比，我们的优势是更勤奋、刻苦，但男生的脑子往往比我们更有优势，男生的头脑比女生的灵活多了。我遇到难题也会先想想，但一般都是想不出来就直接放弃，再去找别人要答案写上去。我也知道这样不好，但我无能为力，越想只会越乱。仔细想想，我觉得自己在学习上没有克服过什么困难，好无助。"

"我不知道为什么我记不住，老师讲时我也明白，可是我根本记不住，我觉得是我脑子的问题。"当好几位初中女生都这么说时，笔者感到十分困扰。为了更清楚地了解其中的原因，笔者与一位接触过多次的初二女生进行了较深入的交流：

> 笔者：小丽，刚刚期末考试结束，你可以把你各科的成绩告诉我吗？
>
> 小丽：可以啊。语文74，数学35，英语29，物理39，历史41，政治60。
>
> 笔者：你的成绩在班上大概处于什么位置呢？
>
> 小丽：一般，中间吧。
>
> 笔者：我用英语问个句子，你回答一下可以吗？How old are you？
>
> 小丽：我不懂的，我的英语考试都是自己乱填答案的。
>
> 笔者：上课完全听不懂吗？
>
> 小丽：是的。我根本记不住单词和句子。
>
> 笔者：历史好一点吗？你能告诉我你记得书上的哪个重要的历史事件吗？

　　小丽：中华人民共和国成立了。

　　笔者：那是什么时候呢？

　　小丽：我只知道是十月一日。哪一年不记得了。我觉得我记忆方法不对。我就是不知道该怎么才能记得住。

　　小丽记不住书本上的这些知识，而在劳动生产和做家务方面却一把好手，她很会照顾小弟弟，在做这些事情的时候她技能娴熟，丝毫也不笨。为什么现代知识的学习成了她的"拦路虎"？

　　从学习心理学的角度看，现代知识的获取有两条途径，一是与有知识的人进行接触，二是通过书本、媒介等知识的载体获得。瑶族女童从出生到进入小学之前，身边主要是母亲及少数亲友陪伴，他们都有着丰富的生产技能，但大多数是文盲或半文盲。在最富有"吸收性心智"的婴幼儿期，她们在玩泥巴和从事家务劳动中度过，获取现代知识的第一个来源基本被切断了。另一方面，在瑶族的家庭，历来重视生计与温饱，刚刚解决了吃饭问题的人们遇到了商品经济时代，当他们进城打工能比读书挣钱更快更多时，本来不重视读书的人们依然不重视教育，多数人的家里找不到任何书本，导致女童失去了获取知识的第二条途径。

　　因此，当她们开始上学时，好像一切从零开始，曾经的所学在这儿一点也不起作用，也不被重视，学校教育中占据主导地位的是以汉族文化为主要代表的主流文化。在这样一种陌生的环境中，她们在适应上困难重重。而整齐划一的教学模式一直往前走，让她们逐渐丧失了自信，这个过程对男童也一样，只是男童通常不会过多地将失败的原因归结于自己罢了。

　　一旦期望通过读书改变生活的道路走起来有很大困难，女童们就会转向认同传统的性别文化，沿着祖辈的足迹走下去：放弃学业，在家帮助父母，当媒人找上门来，早婚也就显得理所当然。

　　笔者曾与初三辍学后结婚、即将当妈妈的小兰进行深入的交流。小兰曾跟随父母到南宁务工，她一直在南宁郊区读书至初二，2015年由于父亲身体不好，全家返回家乡，在家乡读书不到一年，她就选择辍学并很快成了家。在得知笔者的访问意图后，小兰一边干着手上的活，一边很大方地将自己的情况做了详细的介绍，以下摘自小兰的自述：

　　我曾经最反感那些早早结婚的女生，我在南宁读书时，想着自己一定要多读书，将来不会像村里那些女生那样生活，但没有想到却最终也成了她们当中的一员。在南宁读书时，我的成绩还不错，我们班学风也挺好，但因为我长得胖，也常被同学笑话，没有特别好的朋友。父亲生病后，我便转学到本乡镇的中学读初二，那时父亲要治病，给我的费用很少，学校没有早餐，家里每周给五六元钱的早餐费，觉得自己特别可怜。那时就想干脆不读书，出来打工算了。假期我出去打工挣了些钱，给自己买衣服，觉得挣钱的感觉特别好，想着出来打工可以帮助父母供弟弟读书。我最后决定不读书，还有一个原因就是恋爱。我后来读书的学校，同学们几乎都谈恋爱，有个女生还让我帮她写情书，大家都不听课，也听不懂，我的成绩也下降很快，越来越没有信心。后来我父亲又在我强烈的要求下买了手机给我，没过多长时间便在网上认识现在的老公，我就在初三时决定不读书了。现在说起小学时的理想虽然有些后悔，但反正我们山里都是这样，女孩迟早都要嫁人，现在嫁的这个丈夫对自己及自己的父母都还不错，也能给娘家一些支持，也就知足了。

对于下一代，我还是希望他们能多读一些书，从我自己的经历我认识到家长还是要逼一下小孩。如果我当时决定不读书时，我父母不同意的话，我可能就能坚持下来了。所以，以后我不会同意我的孩子辍学的。

从小兰的叙述中能体会到她失落的心情，她有好几位同学也是因为看不到读书的前途，而又在美丽爱情或是打工能早点挣钱等诱因的吸引下，早早离开了学校，投身到婚姻或是务工大潮中。这些曾经有理想的瑶族女童，既担心自己的未来，又不知如何在不利环境中战胜困难。在唯一的读书道路不顺利时，传统的社会性别观念会左右她们的选择，她们下意识地认同村里多数女生的人生道路，希望能嫁一个好丈夫，于是接受家庭的安排或男友的求婚，这就是为什么有那么多瑶族女生会陆续离校、回家结婚的原因。

在对早婚瑶族女子的调研中发现，其中一部分人生活得不太如意，她们感到后悔却无力改变。正如笔者的一位访谈对象小芳所写的那样：

致我的青春

对于我来说，青春就是迷茫、找不到去追逐理想与梦想的希望。

我是山里的孩子，在我们这边有个习俗，女孩子家要结婚早，不能待到20岁才结婚，那样别人就会议论和说闲话，老人家也怕女孩子不自爱，然后找不到一户好的人家。所以，这边的女孩子都是结婚很早的。

十七八岁，正是个花样的年华，"90后"的我们都希望把它称为"雨季"。这个时候的我们，正应该是玩得兴奋、追求理想梦想、讨论未来人生的时候。可是，现实却是相反的，渐渐地，我们都放弃了学业，本想着跟父母一起分担家里的重担，结果一切都不是自己所想的那个样子。我们不但没有机会追求自己的理想，反而身边还多了一个人和一个"家"——婚姻生活。

　　我后悔我结婚过早，没有好好地利用好我的青春年华，没有为自己做些有意义的事情，没有在青春阶段留下美好的回忆。在我看来，我的青春就是迷茫与无助。现在，我需要做很多事情，我还要去担心大家的生活，还有两边的家庭。有时我觉得这种生活好没意思，会觉得乏味，也有些累，但我从未抱怨过，因为我从小学会了忍受。还有，在陪着雷老师走访的过程中，我知道在我的同伴里，自己还不算最不幸的那一个。

第六章

瑶族女童教育的交叉性分析

　　"交叉性"理论最初是由美国批判法学家克伦肖（Crenshow）提出的，后经柯林斯（Collins）等人加以扩充并进一步完善。20世纪80年代末，克伦肖在研究美国相关法律时，发现其中缺乏对黑人女性权益的保护，对此她提出强烈的批判。她用交叉路口来比喻种族和性别歧视如何交织在一起，相互影响，并共同形塑黑人女性的生活经验。她用这个概念来解释黑人女性作为"边缘性的女性群体"如何受到各种歧视，而她们所遭受的歧视又如何被主流女性主义者忽略。①在此基础上，柯林斯将"交叉性"进一步概念化，指出种族、阶级、性别等其他因素相互作用形成社会制度，而这些社会制度反过来建构出被这些特征所定义的群体。女权主义学者在不断发展的学术研究中将"交叉性"的范畴扩展到种族、阶级、社会性别、民族、性倾向、年龄、能力和国家等各个方面。

　　"交叉性"理论关注女性内部差异及形成这种差异的宏观社会过程，无疑为审视中国剧烈社会变迁下女性内部的社会分化提供了新的视角。中国学者苏熠慧研究认为，中国从计划经济转向市场经济的过程中，社会发生了巨大变迁，社会结构重新整合。②政治和经济结构的巨大变化，使人们之间的差异逐渐被转化为社会不平等，社会性别之间的分化也没有因为市场的推动而减少，反而随着市场经济的到来而加深。在性别分化加剧的同时，女性内部的阶层分化渐次凸显，而且城乡分化还与阶层分化发生重叠。在城乡二元格局下，农村女性往往处于社会

---

① Crenshaw K. 1989. Demarginalizing the Intersection of Race and Sex：A Black Feminist Critique of Antidiscrimination Doctrine，Feminist Theory and Antiracist Politics. University of Chieaeo Leeal Forum：139.

② 苏熠慧. 2016. "交叉性"流派的观点、方法及其对中国性别社会学的启发. 社会学研究，31（04）：218.

阶层的底端，与城市的中产女性和精英女性在生活经验和利益诉求方面存在巨大差异。

要审视瑶族女童教育的微观表征及其背后的结构性影响因素，就不可能停留在社会性别范式这一个层面，而是要借助"交叉性"分析框架所提供的视角和方法，深入瑶族女童不同层面和侧面的具体生活，从中抽取影响瑶族女童教育发展的有利与不利因素，从而推动其向更加有利的方向改变。笔者认为，影响瑶族女童教育发展的交织因子，除了性别之外，还有城乡、阶层、民族等因素。

第一节　城乡：经济差距阻滞了乡村教育的发展

我国经济发展极不平衡，主要体现在地区及城乡的差距上。由于大多数的瑶族生活在西部农村山区，本书侧重从城乡差异来进行分析。城乡经济的悬殊带来教育的差距十分明显，李春玲基于全国抽样调查数据，对"80 后"人群的教育经历及入学机会进行深入分析，发现在"80 后"群体中，城里人上大学的机会是农村人的 4 倍，城里人接受高级中等教育的机会是农村人的 7 倍；此外，在小学教育普及和初中教育趋于普及的情况下，有一些来自农村的"80 后"没有接受小学和初中教育。从小学升入初中、初中进入高中、从高中升入大学等层层关口（加上初中阶段和高中阶段的辍学），有大批农民子弟被淘汰。[1]自改革开放以来，城乡差距有不断扩大的趋势，这对于经济最为薄弱的民族地区而言则更不乐观。在这种情况下，农村地区瑶族女童的教育所受的制约更是显而易见。

一、城乡经济差距大

1. 山区瑶族群众人均收入低

我国经济发展存在地区间的不平衡，城乡差距较为悬殊。有关统计数据表明，2004 年我国城乡居民的收入中，20%的高收入家庭占有全部收入的 50.13%，而20%的低收入家庭仅占总收入的 4.27%。[2]由于历史与地理环境等因素，山区瑶族

---

① 李春玲. 2014. "80 后"的教育经历与机会不平等——兼评《无声的革命》. 中国社会科学，（4）：66-77.
② 董晓波. 2007. 和谐社会构建中的教育公平问题研究. 教育与职业，544（12）：23-24.

经济发展更为滞后。以都安瑶族自治县为例，2010 年，都安瑶族自治县城镇居民可支配收入为 11 989 元，农民人均纯收入为 3 192 元；到 2015 年，该县城镇居民人均可支配收入 19 380 元，农村居民人均纯收入为 5 520 元，[①]农村居民增长速度略有提高，但其人均可支配收入仅有城镇居民的 28.4%。大化、巴马的情况也大体相当。瑶族地区同一县域内，城镇居民可支配收入是农民人均纯收入的 3～4 倍，而这还是就总体上的平均水平而言，具体到瑶族农民的人均纯收入，则更加低了，有些家庭人均收入仅在 1 000 元左右，温饱问题尚未解决。

人均收入的高低，对中小学生辍学率影响最为明显，人均收入越高，入学率、巩固率也就越高。而一般瑶族农村家庭子女数目较多，家庭经济负担重，同时供养两个以上学龄儿童使贫困家庭难以承受。这时，女童就有可能失学。显而易见，处于城市或县镇的瑶族家庭的女童，相比处于乡村特别是山区的瑶族家庭的女童，获得的教育机会和资源更多，所享受到的教育质量也会更高。

2. 山区瑶族群众生活艰难

瑶族居住地区多属高寒山区，缺水严重，海拔较高，坡度大，耕地面积少，土地贫瘠，并且自然灾害频繁，明显限制了农业基础设施建设，抗御自然灾害能力弱。特别是布努瑶的中心聚居区都安、大化、巴马、南丹、东兰一带，由于"九分石头一分土"的恶劣自然条件，加上远离政治中心，在解放前一直处于割据性与封闭性的土官制度的控制之下，导致这一地区社会生产力低下，经济发展十分缓慢。有学者指出："对后进民族说来，自然条件的作用是很大的，社会发展程度越低，自然条件的作用就越大。"[②]到今天阻碍瑶族地区发展的，一是乡村道路状况较差，公路等级普遍不高，有的村虽然通了路，但大多为泥巴路，一下大雨就被冲毁。如大化县板升乡共有 299 个自然屯，2014 年仍然有 109 个自然屯未通屯级路，其中 20 户以上的屯 32 个，11～19 户的屯 54 个，10 户以下的屯 23 个，每个自然屯至少需要修建一条通往村中心的道路。俗话说"不通路，难致富"，道路交通的困难是阻碍瑶族山区经济发展和群众致富的重要因素。二是水利成为制约农村经济社会发展的"瓶颈"。水利是农业的命脉，多年来农村绝大部分水利设施丧失了其自身功能，根本不能保证农田灌溉的需要，也就无法保证粮食的产量。瑶族地区 90%以上的耕地只能靠天吃饭，因此家庭的教育投入在一定程度

---

① 都安县发改局. 都安瑶族自治县国民经济和社会发展第十三个五年规划纲要. http: //www. zgduan. gov. cn/fzgh/6793. htm. [2016. 12. 1].

② 玉时阶. 1992. 瑶族支系传统文化比较研究. 广西民族学院学报（哲学社会科学版），（04）：25-31.

上就只能依赖"风调雨顺"了。三是很多农村远离城镇，通信闭塞，不能及时了解市场经济信息，给经济发展带来了很大的影响。

在广西瑶山，一些家庭仍居住在破烂的土墙房或竹篱笆房里，没有积蓄修建砖瓦房。这在布努瑶、土瑶和花头瑶中较为多见。笔者在板兰村弄陆屯发现一些家庭十几口人还住在用竹片编围、极其破烂、无法遮风避雨的老房子里（图6-1）。这些家庭孩子很多，满足基本的生活需要都非常困难。在义务教育实施之前，上学需要交学费，这对于瑶乡人来说，是一笔不菲的开支。因此几乎每个家庭都有1~2个孩子辍学，帮助家庭农耕。在瑶乡，六七岁的孩子都会随父母到山里劳作，现在还保持着这样的传统。孩子们幼年感受到家庭的贫困，认为不读书、在家劳作才是解决家庭困难最直接、最有效的方法。所以当家庭经济无法支持孩子们继续接受教育时，父母就只能让孩子中途辍学，首当其冲的无疑就是家中的女孩子。

图6-1　板兰村弄陆屯一些瑶族人家住的竹篱房子

实施义务教育之后，一直到2007年国家实施农村义务教育"两免一补"政策之前，近20年间导致瑶族学生失学或辍学的各种原因中，以家庭贫困为主。比如，韦祖庆曾对广西贺州土瑶地区的鹅塘镇小学和初中民族班进行问卷调查，小学卷50份，回收48份；中学卷50份，回收50份。问题："你是否产生过退学念头，为什么？"小学卷回答情况：家庭贫困22人、学习成绩不好15人、在校心情郁闷3人、父母要求4人、自立需要0人、其他4人；中学卷回答情况：家庭贫困33人、学习成绩不好15人、在校心情郁闷1人、父母要求0人、自立需要0人、其他1人。①从该调查可以看到，每个学生都曾产生过退学的念头，而其中多数人是因为贫困，其次是学习成绩不好。

即便在免费教育实施之后的最初几年，一些地方仍然要依靠收取一定杂费来支持学校的运转。此外，学校为了方便教学，也会要求学生购买一些教辅资料，这对于一些有几个孩子上学的家庭来说还真是一件大事。从以下一位初二女孩的自述中，可以看到政策的实施并不是一蹴而就，到2014年，一些瑶族孩子还在为上学要交的费用而担心。

> 2014年，六年级上学期注册时，奶奶带着我们几个先去亲戚家借钱，但根本借不到，走完一家又一家，我的泪水不禁掉了下来。来到学校，由于我们三个人读书的年级不同，奶奶交不出那么多的学费，一会去找班主任，一会又去找校长，走来走去，我的泪水没有停过。我对奶奶说：钱不够，我不读了。但奶奶说要继续读。我们的谈话被英语老师听到了，她了解了事情的经过后，对我说："都快毕业了，为什么不读呢？你成绩好，如果就此放弃了，不是很可惜吗？以后读民族中学的瑶女班就不用交什么钱了。知道吗？"后来奶奶把能交的钱都交了，校长同意欠下的部分以后再交。如果没有奶奶的执着，没有班主任和英语老师的鼓励与帮助，我想我现在可能是一个整天在家干活的女孩了。
>
> ——上思民族中学瑶女班八年级小邓来信摘录

可见，贫困不仅影响瑶族女童能否入学，同时对她们的心理影响较大。贫困是一种让人刻骨铭心的痛。贫困不仅表现在物质上，也体现在精神上，时刻困扰着瑶族女童的生活，给幼小的心灵蒙上了阴影。

二、瑶族自治县财政薄弱

1. 县级财政收入低

在广西的6个瑶族自治县中，都安、大化、巴马、金秀属国家级贫困县，恭城、富川为自治区级贫困县。全国的12个瑶族自治县至今都是国家级或省级贫困县，基本上是吃饭财政。如2006年大化瑶族自治县人均财政收入603元，而人均财政支出却为788元；富川瑶族自治县2006年财政总收入为14 770万元，而地方财政支出却为38 726万元；2004年云南河口瑶族自治县财政收入为9 641万元，

---

① 韦祖庆. 2015. 瑶族文化之教育传承. 北京：中国文史出版社：204.

而财政支出却为 17 776 万元。即使是在广东这样经济较发达的省，瑶族地区的经济发展也较为落后。据广东省民族宗教事务委员会调查，该省的连南、乳源瑶族自治县的财政自给率不到 30%，乡镇一级的机动财力就更弱。[①]即便经过"十一五""十二五"两个五年计划的大力发展，从总体上讲瑶族地区的经济社会发展仍然有较大差距。

2. 教育投入能力十分有限

"十二五"以来，中央、省（自治区）加大了教育经费统筹的力度，对民族地区和少数民族教育的扶持资金有所增加，特别是近年来的薄弱学校改进计划，民族地区的学校面貌改变较大。但是，国家的资金投入均需要县级财政按比例分担，由于县财政困难，瑶族地区经费投入不能满足教育事业发展的需要，导致瑶族农村学校教育出现两大"瓶颈"。

1）办学条件差，距离标准化建设的要求甚远。例如金秀瑶族自治县，2014年全县 29 所村完小以上的小学中，有 25 所没有计算机室，仪器装备严重不足，全部小学均未建成标准化实验室和仪器室，初中实验室设备陈旧。又如恭城瑶族自治县，120 多所学校当中被定为 B、C 级危房的校舍共有 4.39 万平方米，其中预制结构约为 3.5 万平方米。而且，2008 年以前建设的中小学校舍，均未达到地震防烈度要求，绝大部分砖木结构校舍超过使用年限，需要拆除重建。[②]

2）教师极度缺乏，在贫困落后的瑶族自治县、瑶族乡尤为突出。由于财政困难，政府一再压缩学校教师数量，严格控编，空编率很高。比如，都安县隆福中学，2016 年共有学生 925 名，教职工共计 37 名。其师生比达 1：25，高于自治区中小学教职工编制标准（1：21），至少应当补充教师 7 人。由于缺少教师，只能用扩大班级人数及增加教师工作量来完成教学任务，该校共 12 个班，班级平均学生数达到 77 人。校长告诉笔者，该校有一名教师承担了三个班的物理及三个班的化学；全校三个体育教师，其中有两位要兼顾别的课程；学校英语教师均为女教师，当有教师休产假时，历史老师代英语课。以大化县板兰小学为例，该校在校学生 1 060 名，按规定该校要有近 50 名教师，而 2016 年在编教师 32 人，另外临时聘用教师高达 12 人，超过在编教师人数的三分之一。即便加上代课教师，仍然缺少 6 名教师。教师在教学工作量增大的情况下，还要兼管学生的生活，其超负荷运转可想而知。

---

① 玉时阶，胡牧君.2009. 公平与和谐：瑶族教育研究. 北京：民族出版社：405.
② 广西社会科学院.2015. 广西民族地区发展报告. 南宁：广西人民出版社：84-85.

　　这些学校学生人数多、规模较大，少几个教师教学工作尚能运转，但那些学生数量不多、年级较多的村小就困难了。由于教师不足，学校只能上语文、数学等课，其他课程如孩子们最喜爱的音乐、美术、体育等课，因没有专业的教师均无法实施，或随便应付。例如音乐课，老师勉强教一些自己过去唱过的老歌，美术课让学生自己随便涂鸦，或者照老师画一些简单的图案。到了体育课，教师自己连儿童广播操也不会，多是采取"放羊式"，随便丢个球或其他器材让学生自己玩。更有甚者，一些教学点往往只有一名教师，称为"一师一校"。在大化县板升乡板兰村弄陆屯，笔者亲眼看到一位教师负责学前班、一年级、二年级全部的教育教学与生活管理，三个班级共 40 名学生（图 6-2）。上午上完两节课后，教师就要张罗给孩子们做饭吃。这样的校点，教师就算是"三头六臂"也分身乏术，每学期能够完成语文、数学课的教学已属不易，哪能顾得上其他？事实上，在瑶族山区，艺术类、体育类的课程离孩子们越来越远，更不用说其他地方性、民族性的课程了。办学条件差，师资力量不足，学校生活乏味，这些都会使得原本就处于辍学边缘的一部分瑶族女童放弃学业。

图 6-2　教学点学前班至二年级的教室

三、教育政策未能缩小城乡差距

　　中华人民共和国成立以来，党和政府十分重视民族教育事业，颁布实施了一系列法律法规和特殊的政策措施，帮助和促进民族地区和少数民族发展教育事业，取得了历史性的成就。然而，鉴于民族地区和少数民族教育存在的困难和问题，反思以往教育政策的相关规定及其效能，不难发现其中确实存在一些不够符合实际、或者说不够充分的地方。

（一）分级办学政策使得农村学校办学艰难

1985 年到 2001 年，我国实行了以乡镇为主的分级办学、分级管理体制。《中华人民共和国义务教育法实施细则》第三十条规定：实施义务教育的学校新建、改建、扩建所需资金，在城镇由当地人民政府负责列入基本建设投资计划，或者通过其他渠道筹措；在农村由乡、村负责筹措，县级人民政府对有困难的乡、村可酌情予以补助。农村义务教育实行分级办学、分级管理体制，即县、乡、村三级办学，县、乡两级管理，简称"三级办学、两级管理"。我国逐步建立起了以国家财政拨款为主，辅以教育费附加、教育集资、杂费、校办产业收入、社会捐资集资和设立教育基金等多渠道筹措教育经费的体制。显然，这一政策对城镇办学是倾斜的，基本国家包管，而农村的办学主要由自己负责，在贫困的地方，县、乡、村都没钱，办学之困难可想而知。[①]

"分级办学"的政策设计，无疑强化了城乡分割的二元教育制度。它不是将城乡之间的差距在教育层面进行缩小，而是将其扩大，造成了农村教育的迟滞。面对办学经费不足，一些地方只能向农民增收教育费附加、向学生增收杂费，这又加大了贫困家庭的经济负担，导致一部分儿童尤其是少数民族女童，因为付不起学杂费而失学、辍学。虽然从 2005 年开始，农村逐步实施"两免一补"政策，学生家庭的负担减少了，但分级办学的制度、理念延续至今，只不过变成了"以县为主"而已，贫困地区教育发展的困难局面仍不同程度地存在。

针对民族地区，国家增加了"民族教育补助专款"政策。但在实施的过程中也存在一些问题。1994 年，财政部、国家教委印发《中央教育补助专款项目管理办法》规定，民族教育补助专款和普及义务教育补助专款按照规划与项目结合的管理方式，实行项目管理办法。项目选择的原则之一是必须首先落实地方各级政府的配套资金，未落实配套资金的项目不予立项。从大的格局来说，这样的顶层设计似乎没有什么不妥。但具体到少数民族地区来说，操作起来就有问题，因为少数民族地区绝大多数比较边远、贫困，基础差、底子薄，地方财政十分困难，人头经费、学校运转都难以保障。要落实改善办学条件、加强标准化建设的项目

---

① 余秀兰. 2004. 中国教育的城乡差异——一种文化再生产现象的分析. 北京：教育科学出版社：93-95.

配套资金，确实是难上加难。这样一来，"民族教育补助专款"政策在一些少数民族地区就有可能落空或执行不到位。

（二）民族地区教师队伍未能在政策上给予保障

民族农村地区师资匮乏直接影响到教育质量，进一步加剧了城乡教育发展的差距。农村的教师队伍发展滞后，其中政策上的原因不容忽视。

1. 编制政策城乡倒挂

改革开放以来，我国有关中小学教师编制的政策经历城乡编制基本均衡—城乡编制倒挂—城乡编制统筹三个阶段，现正在进入城乡编制一体化阶段。然而实际上仍有相多的省份还处于城乡镇编制倒的状态。现将三个阶段发展情况简要介绍如下：

第一个阶段：1984 年教育部出台了《关于中等师范学校和全日制中小学教职工编制标准的意见》中小学教师编制主要按班师比进行配备，初中阶段每班平均的教师数均为 2.5，小学阶段城镇班师比为 1∶1.7，农村班师比为 1∶1.3。文件肯定了城乡差距的存在，但是从班师比（或者折算成师生比）的配备看，城镇与农村的教师编制标准处于基本均衡的状态。

第二个阶段：由于 20 世纪 90 年代全国兴起了一场大范围的事业机构改革，教育作为事业单位的重要组成部分，且人员数量最大，因此成为此次改革的重点。2001 年国务院出台了《国务院办公厅转发中央编办、教育部、财政部关于制定中小学教职工编制标准的意见》（国办发〔2001〕74 号）。文件中对核定编制的原则、中小学教职工编制标准及具体要求做了详细规定。教育部为了更好地贯彻该文件，次年出台了具体实施意见。关于教职工与学生比进行了调整。初中：城市 1∶13.5，县镇 1∶16，农村 1∶18；小学：城市 1∶19，县镇 1∶21，农村 1∶23。由城乡编制基本均衡转向城乡编制严重倒挂，而且与 1984 年教师编制政策相比呈现出明显的缩编状态。

这次中小学编制标准政策的调整立足于提高教育教学质量和办学效益，但是其实质却是偏向城市中心取向的价值观。

由于该政策执行及贫困地区县级财政的困难，农村学校在编制本来不足的情况下还出现空编不补、有编不用的情况，师资队伍进一步弱化。本文第一部分提及的几个农村学校均存在上述情况。

第三阶段：为了加强农村教师队伍建设，推进城乡义务教育均衡发展，促进教育公平，2009 年国家出台了《关于进一步落实<国务院办公厅转发中央编办、教育部、财政部关于制定中小学教职工编制标准意见的通知>有关问题的通知》。提出要重点解决农村中小学教师缺编问题，并指出可以参照县镇标准核定农村中小学教职工编制。

该通知下发后，各省先后出台了新的实施办法。广西于 2012 年 12 月印发《广西壮族自治区中小学教职工编制标准实施办法（修订）》的通知，该实施办法明确规定了城市与县镇中小学教师配备的师生比。高中：城市 1∶12.5，县镇和农村 1∶13；初中：城市 1∶13.5，县镇和农村 1∶16；小学：城市 1∶19，县镇和农村 1∶21。虽然县镇与农村的标准统一了，但仍然存在城乡倒挂。2014 年，统一城乡教师编制政策的专门性文件正式发布，即《中央编办、教育部、财政部关于统一城乡中小学教职工编制标准的通知》（中央编办发〔2014〕72 号）。将县镇、农村中小学教职工编制标准统一到城市标准，即教职工与学生比，初中为 1∶13.5，小学为 1∶19。然而该通知已下发三年，但到目前为止，广西仍在执行 2012 年的办法。

从以上编制政策的梳理中，可以看到 2001 年以来的中小学教师编制标准以压缩编制和效率优先、城市优先为导向，存在编制标准整体偏紧、城乡标准严重倒挂。与我国农村地广人稀、生源分散、交通不便、学校规模较小、成班率低、存在大量村小和教学点的实际情况严重相违。[①]这一政策，成了制约边远山区少数民族教育发展的重要因素。瑶族聚居地教师短缺十分严重，前文已经进行了介绍，在此不再赘述。

2. 关于民族师资队伍建设的特殊政策未能落实

1）招生及培养政策未能落实。20 世纪 80 年代以后，中等师范学校实行定向招生、定向培养、定向分配的政策，并在录取过程中实行适当降分和同等条件下优先录取的政策，对于边远、贫困的少数民族地区还实行保送升学制度。这些政策对于充实和稳定少数民族地区师资队伍有着积极而重要的作用。但是 2000 年前后，在"提高小学教师学历"的要求下，三级师范（高师本科、高师专科、中等师范）向二级师范（高师本科、高师专科）过渡，全国停办了一大批地方中等师范学校。在这期间，民族师资培养的相关政策也逐渐取消，山区少数民族学生在没有定向培养等政策扶持后，报考及能考上师范院校的学生减少，导致本民族教师十分缺乏。在瑶族地区，小学瑶族教师的比例不足 20%，外地教师占比过大。由于语言及待遇等原因，外地教师稳定性较差，流失较多，瑶区学校只能大量聘

---

① 韩小雨，庞丽娟. 2009. 制约我国义务教育教师队伍建设的政策瓶颈及其破解. 中国教师，（7）：14-17.

请临时代课教师，队伍建设就越来越成为严重的问题。

2）少数民族贫困乡村教师队伍待遇政策未能落实。以广西为例，多年来自治区党委、人民政府对少数民族地区的教师待遇，采取了很多照顾和优惠政策，经过实践逐渐形成法规文件。1996 年 9 月 25 日，自治区人大常委会通过《广西壮族自治区实施〈中华人民共和国教师法〉条例》，其中第二十七条规定："凡在自治区内的贫困乡从事教育教学工作的教师和应届中专以上学历的毕业生，享受以下优待：1）在自治区认定的贫困乡从事教育教学工作的，工资向上浮动一个等级；2）在国家认定贫困县的贫困乡从事教育教学工作的，工资向上浮动两个等级；3）应届中专以上学历的毕业生直接领取定级工资；4）优先安排住房和家属就业，子女就读就业。"就当时而言，这一政策相当优惠，但执行情况不佳。

从相关调研和访谈中了解到，上述四条优惠政策总体上执行得不到位，尤其是最后一条基本上没有执行，可以说几乎没有哪个地方真正能做到为在贫困乡从事教育教学工作的教师和应届中专以上学历的毕业生"优先安排住房和家属就业，子女就读就业"。

城乡生活及子女教育上存在较大的差距，而各项对乡村教师的优惠或鼓励政策却又未能执行，导致贫困地区农村学校师资总量不足、年龄老化、学科结构不合理等。尽管从 2006 年起，我国陆续实施"特岗计划"、免费师范生、国培省培、乡村教师生活补助等政策，在一定程度上缓解了农村地区，特别是边远贫困的少数民族地区师资紧张的问题，但历史欠账太多，乡村优质教师资源配置仍然任重道远。

案例：代课教师教学能力提高困难重重

2015 年，笔者在贺州公会镇某瑶族村完小调研，当时该校共有 8 名教师，其中只有 3 名是公办教师，另外 5 名都是聘用的代课教师。小林老师（化名）已经代课十几年，但由于其学历仅是初中毕业，没有机会进一步进修学习，所以一直还是代课教师。

笔者：您在教学中有些什么体会？你觉得孩子有些什么特点？

林老师：孩子们不爱听课，也不听老师的要求。例如，他们喜欢自己写字，但写字时不按照笔顺去写。不过，孩子们的生活自理能力还是比较强的，一年级的孩子没有姐姐帮忙的，衣服什么都是自己洗。个人卫生也比较讲究了。

笔者：最让你烦恼的事情是什么？

林老师：就是上课经常捣乱，走来走去的，同学之间在课堂上打来打去，喜欢摆玩具。他们就是爱玩，买太多的玩具。我们说不能在课堂上玩，可是当老师不注意时很快又会拿出来。以前我带过的孩子很少这样，可能是现在农村的孩子也少了，家里外出打工也有些钱了，就经常给孩子钱来买玩具。

笔者：当孩子们上课听不进去时，你用过什么别的方法吗？

林老师：有时候我就在讲评的时候表扬那些字写得工整、作业做得好的孩子，别的学生就会说下次我也要写得更好。

笔者：对于那些拼音还不过关、识字还很少的孩子，你有时间单独辅导吗？

林老师：只能在他们写作业时多去提醒一下。我现在上小学一年级和二年级的语文课，由于我老公去年做了个大手术，欠下几万元的债务。校长看我困难，刚好厨房也需要人手，现在我下课后就到厨房做工，就没什么时间去对学生进行单独辅导了。

笔者：你当了十几年的代课教师，有没有机会去学习进修？

林老师：有过一次，是去桂林学习。学习还是有提高的，但是机会很少。

笔者：平时学校会给孩子组织一些有趣的活动吗？

林老师：我们以前每年也会有一些活动，如"六一"的游园活动，但今年都没有开展过什么活动。

笔者：你对未来有什么计划？

林老师：我们代课教师，都是教一年算一年。

笔者：你考虑过要转为正式教师吗？

林老师：当然希望！但我只是初中毕业，现在代课老师可以考公办，但要有中师以上的文凭，还要有教师资格证，还要考电脑。我现在对电脑一点都不懂。

（三）城乡差别导致群众对教育的诉求不同

转型期的中国社会呈现出城乡二元对立的结构，这不仅表现为经济活动的不同，而且表现在生活方式、价值观念、文化教育等一系列的差异性。改革开放以来，中国农民虽然已经从传统的经济结构和政治体制中剥离出来，一部分农民初步跨入现代化的门槛，但就广大农民而言，其传统的基本特征并未彻底改变，他们中绝大部分还是一个传统群体，是现代性的旁观者，仍保持着传统社会的特征。①

在城乡二元结构中，城市地区经济以较发达的工业生产、商品经济、服务产业等形式为主，城镇人口的谋生手段主要是信息、知识、技术及脑力劳动，而农村地区主要是以农业经济为主、不发达的工业生产为辅的生产形式，农村人口的谋生形式还停留在体力为主的阶段。虽然改革开放 30 多年来，农村经济生活有了很大改善，但是从现实来看，农村的生活方式、行为习惯、风土人情同现代社会还相去甚远。

在这样的背景下，农村朴素的生活轨迹使得农民对求学没有太大的渴望，认为只要有基本的知识就可以了，没必要接受太高的教育。即使农村教育在硬件设施、师资队伍方面有了很大改善，但是在农村的生活逻辑里，上学没有多大价值。尤其在高校扩招的背景下，大学生就业难，农村人通过上学实现向上流动的机会减少，这使得转型期的农村教育遭遇到前所未有的困境。综合上述因素，瑶族山区的女童接受中等以上教育的阻力进一步增大了。

第二节　阶层：贫困阶层社会流动受阻

一、贫困阶层教育资源相对不足

社会阶层化或者说社会分层现象，是指根据经济地位、权力地位、声望地位、专业地位、受教育程度等标准，社会的成员被分为高低有序的不同等级、层次的过程和现象。马克斯·韦伯的多元社会分层理论对社会分层的研究，集中于阶级、身份群体、政党这三种权力分配的形式，其主要以财富、权力和声誉作为划分不同层级的标准。②

不同的历史时期，中国社会有着不同的阶层结构。从当前来看，对于中国社会阶层的划分，学术界也没有一致的标准，有分为三个、四个层次的，也有分为五个甚至更多层次的。

其中，孙立平教授将中国当前社会分为四个层次：①总体性精英阶层。人数

---

① 王正中. 2007. 城乡二元结构对当代中国农民现代性的制约. 理论学刊，（1）：82.
② 马克斯·韦伯. 1997. 经济与社会（下卷）. 林荣远，译. 北京：商务印书馆：247.

不多但拥有较多的社会资源。②知产阶层。大多受过高等教育，但并不是中产阶层，而是作为知识分子活跃在各个领域。③平民阶层。在人口中的比例最大，大多数是靠国家工薪生活的。④需救济阶层。这个阶层是 20 世纪 90 年代资源重新积聚的一个直接后果，形成了具有一定规模的"弱势群体"。这一群体成员的生活处在贫困状态，在市场竞争中处于弱势地位。①

本书倾向于采用孙立平教授对中国社会阶层的划分方法。瑶族聚居区域大多处于自然条件较为艰苦的边远山区甚至是石漠化地区。瑶族山寨的群众大多数生活贫困，属于需救济阶层。从全国看，10 个瑶族自治县有 6 个国家级贫困县（都安、巴马、大化、金秀、富川、乳源）；从广西看，6 个瑶族自治县有 5 个国家级贫困县（都安、巴马、大化、金秀、富川），其中都安、巴马、大化 3 个瑶族自治县位于我国最大的连片贫困地区——滇桂黔石漠化区的中心区域，是贫中之贫，困中之困。②因此，可以说，本书的研究对象正是当前我国扶贫攻坚的重点人群。为便于叙述，本书用"贫困阶层"指称需扶贫救济的这个阶层。

以大化瑶族自治县北景镇为例，在贫困人口分布中，瑶族村寨贫困情况特别突出。北景镇共有 10 个行政村，总人口数为 31 495 人，2014 年未脱贫人口数为 5 806 人，贫困发生率为 18.43%。其中，安兰村、弄冠村、板兰村、可考村为瑶族聚居的村寨，其贫困发生率分别高达 35.11%、43.02%、53.09%、71.43%。而其余 6 个行政村，即汉达村、那色村、江栋村、京屯村、六华村、平方村，以壮族聚居为主，这些村寨的贫困发生率则低得多，分别为 2.43%、4.90%、5.26%、7.12%、8.91%、8.92%。③以上数据显示，瑶族村寨的贫困发生率较高，瑶族家庭贫困阶层比例较大。

打赢脱贫攻坚战已被列为党中央、国务院的重大决策部署和实现全面建成小康社会目标的重要标志。国家新十年扶贫开发纲要指出，将滇桂黔石漠化片区、武陵山区、乌蒙山区等全国 11 个区域的连片特困地区作为扶贫攻坚主战场。而滇黔桂石漠化片区集革命老区、民族地区和边境地区于一体，自然环境恶劣，贫困程度深重，扶贫攻坚任务尤其艰巨。为此，《中共中央国务院关于打赢脱贫攻坚战的决定》和《教育脱贫攻坚"十三五"规划》明确提出，必须加快实施教育扶贫工程，让贫困家庭子女都能接受公平、有质量的教育，阻断贫困代际传递。可见，

---

① 孙立平. 2005. 90 年代中期以来中国社会结构演变的新趋势. 北京：北京大学出版社：113.
② 俸代瑜. 2017. 精准扶贫研究——瑶族同步实现全面建成小康社会目标的历史性机遇. 广西民族大学. 第二届"广西世居民族论坛"论文集：20-23.
③ 引自：大化县北景镇政府统计的 2017 年北景镇贫困人口分布表.

党和政府早已认识到教育与贫困的关系十分密切，并十分重视贫困地区的教育。但由于历史的原因，教育机会的不同使每个家庭所拥有的文化资本不同，文化资本的差异又影响其对子女教育的态度，最终影响其社会竞争能力，影响其发展及社会流动。

在我国，贫困阶层改变命运最重要的途径莫过于教育。因为在垂直流动的过程中，通过接受教育，获得文化资本，便有机会进入专业技术领域及国家机关或社会管理部门，实现向上流动。然而，尽管高等教育已实现大众化，但教育并没能帮助更多的贫困阶层改变其命运，实现其阶层的变化。原因之一是多年来城乡教育资源的差距较大以及教育机会的不公平，导致教育对贫困阶层的影响趋于减弱。在贫困地区，"读完初中，再去打工"成为孩子们生活的真实写照。而在瑶族村落，还有相当部分学生在小学高年级或初中阶段辍学务农或外出打工。这些地方教育基础薄弱，教师资源短缺，多数学生即使人在学校，也只是"混日子"，因为"听不懂，学不会"，教育无法真正起到作用。他们当中，最终只有少数人能够在这条轨道上步入高等院校。即使如此，到了毕业、择业、创业时，在各种社会筛选体系下，相当一部分人又无奈地进入劳动力市场的较低端，这进一步削弱了贫困阶层子女读书的意愿。

二、教育决策需要进一步向贫困阶层倾斜

我国教育领域实行的是一种"自上而下"精英模式的政策运行机制，即由政府官员为决策主体，社会精英适度参与。教育决策的过程和结果，主要由政府官员主导，精英参与者有时会发挥一定的作用。由于贫困阶层民众比较缺乏表达自身利益诉求的途径，或者不习惯于表达自身利益需求，就容易导致以下几种情况：

1. 教育决策对贫困阶层的实际需要关照不足

法国社会学家布尔迪厄（Piene Bourdieu）从资本主义社会的实践来看教育，认为教育的功能从根本上说，就是对资产阶级的文化进行再生产，教育在口头高唱"人人平等"，实际上却充当一种分配和确定社会特权的工具，是最有效地将既存社会模式（不平等社会阶层结构）永久化的手段，使社会不平等正当化。①

我国还处于社会主义初级阶段，在社会主义市场经济建设过程中，客观上

---

① 张怡. 2004. 文化资本. 外国文学，（4）：61-67.

也存在着资源配置与利益分配不公的现象。比如，在教育领域，就近入学、划片招生本来是为了促进教育公平而制定的政策。但由于各地教育发展仍不均衡，其结果就导致对贫困阶层的不公平。例如，在前些年，城市富裕阶层可以通过交纳一笔不菲的"借读费"或"赞助费"实现择校，通过"借读""择校"等方式进入优质学校读书，而大多数低收入家庭，有心无力，只能望名校而兴叹。目前，城市择校因为开展"学区制"改革而有所缓解，然而在难以实施大学区制的城镇和农村，择校现象则进一步加剧。在农村，一些先富裕起来的家庭也有了择校的意识，从小学开始，便将孩子送到乡镇中心小学，或是相邻乡镇甚至县城较好的学校就读，没有条件的贫困家庭子女则只能在本村或本乡就读。由于学生人数减少，建校成本加大，这些学校的发展则更为困难。在2016年"全面改薄"实施之前，有时候一些偏远的乡村学校得到改善的途径只能是靠上级领导视察发现，或者靠媒体曝光。2012年，笔者在大化雅龙乡某村一所学校看到了两栋新建的教学楼，校长及村主任说，这是因为2010年河池等地大旱，生活在大石山区、没有水源、完全靠天吃水的瑶族老百姓遭遇此大灾难，时任自治区主席马飚前往视察，到过他们学校，看到学校条件实在太差，便指示相关部门落实校舍建设资金。大化板升乡弄勇村弄顶屯的孩子们上学需要翻越一道10米多高的悬崖，悬崖上只有村民用简便竹排搭成的梯子。2011年经记者调查并进行报道后引起有关部门的重视，先在竹梯上做了个铁梯，并规划修一条全长3.235千米的上学路，总投资126.1万元。2012年，大化县通过以工代赈项目争取到55万元资金，一年后修了这条上学路的两头约1.2千米，中间隘口难度大的地方由于资金原因一直搁置，直到中央电视台"经济半小时"栏目2013年5月报道后才得以复建（图6-3）。[①]

2. 教育决策对贫困阶层的声音倾听不够

随着经济社会的发展及城镇化趋势，我国农村阶层的差距也在拉大.尽管在扶贫过程中，贫困阶层成为政府关注的重点，然而一些地方政府在进行决策时，会更多考虑社会整体利益或决策者的政绩等因素，思想及行动基本是以"效率优先"为原则。虽然也提出"兼顾公平"，但在效率与公平有冲突时往往都会牺牲公平。例如，某些政策在制定时没有充分考虑主要利益相关者的实际情况与需要，作为精英的政策设计者以价值判断先于分析论证的方式代言贫困阶层的利益。他们本来有义务更加深入地了解当地的实际情况，倾听最困难群众的声音，然而一些干

---

① 中央电视台. 修不通的上学路. http://news.hexun.com/2013-05-09/153950146.html［2013.5.9］

部只是带着"道听途说"的言论或偏见，做一些泛泛的了解或是直接按照上级有关精神依葫芦画瓢。

图 6-3　弄勇屯小学生的上学路

以瑶族聚居山区学校布局结构调整为例。在撤点并校之前，没有进行深入调研，对于村屯的实际情况包括人口、经济、上学距离及传统习俗等都没有摸清楚的情况下，便进行了大量的撤点并校，导致了瑶族困难家庭子女大量失学。笔者在调研中发现，就瑶族社区特别是大石山区布努瑶、聚居深山的盘瑶（过山瑶）而言，除极少数经济较为富裕以外，绝大多数瑶族群众属于贫困阶层，而且住在偏远的山顶，他们到村屯上学尚且不易，如何能到更远的村子或镇上？因此，对于贫弱阶层比例大的村屯，取消教学点不利于儿童接受教育。

一些贫困困家庭健壮劳动力不多，孩子七八岁已经是家庭的半个劳动力，放学回家后可以帮忙干农活或做家务。而布局结构调整后，孩子只能寄宿，一方面不能增加家庭收入，另一方面家人还要每周花两个半天去接送，所以他们对本村小学撤点最为抵触。撤点可能造成孩子们可能。例如，巴马瑶族自治县所略乡弄中村，共有巴两、巴山、弄中、朗赖、巴贤、兰顶、小洞等 16 个自然屯，2012 年撤点后，只留下弄中和兰顶两个教学点。为了上学，学龄儿童不得不每天翻山越岭十几千米，导致大量女童不得不延迟上学，如到燕洞乡龙凤小学读书的弄中村小（教学点）学生共有 43 名，其中 16～21 岁的就有 28 人。这些学生主要是女生，多数读完小学后就辍学了。这样的情况在瑶族村屯较为普遍。笔者在大化瑶族自治县曾看到，板兰村六陆屯教学点撤并后导致大量学龄儿童失学，后来本村的一位大专毕业生返乡，在公益组织的支持下重新恢复了教学点。目前，他的努力得到了中心校的认可，又聘他为临时代课教师，负责该教学点近 40 名孩子的教学。

撤点并校给部分底层群众带来的困难，决策管理层并非没有考虑到，但为了县域内教育均衡发展的大局，仍然坚持走集中办学之路。2017 年初，笔者到大化瑶族自治县某村进行调研时，了解到该村原来是乡政府所在地，4 个瑶族村总人口达 8 000 多人，村小现有小学生 950 人，当年小学毕业生达 240 人，人数并不少。然而，县政府仍决定从 2017 年秋季起，村中学停止招生，村小学生毕业后要到镇上或大化县城去上学。原因是村中学教学质量不高，影响义务教育均衡发展。

该村村距离镇上及大化县城距离较远，公路多年失修，极不好走。学生从村屯到镇上或大化县城去上学，需要半天至一天的时间。同样都是寄宿，但家长接送或学生自己往返所花时间和交通费都增加了。同时，对于瑶族学生而言，他们进入壮族及汉族学生较多的学校，需要一个适应的过程。交通及适应两个问题交织在一起，很可能使得部分瑶族学生在进入中学之前或之初，选择辍学。

该村中学是一所办了近 30 年的初级中学，曾经为高一级学校输送了大批人才，也为当地培养了一批批建设者，目前村小的一些骨干教师就是从村中学考入中师，毕业后又回到当地工作的。虽然群众有意见，村里也向县领导反映了情况，但村中学最终被撤并了。实际上，该村中学办学师资面临的困境，以及因此导致教育质量不高等问题已经不是一年两年了，在县政府、县教育行政部门看来，只有撤并该校，把学生送到县城或乡镇中学，才能达到教育均衡。由于没有深入调查瑶族家长及学生意愿，撤校行为深深伤害了瑶族家长及学生的情感，不少家长表示自己没有能力送孩子到县城或镇上去读书。

3. 就业市场中资源劣势不利于贫困阶层重视教育

布迪厄在 1984 年就指出："教育系统本身就是等级划分系统的分类者，学校通过教育再生产等级制，各种专业与学科严格地对应社会阶层及其'地位水平'，虽然这些专业与学科表面上中立地反映着学术的等级，但是学术的地位等同于社会的尊卑。"①内置于文凭社会和关系社会中的就业市场，显然也会通过包括教育在内的各种符号性身份来排斥农村子弟们进入主要劳动力市场。从当前大学毕业生的就业情况，可以看到重点大学毕业生明显占有优势：有时不看个人能力高低，只问毕业于哪类学校。甚至有些单位招聘人才时，非"985""211"院校的毕业生不要。这就导致重点院校的一纸文凭成了敲开就业之门的金砖，一般院校的文凭则只是石头或者泥砖而已。高收入的职业与重点学校文凭高度关联起来。

在早期教育缺乏、基础教育薄弱、优质资源极少的贫困地区和民族地区，有多少孩子能进入重点大学呢？笔者在都安瑶族自治县的瑶族中学调研，单独统计了瑶族学生的比例。这间以瑶族命名的民族学校，高中总人数 3 193 人，瑶族学生 633 人，占比约为 20%。其中，来自村屯、父母务农务工的瑶族学生为 265 人，约占总人数的 8%。2015 年、2016 年，该学校瑶族学生考上大学的人数分别是 168 人和 154 人，占该校当年瑶族在校学生总数的 25% 左右。其中 70% 为专科，以区内高职院校为主，70% 考入近年来升格为本科的大学，还有 10% 的学生通过读预科班进入医学类、师范类院校。他们当中，没有一个人能考上重点大学，更不用说"211""985"大学。

由此可以预见，这些瑶族学生中的优秀分子，在大学毕业后基本上仍然只能获得待遇报酬相对较低的职位，虽然比起他们的父辈会有所改观，但要帮助其家庭突破贫困阶层还存在较大的困难。这就进一步导致瑶族家长送子女读书的意愿下降。

第三节　民族：本民族的主体性没有充分体现

作为少数民族的瑶族女童，其瑶族的民族身份也是影响其受教育状况的重要

---

① 戴维-斯沃茨. 2006. 文化与权力：布迪厄的社会学. 陶东风译. 上海：上海译文出版社，387.

因素。早在 19 世纪初，一些学者就认识到不能将人作为孤立的个体来研究，个体组成的社会是一个整体，有其特有的心理规律，并因此开始了民族心理的研究。何谓民族？学界的探讨一直在进行。本书采用斯大林的定义：民族是人们在历史上形成的一个有共同语言、共同地域、共同经济生活及表现于共同文化上的共同心理素质的稳定的共同体。[①]民族是历史的范畴，是在特定的历史人文和地理条件下形成的。每个民族都有表现于文化特点上的共同心理素质，也称共同心理状态或民族性格。[②]

一方面，每一个个体都必然受到民族共同文化和共同心理的影响，在其接受新的文化时都会带上本民族的烙印。换句话说，它将直接影响民族成员的认知方式、经验图式、对学校教育的认同、学习习惯及与他人的互动方式等。另一方面，由于该成员的特有身份，主流民族或其他民族在与其接触的过程中，并不会将他看成一个孤立的个体，而是会与其民族身份一起来认识他、了解他、与他互动，这种基于其民族身份的互动又可能反作用于该民族成员，影响他对主流文化的学习态度。在分析民族如何对个人教育产生影响时，需要从以上两个方面进行分析。

一、瑶族文化及民族心理对瑶族学生受教育的影响

美国著名女性人类学家米德在《三个原始部落的性别与气质》一书中，根据其对三个不同的原始部落的研究提出，性格与气质不是天生的，也不是由性别决定的，而是由于不同民族照料婴儿和教养儿童方式的不同，从而形成民族间文化的差异的，是文化影响的结果。另一位女性人类学家本尼迪克特在其名著《文化模式》中则认为，人类有各种文化，每种文化的内部都有其主旋律，构成其性格，使不同文化具有不同的模式。

瑶族是一个古老的有着深厚历史记忆的民族。从代代相传的故事中，从学者们的著作中，人们能看到、了解到瑶族是历史上受压迫、剥削最深，反抗精神最强的民族。在封建社会，为了生存，瑶族人民被迫远距离迁徙，进入大山腹地，"入山唯恐不深，入林唯恐不密"，大多散居于海拔 1 000～2 000 米的高山密林中，在艰苦的生活条件下顽强地繁衍生息，形成了独特的民族文化和民族心理特征。

瑶族同胞有着怎样的民族共同心理特征呢？

---

① 斯大林. 1953. 斯大林全集　（第 2 卷）. 北京：人民出版社：294.
② 熊锡元. 1984. 探求民族共同心理素质的奥秘——民族学研究的一个重要课题. 中国民族，（07）：46-47.

韦浩明通过对瑶族历史文献《评皇券牒》的各种抄本、神话、故事传说、舞蹈艺术、村寨布局、传统社会组织及风俗习惯等可视和不可视的历史记忆入手，对瑶族自我认同的民族性进行了分析，认为生态环境和传统文化铸就了其善良、知足、不愿轻易冒险、礼让、回避、勤劳勇敢、艰辛度日、迁移游耕、族内平等、渴望美好生活的群体特征。其因循守旧、安于贫困的意识根深蒂固；习惯于用祖先、区域和家庭的传统意识、传统习俗、传统规范约束自我，提高生活水平的愿望不强，自卑而缺乏信心，相信命运、与世无争的观念比较普遍。[①]

李富强通过对瑶族儿童社会化的研究来看瑶族是如何将其文化与民族性代代相传，塑造或传延了瑶族人的性格，他认为这些性格包括：守旧性格、排他性格、依赖性格和宿命性格。[②]

黄仲盈认为瑶族安于现状、循规守旧、依赖性强的心理特征，是在特定的地理环境和历史条件下形成的，由于历史上其面临的自然和社会生存环境比较恶劣，只能依靠族群内部这种抱团的力量来抗衡和斗争，因此，长期在这种关系网中间的瑶族群众逐渐形成了以上心理特点。[③]

朱梁凤在其研究中概括了瑶族人的优秀品质和消极的人格特点：优秀品质有勤劳勇敢、忠诚老实，具有不畏艰难、不屈不挠的斗争精神，以及尊老爱幼、互相关心、和睦相处、团结互助。消极的特点则包括：封闭的乡土观念、重农轻商、安贫守旧和平均主义思想。[④]

通过对前人研究的梳理及 6 年来的实际调查，笔者将瑶族的民族性格概括为以下特点：

1）勤劳勇敢、迁移游耕、艰辛度日，重视生产劳动，渴望美好生活。

2）礼让、回避，不轻易冒险。相信命运、与世无争的观念比较普遍。

3）安于现状、循规守旧，害怕竞争，不喜创新。

4）对人热情，团结互助。对家庭、族群依赖性强，族内活跃，族外沉静，对外具有一定的排他性。

5）孝敬父母，尊重老人，长幼有序，要求子女孝顺听话。

---

① 韦浩明. 2009. 历史记忆中的瑶族自我认同——文化视野中的瑶汉族群关系研究. 黑龙江民族丛刊，（03）：139-142.

② 李富强. 1989. 瑶族儿童的社会化初论. 广西民族研究.（01）：101-107.

③ 黄仲盈. 2003. 广西凤山县三个民族乡瑶族子女教育的调查及民族学思考. 广西右江民族师专学报，（05）：9-11.

④ 朱梁凤. 2002. 广西瑶族传统文化与当代民族发展. 桂林：广西师范大学硕士论文：34-36.

6）民族自尊心强，与自卑心理交织在一起，敏感内向。

7）生性豪爽，重情义，不习惯集体生活，喜自由，不喜约束。

8）重实际利益，轻长远打算，重农轻商。

随着社会的发展变迁，瑶族社区虽然也有了一些新的变化，但其传统文化所塑造的历史记忆深深地印刻在各地瑶族民众的脑海里，凝聚着不易改变的族群认同和民族心理特点。尤其是那些仍然生活在边远山区的瑶族，其民族心理特点更加深刻地影响着他们的生活。对儿童、青少年来说也是如此。

在实地调研中，笔者发现一些瑶族学生不能坚持读书、完成学业，与其自身的民族心理特点有一定关系，主要表现在以下几方面：

1. 依赖心重，不敢远行求学

孩子们在瑶族聚居地上学，说着熟悉的瑶话，有较多的瑶族同学一起学习时，他们的学习积极性比较高，除家庭经济困难外，极少有孩子辍学。假如村里没有了学校，要到一所壮族、汉族学生占多数的学校读书，瑶族子弟则会在未去之前就产生种种担心，在学校若遇到人际矛盾更会因为害怕而不再上学。

在笔者调研过程中，无论是校长还是老师都有这样的反映。在大化瑶族自治县，距离县城不到 5 公里的龙万新村，是一个瑶族移民新村，有几十户人家，都是从山里迁移出来的瑶族群众，共计 307 人。该新村的孩子被安排到 3 公里远的龙马小学就读。在 2001 年之前，龙万屯只有一个上了初中、但没有读到毕业的初中生，能读到小学毕业的学生也很少，大量的小孩在读到小学三年级后就辍学了。

据当地村民反映，除经济及家长观念外，一个很重要的原因是孩子在学校受到当地子弟的排挤，因为害怕被嘲笑、欺负，到了中高年级就纷纷不读书了。在这样的情况下，班爱花老师才办起了龙万爱心家园，在 2001 年收了 56 名学生。

这种情况，目前在各瑶族山区仍不同程度地存在着。例如，笔者在昭平县仙回村调研时，发现只有少数学生去上中学，村主任和村民反映说是由于瑶族学生在学校被人欺负，读了一个学期后就有孩子不愿意去了，别的孩子见有人不去，也就跟着不去。在大化县板升乡板兰小学，笔者与小学六年级学生座谈时，问到板兰中学停止招生后，孩子们是否还会继续读书，大部分学生对这个问题极其苦恼，一是不希望学校离家太远，可以帮家里的忙；二是北景镇周边以壮族为主，北景中学瑶族学生少，自己去读书会害怕，担心受人欺负。

事实上或许存在少数瑶族学生被其他民族学生欺负的现象，但总体来说，瑶族与其他民族的关系是融洽的，在学校生活中被欺负或受到歧视，主要还是因为生活习惯的差异，以及主体民族的子弟存在一些心理优势造成的，这在同一个民族不同阶层的子弟身上也时有发生。但为何给瑶族学生造成较大的压力与影响呢？

笔者认为，这与瑶族自身的民族心理有较大关系。瑶族世代依山而居，在生产力落后、刀耕火种的自然经济状态下，人们相互依赖、相互协作。在阶级社会，这种生活方式使他们在阶级剥削和压迫的夹缝中得以生存和繁衍下来。应该说，历史上任何一个民族都是依靠族群内部这种抱团的力量，在与自然环境的抗衡中、与封建统治阶级的斗争中一路走过来，其作用是不可低估的。在瑶族社会，个人与家庭、个人与个人之间都被固定在一张关系网上，相互依存，父子之间、亲朋之间、邻里之间的关系牵一而动百。瑶族儿童从小生活在这样的熟人圈子，甚至同一个村大部分人都是亲戚，加上长时间跟随祖辈及父母劳动，关系简单而友善。他们很少需要独自处理与外界的关系，也极少与外人打交道。瑶族人单纯善良，不善经商，在市场经济社会，有时会遇到其他民族不善之人的欺骗，使得他们对外族的信任度下降。瑶族青少年从小耳濡目染，受到影响，对外族有一种天然的防备心理。大人外出务工及做许多的事情都是与同乡一起，希望遇到事情时有人帮忙撑腰。小孩读书也是如此，如果有少数人被欺负退学，便会对其他瑶族学生产生较大的影响，易转化为一种群体行为。

2. 学习上遇到困难，容易放弃

从本书第四章对瑶族女童的学习情况分析中可以看到，瑶族学生在学习上遇到困难，如听不懂课或考试成绩差，她们便会放弃努力，认为自己笨，学不会。瑶族男童虽然较少将失败的原因归于自己，但也极少有学生能想方设法，克服困难，努力提高自己的学习成绩。他们大多数人不与别的同学竞争，当问起他们班上哪些同学成绩好时，他们都会一一列举，眼中没有一丝的妒忌或希望超过别的同学的意识，"安于现状、循规守旧，害怕竞争，不喜创新"及"相信命运、与世无争"等民族心理特点在他们身上展现无遗。

一方面，对于从小没有接触过现代教育的瑶族孩子来说，学习的困难的确超过外人的想象。他们没有任何的早期经验和家庭文化资本，多数孩子在入学前几乎没有接触过普通话，学习拼音困难很大，在学习数学等科目时还要进行语言的转换。这些实际存在的困难，的确是瑶族孩子获得好的学习成绩的拦路虎。

另一方面，孩子们从小在民族文化中习得了安于现状、与世无争的心理，缺乏积极进取的动力,对于要花费很大的努力才能达到目标缺少足够的毅力和勇气。在学校,很少看到那种学习上特别勤奋,一有不懂就敢于提问的学生。这也与他们从小生活在大山之中,自由自在,不喜欢约束,受不了枯燥的学习生活有较大关系。孩子们在学校表面上安安静静,但实际上好动好玩,他们活在当下,认为让自己每一天快快乐乐更为重要。他们思想单纯,能在学校吃饱饭,还有一起玩的伙伴,他们就已经很开心了。至于学习上的失败,如果家长不责备,便也心安理得。

此外,学习没兴趣、遇到困难后,一些孩子迷上了网络游戏。有的瑶族男生常常晚上翻墙出去,到镇上网吧打游戏,或偷偷使用手机玩网游。有的女生则喜欢在网上聊天,打发时间。

3. 自主性不强,习惯听从父母安排

本书第五章分析了瑶族女童听话与孝顺的性格特点对她们接受教育所产生的负面影响。瑶族父母文化程度较低,在生计与教育之间,他们更重视生计。笔者通过大量访谈发现,瑶族父母对孩子的期望值低,正是受其民族心理"注重实际"观念影响的结果。在他们看来,读书的目的就是获得铁饭碗、能当官。当他们发现花了很长时间、很多的金钱辛苦培养孩子读完大学出来后,既不能当官、又没有铁饭碗,便不再像原先那样重视教育,只求孩子上个学、能写名字、会算数、不吃亏就可以了。因此,当孩子放弃读书时,家长一般都不再劝其返校。对于在外面学习几年、回到家不会干也不想干农活的年轻人,村里人大多持否定态度。有些父母甚至鼓励孩子早点成家。在这样的情况下,子女听从父母的安排,自然就会影响他们受教育的程度。瑶族学生自主性不强,习惯听命于父母,正是瑶族生活环境及文化心理长期影响的结果。

瑶族在山区一般大分散、小聚居,一个山弄仅由几户到几十户人家聚集而居。这种分散、封闭、孤立的山居生活,使得家庭关系更为紧密,孩子从小对于父母的依赖性大。瑶族妇女家务、农活都要做,有了小孩后通常背着孩子做所有的工作。袁同凯先生在描述土瑶亲子关系时写道:"在小孩学会走路之前,除晚上外,整天都趴在母亲的背上,不论是醒着还是睡着,就连吃饭、小便也都在母亲的背上,孩子对大人的依附性很强。"[1]这种依附性实际上是由其生存条件及育儿方式决定的。

在艰难的条件下,养儿育女非常艰辛。由于医疗条件差,子女的存活率不高,

---

[1]　袁同凯. 2004. 走进竹篱教室——土瑶学校教育的民族志研究. 天津:天津人民出版社:264-265.

这是瑶族家庭多育的原因之一。正因为如此，瑶族人民十分注重亲情，讲究孝道。他们体念父母的养育之恩，追求对父母的孝顺之情。在瑶族的民间歌谣中，有许多诉说父母的养育艰辛，教育后代要尊老敬老的内容，有时瑶族人民还将惩恶扬善与宗教迷信联系起来，用因果报应的观念来阻止人们的恶行。这种强调家庭亲情、尊老敬老的传统家庭美德有其现实意义。但也有些消极的因素，如用宗教迷信、因果报应观念来强化道德教育的权威性，使得子女对父母唯命是从，缺乏主见。导致有些瑶族女童过早放弃读书，或服从父母安排的婚姻，造成一些婚姻的不幸。

二、瑶族身份：主体民族的见与不见

人们的身份归属是多重的，民族身份只是众多身份的一种。一个共同体可以是一个国家、一个社会、一个社区，其表现形式也可以是一个民族。人们何时以何种身份表现其存在，取决于与他们发生交往互动和进行参照对比的对象是以什么样形式出现。[①]大多数情况下，人们并不会过多关注自己的民族身份，主要是以其社会成员的身份出现及发生互动。只有当他们能够把彼此的行为、观念和得到的社会回报的异同归因于彼此起源的异同或者说民族身份的异同时，他们才会意识到他们是同一民族，或不是同一民族成员。

在不同的地域，人们对民族身份的自觉会有较大差异。笔者在瑶族地区调研时发现，地处偏远山区的瑶族，其民族身份意识显得更强一些。这除了与他们的民族历史记忆有关系外，改革开放后农村各民族经济发展差距增大也有一定影响。从广西来看，十一届三中全会以前，全区农村经济的发展相差不大。改革开放后，桂东南与桂西北、平原与山区，汉族聚居区和少数民族聚居区的经济发展出现了急剧的变化，山区瑶族的经济发展速度远远落后于汉、壮族地区。在这样的情况下，其他民族，特别是人口和经济占优势的汉族、壮族，对瑶族的看法、态度以及在各项事务中能否公平公正地对待他们，无形中对瑶族经济社会发展及文化教育事业都会有一定的影响。

以下从三个方面来进行讨论：

1. 社会舆论对瑶族仍然存在刻板印象

就整体而言，瑶族与壮族、汉族及其他少数民族的关系是比较融洽的，特别

---

① 潘蛟. 1995. 勃罗姆列伊的民族分类及其关联问题. 民族研究，（03）：17-28.

是生活在同村或邻村的瑶、壮、汉群众，经过多年的经济往来及部分通婚等方式，民族之间互相融入，达到了你中有我，我中有你。然而，由于瑶族居住的条件更为艰难，文化传统差异较大，瑶族的经济发展仍滞后于壮族和汉族，特别是与生活在乡镇的壮族、汉族差距更大。

大多数外族群众甚至乡镇管理干部不太了解瑶族发展的历史，在他们眼中，瑶族人是贫穷落后的代名词，他们认为瑶族贫穷落后是因为他们思想落后、没有文化、不重视教育。当地部分瑶族同胞因为喝醉酒睡在路上的故事一传再传后，瑶族人好喝酒就成了他们的典型特征；个别瑶族同胞由于见识少、碰到一些新鲜事物闹出笑话，也被人们添枝加叶地传播。

一次，一位小时候生活在巴马某乡镇的壮族干部向笔者讲了一个嘲笑瑶族人的故事。言下之意，其实没有人故意看不起瑶族，但他们的行为实在好笑。

无论如何，瑶族长期深居山里，造成与世隔绝，没有像其他的民族一样，能够早早融入现代社会生活，从而在行为方式上与现代社会有差异，显得有些奇怪。但这主要是历史与社会原因造成的，不应当将责任一概归于瑶族同胞身上。再说喝酒，主要是生活在山里，天气寒冷，酒有驱寒去湿气之功效，加上他们热情好客，有以酒交友、以歌会友的风俗，所以喝酒便成了生活的必需品。虽然有人常醉，但常醉之人毕竟是少数，因此也不能把"酒鬼"或"懒汉"形象强加于瑶族男人并加以宣传。

在瑶族山区，随着人口不断增长，森林及土地资源破坏较为严重，加上生产力水平较低，虽然每家每户起早贪黑地劳作，但收成仍旧不高，有些连最低生活保障都难以维持，这也大大地影响了他们生产积极性。有学者指出："经济的贫困带来人的精神沉积，长久的贫困会随着生产兴趣萎缩而逐渐萎缩与消磨人的精神素质，与沿海地区差距的进一步扩大将使贫困本身沉淀入人的精神深处，使人的创造性和活力被逐渐销蚀，严重结果是一个个体或一个民族对生活的追求和向往都将丧失殆尽。"①可见，不解决贫困，谈不上发展。国家正下力气对贫困地区进行精准扶贫工作，但有一些干部只看到表面现象，将贫困的原因归结于懒惰与不开化，否认扶贫工作的意义，不愿意更多地对瑶族群众进行帮扶，这是有失公允的。

随着更多的瑶族同胞通过上学读书及外出务工，有机会拓宽了交往范围，一些由于条件所限导致的不良习惯，如由于缺水导致的卫生习惯不佳，由于重生产导致的不重文化教育等也在改变。如果外界还是以老眼光看待他们，由于他们处

---

① 晏月平，徐晓勇，等. 2013. 民族人口现代化进程的族际比较研究，自：国务院人口普查办公室，国家统计局人口和就业统计司. 发展中的中国人口. 北京：中国统计出版社：1368.

于弱势地位，对于外界的评价就更为敏感。因此，主体民族如果带着一种民族优越感或偏见与瑶族相处，将难以把工作做好。例如，一些瑶族乡镇教育管理人员对瑶族学生的学习不抱希望，他们极少到山里了解实际情况，对山里的瑶族学校指导极少。一些管理人员明确告诉校长："只要不出安全事故，质量怎么样我们就不要求了。"以这样的态度来对待瑶族基础教育，如何能改善孩子的学习情况？一些瑶族村小两年之内换了三任校长，原因是没有人愿意到那里当校长，理由是"民风"不好。这种偏见容易导致瑶族群众自卑，害怕融入主体民族，或者拒绝接纳由主体民族主导的文化，包括教育，这种思想甚至会影响年轻一代的瑶族孩子。可见，对各民族特别是主体民族进行富有实效的民族团结教育十分迫切。

2. 民族教育政策未能兼顾瑶族的特殊需求

党和国家历来高度重视民族教育。多年来，从中央到地方，各级政府出台了许多支持民族教育快速发展的政策，在这些政策的推动下，民族地区教育事业实现了跨越式的发展。但认真分析并考察这些政策的实施情况，笔者发现民族教育政策并未兼顾瑶族的特殊需求。

比如，民族教育政策没有真正落实到具体民族。少数民族是一个统称，包括我国除汉族以外的 55 个少数民族。在民族政策里，鲜有针对各少数民族不同实际情况的具体指导方案。从中央到地方，政策是逐级细化、具体化的，这在我国民族政策体系中有所体现，但是很不够。具体到民族教育政策，下级政府出台的相关政策，很多都是照搬上级政府的文件，有针对性、操作性强的"干货"不多，尤其是具体到针对不同少数民族的规定、要求、措施、保障很少。

又如，一些民族教育政策只考虑到民族自治地方的主体少数民族，却忽视了其他少数民族的特殊情况和需求。下面仅以民族双语教育进行说明。

研究证明，语言对于思维发展具有重要的作用。对于相对封闭的少数民族村寨儿童来说，他们从小没有接触过通用语言，由于没有母语教学向汉语教学的过渡，他们一上学就直接学习十分陌生的第二语言及其文化，这无疑加大了学习的难度，也影响了他们学业能力的发展。正因为如此，我国一直比较重视少数民族的"双语教育"。《国务院关于加快发展民族教育的决定》指出："在国家通用语言文字基础薄弱地区，以民汉双语兼通为基本目标，建立健全从学前到中小学各阶段有效衔接，教学模式与学生学习能力相适应。"

在广西，壮族是主体少数民族。一些壮族群众聚居的地方，国家通用语言文字基础仍十分薄弱，因此，以壮汉双语兼通为基本目标的双语教育很有必要。多年来，广西在一部分壮族聚居地区的学校实施壮汉双语教育，并不断加大力度，目前已有逐步扩大的趋势。2016 年自治区教育厅等六部门专门下发《广西壮族自治区壮汉双语教育发展规划（2016—2020 年）》，其目标是：到 2020 年，全区实施壮汉双语教育的中小学校达到 300 所以上，在校学生达到 15 万人。为了培养壮汉双语师资，每年招收 100 名定向师范生，培养壮汉双语教师。作为壮族自治区，重视壮汉双语教育理所当然，按照壮族聚居程度及其母语使用情况，上述规划所提出的目标——壮汉双语教育的规模甚至可以说还太小，但毕竟有所发展。不像其他少数民族特别是瑶族，没有开展相应的民族双语教学实验。

瑶族作为广西区内第二大少数民族，广西作为全国瑶族人口最多的自治区，国家很早就帮助瑶族创制了相应的拼音瑶文方案，但由于种种原因，瑶汉双语教育没能展开。在自治区层面，政策要求在有些文件中提到，如《广西壮族自治区壮汉双语教育发展规划（2016—2020 年）》明确：支持有本民族语言文字的少数民族开展民族双语教学实验。但仅此而已，没有顶层设计，没有保障支持。比如，没有组织编写瑶文教材，没有支持培养、培训瑶汉双语教师，没有专门的瑶汉双语教育经费。全区 6 个瑶族自治县，也没有哪个县拿出行动，支持开展瑶汉双语教学实验。

退一步讲，即便目前由于没有瑶语教材（其实广东省连南县开发有瑶汉双语实验教材）、缺乏双语教师，开展正规的瑶汉双语教学不现实，但笔者认为广西的 6 个瑶族自治县应当根据需要和可能，在瑶族山区学校小学低年级，尝试开展利用瑶语进行辅助教学，利用母语优势，帮助瑶族儿童适应学习生活，并从母语情感、母语思维慢慢过渡和迁移到汉语情感、汉语思维。只有这样，才能较好地帮助瑶族小学生理解所学的知识，尤其是他们最害怕的数学。

在教育行政管理中，由于人们的民族意识相对薄弱，在工作中没有相应的民族区分，较难呈现不同少数民族教育发展的快慢和轨迹。从广西的情况来看，目前各级教育部门没有分民族的教育统计数据，无法看到各民族学生入学、就学、升学等情况，甚至各少数民族自治县也是如此。笔者在多个瑶族自治县和瑶族乡开展调研，走访了多个县教育局和乡镇中心校，均没有瑶族学生入学、升学及各项分民族的统计数据，也没有瑶族教师比例的统计。这样的统计，往往只能看到一个平均数，平均数看起来还不错，辍学率也在政府的控制线以内，但如果将瑶族学生单列，就会发现相关指标早已超出了控制线的范围。如一些地方初中阶段瑶族学生的辍学率高达 50%，但由于其基数不大，放到全县的平均数里则变得十分微小了。

这种管理的模糊性或许是一种工作策略，但这种模糊性让人们无法看到各民族学生存在的差距，因此，也就无法进行有针对性的帮助。而上级领导看不到瑶族这样的少数民族的实际情况，制定教育政策时也只能笼统地要求各部门重视少数民族学生，而无法采取具体有效的措施，导致该民族学生得不到应有的扶持，对于民族地区教师的培训也缺乏针对性，难以取得实际成效。

3. 相关法规过于笼统，执行效果差

1993 年，《民族乡行政工作条例》颁布实施。该条例的实施，使各级各部门在民族帮扶工作中有政策可依，在过去的很长一段时间里有力地促进了民族地区的"两个文明"建设。但是，不少优惠政策条文内容笼统，没有具体的量化要求，都是靠"倾斜""优惠""照顾"来定性，在实际的贯彻执行中弹性大、难到位，有的甚至变成了可执行也可不执行。如该条例第 4 条："民族乡人民政府配备工作人员，应当尽量配备建乡的民族和其他少数民族人员。""尽量配备"等词带有随意性，难以做到合理配备。条款规定过于笼统，就不能很好地发挥应有的功效。有的条文虽有量化规定，但模棱两可。

还有，政策或项目"打包"、没有针对性，导致少数民族特有权益保障落空的问题。据邓崇专调查，在国家和自治区层面，中央和广西为支持少数民族和民族地区加快经济社会发展，在扶贫、教育、基础设施建设等方面，设立了诸如扶贫资金、少数民族发展资金等各种资金项目。但在市、县、区层面，目前广西区内几乎没有看到哪个地方专门为民族乡设立各种资助和发展的资金项目，以示对民族乡的倾斜，更没有专门针对民族乡的建乡民族而设立支持的项目，而是与其他民族一起作"打包"或"捆绑"处理，即不管是民族乡的散居少数民族，还是其他民族（包括汉族），凡需给予照顾的，在分配资金时都均等对待，没有专门针对民族乡散居少数民族的特殊安排。[①]

教育方面的政策也是如此，由于政策的民族区分不够清晰，条款规定针对性不强，致使本来就相对落后的少数民族教育发展缓慢，差距拉大，像瑶族女童这样的弱势群体，更加得不到应有的关照和倾斜。

4. 教师的态度是影响瑶族学生接受教育的重要因素

在瑶族山区，相当一部分教师认为瑶族学生学习成绩差，自身学习能力不够强，即使教师努力工作，学生成绩提高也不明显，于是很多教师对瑶族学生的学

---

① 邓崇专. 2014. 当前广西民族乡散居少数民族特有权益保障的落空与实现. 广西民族研究，（4）：32.

业不抱太高的期望。一位瑶族老师在访谈中说："瑶族学生汉语基础差，花费很多的时间学习汉语也不会学得很好。就算他们坚持来学校，在课堂上听课也听不懂，更别说三天打鱼两天晒网了。"该老师说的"三天打鱼两天晒网"，是指瑶族学生经常因为家里的各种事情请假回家，例如农忙时，家长让学生请假回家帮忙；村里有喜酒喝，家长也把孩子接走。由此老师们得出一个结论，瑶族家长根本不重视教育。实际上这是由于老师们对瑶族家庭的实际情况及风俗文化了解不够导致的一种认识偏差。总体上，瑶族家长越来越认识到教育的重要性，但他们也有自己的判断能力，他们渴望有更高水平的教师来教育自己的孩子。有些家长认为，现在这些老师教与不教，对孩子其实没什么两样。话语虽有些尖锐，但多少道出了部分事实。乡村教育质量低下、没有赢得家长的信任是导致他们不重视教育的原因之一。

孩子们基础差，更需要教师寻找适合他们学习能力的方法，放慢教学进度，帮助孩子们打牢基础。然而观察发现，相当一部分乡村老师由于自身能力所限，加上对学生没有信心，还有上级检查不够、监督不严，他们在教学上较为自由随意，有的经常缩短教学时间，有的因为兼顾学生的生活，对于孩子们的学习听之任之。有的老师甚至表示自己不敢管教瑶族学生，因为害怕学生辍学回家影响当地政府"控辍"任务的完成。长期如此，学生们从教师的言行中会体察老师对自己的看法和评价，进而认为自己脑子笨，对学业没有信心，从而自暴自弃，以玩为主，导致学生的低学业成就。

教学点撤并后，乡镇中心校不得不接收村上的一些瑶族学生。与村小的教师相比较，中心校的教师除了不满意瑶族孩子的学习成绩之外，比较不能接受的是孩子们的卫生习惯及过早恋爱等行为。笔者向中心校老师了解瑶族学生的情况，当问到"你认为瑶族孩子与壮族或汉族的孩子有些什么不一样的地方"时，一些比较直爽的教师会直接说出自己的想法。如有老师说："瑶族孩子身上有一股特别的味道，你只要一走近，就能闻到。他们很不讲卫生的。"一个带民族班的老师告诉笔者："第一学期每天都进行卫生习惯教育，但孩子们一个假期回来之后又回到原样。甚至在宿舍楼还出现了随地大小便的情况。"有好几位老师反映瑶族学生比较喜欢谈恋爱，小学五六年级就情书满天飞。

为了证实老师们的说法，笔者深入学生宿舍了解情况，发现该校民族班所住的宿舍楼有卫生间，但没有水，不允许使用。多年来，孩子们上厕所都要跑到楼下离宿舍区较远的地方。有些孩子年纪小，半夜起来不敢下楼，只能在楼道中解决内急。可见，老师所言只看到了问题的一个方面。笔者后来就这些问题访谈了一位该校的毕业生，该生现仍在初中读书，三年前他在中心校上学的情况与现在基本一样。

　　笔者：想请你回忆一下在民族班读书的情况，你还有些什么印象？

　　赵生：我们有些同学年龄小，上学还尿床。我自己读四年级还是什么都听不懂的，拼音都不会，到五年级才突然开窍了，也是我爸给我讲了一次我就明白了。后来成绩就比较好，考上了中学的重点班。

　　笔者：一些老师跟我说，你们同学中有的卫生习惯不太好，还有些同学方便不去厕所，有这样的情况吗？

　　赵生：嗯，说起这个我想起来了。当时厕所离得很远，要下楼再跑很远的路。有些小孩害怕，所以就在宿舍走道上方便了。其实真不是有意的，也不是卫生习惯的问题。

　　笔者：听说你们当中有许多同学都热衷写情书的，真有这么回事吗？

　　赵生：这是在民族班记忆最深的事了。当时，也不知道怎么回事，每个人都疯狂地写情书，其实真的什么都不懂，就觉得好玩。我记得我们班有个女生写了好多，被数学老师发现了，让她上讲台一封一封地读，大家都笑死了。现在想起来，我觉得这个老师这么做特别不好。

　　从上述对话中可以看到，同样一件事情，老师与学生的叙述有相当大的差距。当老师站在自己的立场上，不能客观地、多角度地了解学生问题产生的原因就进行判断时，往往会产生偏差，甚至可能得出完全相反的结论。由此可见，教师对瑶族学生的态度在很大程度上决定了其教学效果，这在调研中也得到了证实。

　　在大化县板升乡中心校某班，与笔者接触的几个瑶族学生，学习非常认真，成绩比同级其他班的学生要好，尤其是语文成绩。当笔者问他们原因时，他们认为班主任 G 老师好。在和 G 老师的访谈中，笔者发现这是一位非常有思想的教师，并且是县里的优秀教师。她认为应多鼓励瑶族学生，给学生传递他们可以学好的信息，这是使学生成绩提高的关键。因为瑶族学生比较自卑，性格内向，让他们感受到老师没有放弃他们，他们才会努力地学习，才不会出现自暴自弃的现象。G 老师说，她曾经在周末跟着学生徒步回家，走了几十里山路，劝几个辍学的学生回学校上课，学生们都很受感动。从此，班里瑶族学生更加勤奋学习，也逐渐喜欢和同学交往。

　　不妨假设，如果当地老师都像 G 老师一样具有责任心，能客观公平地对待瑶族学生，对瑶族学生付出更多的爱心，瑶族学生低学业成就的状况肯定会大有改善。

　　可见，地方政府、主流社会对瑶族地区的教育重视与否，能不能将上级有关政策落到实处，教师对瑶族学生的态度如何，能不能更好地关注瑶族女童在特殊环境下形成的心理特点等，都关系到瑶族女童是否能顺利完成学业，这实际上也是瑶族女童教育发展的核心力量。正如陈志明先生所说："边远山区少数民族的学校教育问题，其实不是少数民族自身的问题，而是因为主流社会和地方政府忽略了他们，甚至是因为歧视他们所造成的。"①

---

① 袁同凯. 2012. 走进竹篱教室——土瑶学校教育的民族志研究. 天津：天津人民出版社：2.

第七章

生命质量：瑶族女童教育公平的终极追求

　　世界卫生组织（WHO）认为，生命质量是不同文化和价值体系中的个人对他们的目标、期望、标准及所关心的事情有关的生存状况的体验。其制定的生命质量量表主要包括五大要素：身体机能、心理状态、独立生活及活动能力、社会关系、环境。[①]有学者研究认为，生命质量是指个体生命存活的品质，它是个体在身体和心理、物质和精神、对他人和社会奉献等方面主观的、综合的状态。生命质量有层级之分，可分为生存型生命质量、发展型生命质量和享受型生命质量。生存型生命质量的特点是追求物质温饱和谋求生存，处于生命质量的最低层次；发展型生命质量的特点是谋求发展，个体在身心、物质、精神方面处在比较积极的上升状态，开始思索并践行对他人和社会的奉献，属于生命质量的中间层次；享受型生命质量的特点是在身心健康、物质丰富的基础上追求精神享受和乐于奉献，处于生命质量的最高层次。[②]

　　提高生命质量是教育的根本目的。有学者指出：教育是一项基本人权。女童首先是作为人，作为与成人、与男童平等的人而享有受教育的权利。对于女童，特别是贫困地区的女童来说，受教育是一种赋权过程，教育应当帮助女童凸显出其作为独立人的主体价值，实现自己的梦想。[③]

　　教育公平是促进人的全面发展的前提，是人的发展起点的公平。教育的公平涉及多个方面，包括区域之间、城乡之间、族群之间、性别之间的教育公平。瑶族作为山地民族，其地理环境、经济发展及历史文化等先天条件的不足，长期制

---

① 郭元星，李彦豪.2001.生存质量研究及展望.第一军医大学学报，21（6）：464-466.
② 韦幼青.2017.职业教育提高人的生命质量."生命与教育质量学术展望"国际研讨会论文集：67.
③ 史静寰.2000.从女童的视角对教育的审思.妇女研究论丛，（3）：27-28.

约着这个民族的教育发展。

在追求教育公平的道路上，大部分瑶族女童接受教育的机会和起点逐步实现了与男童平等，但由于她们处于相对弱势的地位，加上基于性别差异的文化的限制，仍然有许多女童至少在接受教育的年限上受到影响，其所受教育的过程、质量及结果等方面，与男童仍有不少的差距。因此，要提升瑶族女童的生命质量，必须追求实质性的教育公平，而不仅仅看其是否入学及教育起点的公平。通过实现最大限度的教育公平，保障所有瑶族女童享有生存型生命质量，绝大部分瑶族女童提升发展型生命质量，少数瑶族女童实现享受型生命质量。

要切实解决瑶族女童教育公平问题，必须综合施策，多管齐下。本书侧重从民族和性别两方面入手，从宏观、中观、微观三个层面提出制度变革和政策调节建议，为促进瑶族教育健康发展、实现男女教育公平、提升瑶族女童生命质量提供一些思路。

第一节 改善社会政策环境，促进女童教育公平

从宏观上讲，要促进瑶族女童教育公平，应从落实法律保障、完善政策措施、转变社会观念等方面着手。

一、落实法律保障，促进瑶族女童获得更加公平和优质的教育

我国已颁布的《中华人民共和国宪法》《中华人民共和国教育法》《中华人民共和国义务教育法》《中华人民共和国未成年人保护法》《中华人民共和国妇女权益保护法》《中国儿童发展纲要》等法律法规和纲要中，都有专门保护女童权益的条款，基本保障了女童受教育的权利。然而现实考察发现，一些地方尤其是瑶族贫困地区，仍然存在着女童受教育的权益得不到落实的情况，从中也反映出我国法律规章制度不完善、执行体系不健全的问题。因此，要推动瑶族女童教育发展，必须做好法律保障工作。

（一）健全教育立法

法律是一个规则，是实施对象和实施主体所共同遵循的规则，它的确立要得到公众的认可，其目的是维护整体的利益，促进整体的发展。由于法律实施对象背景的不同，往往群体与群体之间在不同领域中差别很大，如果依照统一的法律标准，必将造成两种结果：一是顾及一部分人的利益而损害另一部分人的利益，二是过于综合、高位而失去维护公众利益的效果。①女童教育和民族教育，都属于教育中的特殊领域。为更好地维护女童教育权益，首先应当制定性别平等教育法。同时，为保障少数民族教育的快速健康发展，亦应制定符合民族教育发展规律的切实有效的民族教育法。

1. 制定性别平等教育法

在我国，除了宪法以外，教育法、妇女权益保障法等一系列法律都有明确的保障妇女权益的规定，也涉及女性平等接受教育的机会和权利。但这些法律规定往往比较简单，缺乏明确的罚则和救济的机制。对于社会上许多领域仍然存在忽视女性、歧视女性的现象，对发生在女学生身上的性骚扰行为等缺乏强制措施。

2004 年，我国台湾地区颁布了性别平等教育有关规定。2005 年，又颁布《性别平等教育有关规定实施细则》，为保障其落实提供了更加可操作的规定和要求。该项规定中，强化性别平等教育、禁止基于性别（性倾向）的歧视、防治校园性骚扰是最为重要的三个方面。②该规定的设立，使校园性骚扰事件得到更有效的处理与防治，让学校中的老师、学生与员工都逐渐建立起维护他人人身安全与尊重别人身体自主权等性别意识。该规定的颁布使性别平等教育走上法治轨道，为推动性别平等教育树立一个新的里程碑，同时为台湾地区构建性别平等社会打下了良好基础。

我国制定性别平等教育法，既是社会发展的需要，也是个体发展的需要。从社会发展意义上来说，可以促进男女两性平等，消除偏见和歧视，特别是尊重女性的基本权益；制定解决女童失学、辍学问题的机制和策略；减少甚至杜绝社会传统性别角色的刻板印象，合理地分配经济、社会、文化和教育等资源，建构基于伦理道德和弘扬人性尊严的两性平等社会。从个人发展意义来讲，有利于促进家庭和社会对女童一视同仁，保障其完成义务教育，为其未来发展打下良好基础；

---

① 李颖芳. 2014. 民族教育立法探究. 教育教学论坛，（29）：161-162.

② 刘一博. 2015. 台湾性别平等教育对大陆的启示. 吉林省教育学院学报（中旬），31（05）：111-112.

学校在师生中可开展性别意识教育的讲座、两性文化沙龙等，促进学生性别平等意识形成；可以依据性别平等教育法律采取消的除性别不平等待遇的具体措施，为男女学生提供相等的教学与学习机会，并根据男女学生不同需求与心理特征，有针对性地提供更多机会去获得知识和技能。学校也可依据性别平等教育法律，使每个学生不因其性别因素而受到影响，提供更多的自主选择权利，以避免学生局限于所受教育机会而影响个人潜能的发展；依法清理教材中带有性别歧视的内容或表述，对于发生在学校的性别歧视行为或性骚扰事件，以及社会生活中出现的侵犯女童受教育权利的问题，可以依法对责任主体启动问责程序，必要时以法律惩罚手段来解决问题。只有这样才能真正体现依法治教，才能切实保障女童受教育权，实现男女教育公平。

2. 加快民族教育立法

一直以来，党和国家对民族教育十分重视，制定了大量的民族教育法规、规章及规范性文件，基本涵盖了民族教育改革与发展的各个方面。在这些法规、文件的推动下，国家与地方政府加大了对少数民族地区教育的投入，推动了民族教育事业的发展。有研究者认为，2002 年《国务院关于深化改革加快发展民族教育的决定》的颁布实施，推进了我国民族教育法规建设的进程，标志着我国已初步形成了民族教育法规体系。[①]近年来，国务院及教育部等部门制定的法规数量有所增多，如 2015 年《国务院关于加快发展民族教育的决定》，教育部颁布了一些单项法规，如双语教育、民族职业教育方面的法规，有的自治区或省颁布了一些地方性法规，如《广西壮族自治区教育条例》《贵州省关于改革和发展民族教育若干问题的通知》等。但从整个少数民族教育立法体系来看，没有少数民族教育基本法，行政法规的数量也比较少，占大多数的是位阶较低的各种行政规章。

由此可见，少数民族教育立法体系尚不完备，层级过低，导致刚性不足，难以满足少数民族地区教育发展和经济建设的实际需求。民族教育的问题还很突出，与非民族地区的差距有拉大的趋势。国家对民族地区教育提供的许多优惠政策，其效果未能得到充分发挥。这些困难和问题的存在，与没有一套系统、专门的民族教育法来保障是分不开的。尽管在《中华人民共和国教育法》《中华人民共和国义务教育法》和《中华人民共和国教师法》等法律法规中阐述了有关民族教育的法律条款，但是不够全面、系统，且没有具体操作细则，易造成有法难依或有法不依。同时，由于法律条款的分散，不利于宣传，也不利于少数民族师生、家长

---

① 陈立鹏. 2013. 再论《少数民族教育法》. 民族教育研究，24（04）：5-10.

了解自己在法律上所享有的权利和义务，进而影响民族学生权益的维护等。

因此，我国应当尽快起草制订少数民族教育法，以民族教育基本法的形式，明确规定民族教育特殊困难和突出问题的解决办法，比如经费投入的问题，民族文化的传承问题，等等。

在民族教育经费投入方面，虽然中央采取了不少措施来补贴少数民族地区财政，但由于边远山区资源缺乏、土地贫瘠，人口多、底子薄，中央财政补贴远远不能满足其发展需要。制定少数民族教育法，必须对教育经费做出专门规定，明确教育经费来源、拨付方式、集资途径及使用管理办法，明确中央财政和地方财政的教育经费投入比例。对于少数民族自治县基础教育的经费投入，则应加大中央和省级财政投入的比例，比如教师工资由中央和省级财政共同承担，而不是由县级人民政府主要承担。

民族文化传承教育方面，在当前实施的相关教育法规中，关于少数民族文化传承教育的条款很少。一些少数民族的优秀传统文化正在逐步消散，民间艺术、工艺的传承后继乏人。少数民族语言没有得到很好地保护、教学、传播，年轻一代对本民族的语言也日渐疏远，民族文化缺乏自觉、自信，民族感情逐渐淡漠。

此外，民族教育法还应涉及民族教育改革与发展的其他重点领域、重点环节和重点内容。

（二）加强法制宣传，强化教育执法

要充分发挥目前教育行政执法机构和执法队伍的作用，加强现有教育法律法规的宣传，加大教育执法人员的业务培训工作力度，定期开展教育执法检查。公检法系统要强力介入教育执法工作，对教育行政执法过程中发现的违法现象，依据法律法规及时进行处理或处罚，真正做到执法必严、违法必究。属于政府法律职责范围的，政府必须依法履行职责。对于部分家长没有依法送女童接受义务教育的违法行为，应加强有关法律法规的宣传，要像当年进行扫盲教育一样，深入到群众中去，帮助他们了解义务教育法、妇女权益保障法、未成年人保护法等法律规定，还要通过向父母亲讲解男女平等的思想，让其认识到读书上学对女童未来发展的价值。帮助母亲通过回顾自己人生经历来转变重男轻女的观念，支持女儿在完成义务教育阶段的学习后继续读高中或学习一项职业技能。对那些思想顽固、守旧的家长，必要时"动真格"，做出相应的处罚并追究法律责任。鼓励学校开启女童权益申诉通道，以便动态显示女童受教育权利保障情况和信息。

（三）强化性别平等意识，帮助女童依法维权

在瑶族山区，妇女的社会地位还比较低。她们极少与外界接触，家庭由男性做主。部分妇女由于不懂法，当其权利受到侵害时并不知如何加以维护，甚至将种种不公正待遇当成"女人的命"，并把这一愚昧观念传递给自己的女儿。山区的女童生活环境相对闭塞，所受教育有限，更加不具备性别平等意识。一些女童，由于父母收受了别人家的聘礼，无奈十三四岁被迫离开学校成为别人的媳妇。

为此，政府应从上至下，从各项政策的制定开始，提高各级政府人员的性别敏感度，使其在政策制定和执行过程中能充分考虑到女童的需求，能够出台有利于女童发展的相关措施和规定。比如，在教育统计的相关指标中增加性别、民族的维度；在制定相关教育政策实施细则时，注意保障政策能够惠及少数民族女童。又如，就近入学政策的制定与执行问题，对于瑶族女童显得尤为迫切。这个问题解决好，才能解决瑶族女童大龄上学的问题，进而减少其因年龄大不好意思继续读书而在小学高年级辍学。

此外，要充分发挥各级妇儿工委包括村妇委主任的作用，建立各村的安全防范机制，切实保障留守女童的生命安全，防止女童遭受性侵犯。对于违法事件、违法分子，应当协助女童及其家人依法维权。各级文化、宣传、教育部门及妇女儿童组织，应通过大众媒体、学校教育扩大法律宣传教育面，提升瑶族山区群众尤其是瑶族女童的法律知识和维权意识，使她们懂得，一旦自身受教育权益、安全权益等受到损害，能够找到申诉、维护、请求援助的制度和力量，及时有效地维护自身的合法权益。

二、提升地方政府人员素质，保障少数民族女童权益

在我国，县、乡两级地方政府在发展基础教育过程中起着极为重要的作用。陈志明、袁同凯认为，民族教育在很大程度上取决于地方政府的行为、态度。他说："地方政府对学校教育的态度以及政治权力网络分布的不均衡性是阻碍乡村教育或少数民族儿童学业成绩的关键性因素。""因为它（地方政府）会直接影响弱势族群学校教育的教学基础设施、师资配备、经费配额的分配以及国家教育政策的实施力度。"[①]

余海波在讨论少数民族地方政府对待教育的态度和行为时也曾说："一些民族

---

① 陈志明，袁同凯.2010.地方政府与少数民族学校教育：跨文化的视角.湖南师范大学教育科学学报，9（03）：16-21.

地区的干部在处理教育同经济的关系时，常常顾此失彼。说是要重视教育，把教育放在优先发展的地位，而在实际工作中，从点滴小事到重大举措，都在忽视教育，行为并没有到位。"①笔者在某少数民族自治县调研发现，县教育局办公楼的背后赫然写着"少年儿童活动中心"字样。经询问，原来该栋楼是用上级拨的专款为少年儿童建设的校外活动场所，但从建好的那天起，县教育局就一直作为办公楼使用着，楼上并没有任何一层作为少年儿童活动的场所。平时十分强调"专款专用"，可该县教育局这个做法却一直得到县政府及市、自治区教育行政部门的默认。这不免让笔者产生一种联想，这种"鹊巢鸠占"的情况是否只是个别现象呢？

另外，地方政府干部的思想水平、决策能力甚至民族成分，对少数民族地区基础教育的发展也有很大的影响。在广西，一些县级教育行政部门的主要领导来自乡镇党委书记岗位，他们虽然有基层行政工作经验，但缺乏对教育的深入理解，对教育的法律、法规及相关政策也研究较少，多是凭上级文件、会议精神及个人工作经验进行决策和管理，因此有些做法并不太符合教育规律和当地实际。还有，在一些民族地区，由于政府人员配备对民族的考量不够，某个民族在地方各级政府中没有能够说得上话的人，常常被边缘化，导致该民族的正当利益诉求无法表达，或者表达之后得不到回应。

为此，笔者认为地方政府人员素质需要进一步提升，制度建设、监督管理也要进一步加强。

（一）加强民族地区干部的学习培训

1. 教育法律法规的学习培训

要组织少数民族地区的领导干部，特别是与教育工作密切关联的部门和人员，学习《中华人民共和国教育法》《中华人民共和国教师法》《中华人民共和国义务教育法》等国家教育法律法规，统一领导班子的认识，加深他们对教育的理解，拓展他们的工作能力，以保证教育优先发展的地位。

2. 民族文化知识的学习培训

在现实生活中，人们不难发现：处于主流文化群体的人包括一些政府领导，有时会自觉或不自觉地带着某种偏见看待少数民族，认为少数民族文化落后、观念过时、习俗不好等，从而造成少数民族文化在与主流文化的交融中处于失语状态，或被边缘化，进而导致少数民族群众对政府、对主体民族不信任，继而对教

---

① 余海波. 1997. 少数民族地区在普及义务教育进程中所面临的问题及对策. 民族教育研究，（3）：45-46.

育感到失望，并慢慢在主流文化的教育中被淘汰。

因此，要组织少数民族地区的各级干部学习民族文化知识，加深对民族团结内涵的理解，具备多元文化素养，尊重各少数民族的风俗习惯和文化心理特点。少数民族地区领导干部在看到主流文化、现代文化的优势时，也要看到少数民族文化的价值。只有各级政府的领导干部具备多元文化素养，才能引导本地区营造"和而不同"的文化图景，使每个个体——不管其民族、性别、阶层有何差异——都能获得应有的尊重。

（二）依据自治条例，按相应比例设立少数民族职位或岗位

大量事实及人类学的研究表明，地方权利结构网络的分布格局对于不同族群或村屯地方经济及学校教育发展具有不可忽视的作用。例如，郝瑞在研究四川大凉山彝族学校教育成就时发现，某些彝族支系的学生在学业上的成功，与该支系在当地政府机关和教育部门的要职人数较多，从而在当地获得的发展与建设的机会和权利更多有密切关系。[①]

在少数民族自治县，为使各个民族获得相对公平的发展，需要给弱势民族群体一定比例的职位。而且要确保在该职位上的人能够讲本民族的语言，了解本民族的文化及实际情况，从而使其在参与政策制定、资源分配时，能为本民族利益代言。

在少数民族人才缺乏的地方，初期可采取特殊政策引进人才，尤其是从本地区、本民族考上大学、在外地工作的优秀人才要千方百计"吸引"回本地工作；或者进行委托培养，与相关高等院校、本地本民族品学兼优的中学毕业生签订定向培养协议，为本地培养管理和建设人才。经过多年的人才资源建设，使本地区逐步实现各民族在政府部门任职的人数与其人口比例基本相当。同时，要考虑性别因素，加大力度培养少数民族妇女干部。只有让处于相对弱势地位民族的成员获得更多执政、参政的机会和权利，该少数民族的教育、女童教育才有可能更好、更快地发展。

（三）完善问责机制，强化女童教育及保护责任

对于少数民族儿童特别是女童的教育及保护问题，应建立多层面的问责制度。在政府层面以县、乡镇、村委及各级教育行政部门、地方妇儿工委为主体，在社会组织层面以儿童保护、妇女权益组织和儿童组织为主体，在个人层面以家长、

---

① 郝瑞. 2000. 田野中的族群关系与民族认同：中国西南彝族社区考察研究. 巴莫阿依，曲木铁西，译. 南宁：广西人民出版社：216.

普通成人为主体，对侵害或未有效保障儿童权利的行为及责任人进行问责。

在瑶族地区，计生工作有所弱化。笔者在访谈教师或家长时，问及每年县、乡计生部门或工作人员发放什么宣传资料、开展什么相关活动，回答说几乎没有。瑶族地区多育现象比较严重，有的瑶寨几乎每个家庭都有五六个子女，多的甚至有八九个孩子。此外，还有早婚早育现象，这本身就不符合婚姻法的规定，但却无人监管，放任自流，这实际上是地方政府工作的失职。对于这些失职行为，有必要启动相应的问责机制。问责手段可采取司法、行政和社会舆论监督等。对于那些侵犯女童权益的做法，要发挥社会舆论的作用，全面监督社会对女童权利的维护情况。

三、突显教育的价值，营造支持瑶族女童读书的氛围

（一）突显教育的价值，改变家长心理定势

如前所述，瑶族家长的教育价值观念是影响瑶族女童读书的关键因素。要使瑶族家长愿意送女孩上学，必须让家长看到教育的实用价值。

1. 帮助瑶族优秀学生毕业后顺利就业

我国大中专学生从国家包分配到自主择业的过渡较快，瑶族群众中多数人对子女上大学的认识还停留在包分配时代，而且他们处于经济与社会相对比较低的阶层，缺少社会资本及相关资源，不能适应市场经济中充满竞争的就业环境。我国大学生就业改革没有兼顾少数民族聚居区的实际情况，对于没有人际资源的边远少数民族子弟来说，毕业往往意味着失业。事实上，民族地区十分缺乏人才，但对本地区、本民族的大学毕业生，却也无法安排他们回乡工作。这一矛盾的境地，导致群众对于政府的教育政策十分失望。

从公平角度来讲，对包括瑶族在内的少数民族学生应该给予差别对待和特殊支持，多考虑人才定向培养并帮助安排就业，确保瑶族学生中的优秀分子通过教育途径实现改变命运、改善生活的目标，借此激励更多瑶族学生发奋读书、立志成才。

2. 发挥职业技术服务瑶族地区经济社会发展的功能

瑶族地区在抓好基础教育的同时，要重视发展农村职业技术教育。瑶族地区基础教育固然要为国家经济和社会发展输送一大批未来建设人才，但更主要的是为本地区、本民族造就大量服务农村经济建设的中级、初级技术人才。发展农村

职业技术教育，就要从瑶区实际出发，从瑶区的生产、生活需要出发，开办一些急需的专业技术教育，把瑶区的优势发挥出来，在农林牧副业等方面，发展商品生产，推动经济发展。如瑶区盛产八角，就要注意培养这方面的技术人才，同时也要培养信息人才，建立信息网络，打开商品销路，最大限度地提高经济效益。

学校教育只有培养出一大批瑶族山区能够用得上、为家庭和乡村带来实际效益的人才或致富能人，瑶族群众才会认可和支持，也才会乐意送子女特别是瑶族女童上学读书。

3. 学校要重视民族文化传承教育

有学者指出："民族文化的价值在于提供了个体成长的文化氛围和精神家园，也提供了让其赖以认同的价值理念及安身立命的东西。"[①]在少数民族地区，由于现代化教育的强势包围，导致中小学生对本民族文化缺乏认知甚至拒绝或反感，最终可能造成青年一代民族文化价值的迷失和民族文化认同危机。而教育的终极关怀是关注人的生命成长，学校应立足于对学生完整生命的培养。从目前来看，学校是民族传统文化走向普及化的最佳场所，它具有系统进行民族文化传承、促进民族文化整合和完善的功能。在瑶族聚居区中小学、职业学校中开展少数民族文化传承教育，是激发瑶族学生特别是瑶族女童学习兴趣、培养瑶族女童文化自信的重要途径。

1）学校要通过校本课程的开发，促进民族文化传承。开发校本课程，要充分挖掘瑶族文化课程资源，包括乡土地理、民风民俗、传统文化、生产和生活经验等，使校本课程成为瑶族文化传承的重要途径。

2）在校园环境建设上，要突显瑶族文化要素，主动将自身作为少数民族文化传承的场域。在这方面，广西金秀忠良中心校通过物化民族文化，构建有形民族精神教育的经验很值得推广与借鉴。忠良中心校坐落在以盘瑶为主的山区，85%的学生为瑶族，校长温福华认为通过物化民族文化，将民族文化的精髓展现给学生，有利于增强学生的民族自豪感与自尊心。黄泥鼓、瑶锦等瑶族的标志性符号，被镶嵌在校门、教学楼的墙上，将瑶族历史石雕化，在瑶族小广场上高高树起黄泥鼓石雕并刻下瑶族十二姓氏及其由来。将校服设计成传统瑶族服装，不同支系的瑶族有着不同的服装，从而成为校园最亮丽的风景线。为了启发各民族师生团结互助，学校在中心广场设置了一个大石磨，围绕大石磨雕刻手拉手民族团结抽象图。同时，瑶族元素与民族团结意识渗透还体现在学生日常生活的方方面面，如唱一首瑶歌，跳一支舞蹈，将瑶族民间体育融入大课间活动中等。从孩子们的

①　孙杰远. 2009. 文化的断裂与教育的使命. 当代教育与文化, 21（01）: 45-49.

自信好学的精神状态与多才多艺的表现上都能看到民族文化教育带来的个性化发展。民族文化的传承教育为这所偏僻的民族乡村学校带来了巨大变化，从 2000 年以前全县最差的学校到 2007 年一跃成为广西首批十佳学校。该校教师（图 7-1）也获得了良好发展，截至 2014 年全校共有 50 多位教师获得市、县优秀教师以上称号，其中全国优秀教师 1 名，八桂乡村名师 3 名。

图 7-1　金秀忠良小学教师

3）学校应通过开展系列民族文化教育活动，促进民族文化传承。比如，借助广播、校刊、墙报等媒介，大力宣传民族文化知识，为民族文化的传承营造一个良好的校园环境；在活动课、选修课和兴趣小组活动中，利用社区和家长资源，将文化传承人请进学校，开展民族文化技能学习活动；组织学生走出校门，进行参观、调查和访问等。还可以结合大型活动，包括大课间、艺术节、"六一"、元旦、运动会等，串演民间的文艺节目或排练民族传统体育项目等。在几年的走访调研中，笔者发现在多数村小连课间操都很少开展的情况下，大化县板兰小学却能做到几乎每年均举办多项与民族文化相关的活动，如承办北景乡祝著节庆祝活动，师生同台表演瑶族铜鼓等。该校还办了《瑶山雏鹰》校报，向同学们宣传瑶族文化，目前该校正在进一步筹建瑶族文化传承基地。

（二）多措并举，营造瑶族女童平等受教育的格局

1. 从生育和养老开始，改变家长重男轻女的观念

在多数边远的瑶族地区，人们生育男孩的愿望依然强烈，原因是多方面的，

主要有几个方面：一是养儿防老；二是生男孩名声好，在村里有地位；三是宗教仪式需要男性来主持。因此，要想在较短的时间内改变并不容易，政府要有一个引导的过程。要加大教育宣传工作力度，帮助瑶族群众树立"生男生女都一样，女儿也是传后人"的婚育观念。要推进两性平等的平衡发展，维护女性的发展权益和社会地位。同时，进一步完善农村养老和医疗保障制度。目前农村的养老与医疗保障条件还比较差，一些常住人口达 3000 余人的村子没有村卫生所甚至没有村医，计生及医疗工作都无从谈起，瑶族群众看病十分困难。调研中笔者了解到，一些瑶族家庭多生孩子其实也与农村医疗条件差、担心孩子成活率不高有着较大关系。因此，我国农村养老与医疗保障宜向少数民族贫困地区倾斜，大的行政村应配卫生所或村医。只有当老人不再单纯依靠下一代养老的时候，多子多福、养儿防老和重男轻女的观念才会有较大的改变。

2. 对送女童上学实行免费教育与奖励教育并举

虽然我国义务教育实行的"两免一补"政策解决了瑶族子弟上学困难的问题，但各地的实际情况差别很大。对于边远山区的困难瑶族群众来说，仅仅免费还是无法确保这些家庭能送得起几个子女读书，因为一些乡村没有完小，从小学四年级开始学生要到乡镇上学，上学路途远，路费就可能成为他们不送女儿上学的原因。因此，还要根据实际情况，对少数民族贫困家庭发给交通和生活补助，才能确保女童完成义务教育阶段的学业。此外，为了激励贫困家庭女童读书，应当对读满规定年限的女童给予奖励，奖励数额视当地经济情况来定，以能对当地群众产生吸引力为宜。对于那些学习努力、成绩好的女生，由政府免费送其进入高中或职业中学直至大学继续培养。

3. 加强对瑶族地区家庭的宣传与教育

（1）树立瑶族成功女性典型

把通过读书改变命运、在社会上或在新农村建设中作出突出贡献的瑶族女性的事迹，在瑶族村屯、学校进行宣传，鼓励瑶族女童立志向成功者学习，以她们为榜样，从而激发瑶族女童学习的决心和内动力。笔者发现，有一些瑶族女童在比较中感受到性别的不平等，并有了初步的性别自觉，需要进一步支持与鼓励她们面对不平等的对待时敢于争取自己的权利，遇到挫折时，能够为拥有精彩的人生去克服困难。

（2）深入村屯开展性别平等宣传活动

利用农闲时间，由妇联组织牵头，针对家长进行性别平等和责任意识教育，逐步改变一部分瑶族家长对送女童读书不太重视的心态。如前所述，瑶族家庭往往是父亲说话算数，父亲对于女孩的重视程度远不如男孩，而父亲对女孩学业上的支持对于女孩完成学业又十分重要，因此要加大对瑶族男性的性别观念教育，让他们跳出狭隘、短视的功利性思维，真正认识到送女孩读书是关乎她一生幸福的大事，也对整个家庭有帮助。同时，还要重视母亲观念的改变。一般来说，文盲母亲的子女在受教育上劣势较为明显，她们往往不能为女儿争取读书的权利，甚至因为希望女儿分担自己的劳动而反对女儿上学。此外，瑶族家长过于依从孩子自己的决定，从而导致孩子容易辍学。帮助家长认识到青春期的孩子在挫折面前容易失去信心，此时如果家长坚决打消其退学念头，给予积极鼓励，她们往往会渡过难关，继续完成学业。

（3）开办各类妇女学习班

一些国家意识到父母特别是母亲的教育状况对女童教育影响很大，进一步加强了成人妇女教育和扫除文盲计划。例如，印度开展了"农村功能性扫盲计划""妇女教育计划"，由大学开展对成人的扫盲教育。这些计划的实施不仅提高了妇女的文化教育水平，而且对传统观念也产生一些冲击，有助于女童教育的发展。由于瑶族社区还有相当多的妇女是文盲或半文盲，她们在健康及社会知识方面都有较大的缺陷，因此，除了为瑶族妇女举办文化学习班，帮助她们识字、学说普通话外，还应当开办育龄妇女培训班，传播优生优育理念，帮助其改变多子多福及"早婚早育好"的观念；帮助她们学习育儿常识、节育知识及生殖保健等知识，打消瑶族群众对避孕节育技术与服务环节的畏惧心理，从而减少因不懂节育方法导致多生与超生的情况。

（三）鼓励公益组织、个人在瑶族地区开展多种形式办学

由于少数民族地区居住十分分散，对一些地区还应因地制宜，灵活办学。应鼓励社会公益组织、个人在瑶族地区兴办各种形式的学校。实际上，我国北方一些牧区在这方面已经取得了一定的成效。例如，被列入国家"八五"哲学社会学规划重点课题的"农村女童教育现状、问题及对策研究"在宁夏、甘肃、青海 3 省区 15 个贫困县办了 22 所乡以下的农村小学，办学形式包括乡中心小学、行政村小学、自然村小学、民族寄宿制小学、女子小学、女子班、私人学校、牧区小学、非正规教育等多种形式，吸引了周边地区的各族女童前来就学。在瑶族地区，针对部分家庭困难缺少劳动力或是观念上还不愿意送女童上学的情况，一些教学点和村小，也可以灵活制订课程表，从而满足女孩能够在家庭承担部分家务活，

同时学习实用的劳动技术课程。如果能在政策上鼓励私人办学，或为公益组织提供更多的支持性服务，相信能吸引更多公益组织投身到瑶族女童教育事业中来。适合女童各方面需要的学校将获得发展，女童的学习兴趣及学业成绩也将大幅度提高。近年来，爱心蚂蚁、广西云彩社会服务中心等公益组织面向瑶族山区学生开展的一些公益项目，如小蜜蜂游学项目，每年利用暑期组织山区孩子到文化名城或省会城市进行"行走学习"，拓宽其视野，增长其见识，弥补了学校教育的短板，赢得了孩子们的欢迎。

第二节　完善农村教育机制体制，保障瑶族女童教育权利

从中观上讲，要推动瑶族女童教育发展，必须进一步完善农村教育机制体制，切实保障瑶族女童充分接受教育的权利。为此，应抓住发展学前教育、办好村屯教学点、完善寄宿制学校等重点环节，突破瑶族地区农村教师队伍建设这一难点，发挥瑶族女童班办学形式的特殊作用，从而不断提升瑶族女童受教育机会、过程及结果的平等程度。

一、抓重点：办好幼儿园、教学点和寄宿制学校

（一）帮助瑶族山区发展学前教育

早期智力开发和学前教育对促进儿童智力发展十分重要。近年的多项研究成果都表明，儿童发展滞后或者轻度的弱智大部分是由于社会文化原因造成的，大脑发育需要足够的刺激，如果早期受到的刺激过少，特别是语言刺激贫乏、环境单一、文化教育匮乏等，会造成儿童智力落后。

学前教育是基础教育和终身教育的奠基阶段，是国民教育体系的重要组成部分，而城乡学前教育的差距也最大。因此，要促进教育均衡发展，实现教育公平，就必须从学前教育做起，尽最大努力使贫困山区的孩子与其他地区的孩子站在同一起跑线上。

由于瑶族山区学前教育发展相对滞后，一些地方只是在教学点附设一个学前班，一些地方由于师资原因，或者因为山区群众居住过于分散，学前班都没办法办，绝大部分瑶族儿童基本没有接受过正规的幼儿教育，加上母语的习惯，上小学后往往出现交流上和学习上的障碍，影响了儿童智力和情感的发展。

要促进瑶族女童群体与个体的发展，必须大力发展瑶族地区的学前教育。

1. 切实办好公办中心幼儿园和村办幼儿园

瑶族聚居地区要切实提高思想认识，把学前教育纳入党委和政府重要议事日程，加强领导和具体工作落实，不断加大对瑶族山区乡镇办中心幼儿园和村办幼儿园的投入力度。山区乡镇要根据村庄分布的情况，分片适当集中建立乡办校管、设施基本齐全、师资队伍强、教学质量高、起示范作用的中心园。再在人口密集的村小学建几所幼儿园，能够使适龄儿童就近入园。对有规模、有实力、有生源的村办幼儿园给予政策扶持，不断提高办学质量。

2. 加快普惠性民办幼儿园的发展

2016年，教育部、国家发展和改革委员会、财政部、人力资源和社会保障部联合印发了《关于实施第三期学前教育行动计划的意见》，提出到2020年，基本建成广覆盖、保基本、有质量的学前教育公共服务体系，全国学前三年毛入园率达到85%、普惠性幼儿园覆盖率（公办幼儿园和普惠性民办幼儿园在园幼儿数占在园幼儿总数的比例）达到80%左右。

瑶族聚居地区要通过保证合理用地、减免税费等方式，支持社会力量办园。积极扶持民办幼儿园特别是面向大众、收费较低的普惠性民办幼儿园发展。采取政府购买服务、减免租金、以奖代补、派驻公办教师等方式，引导和支持民办幼儿园提供普惠性服务。要制定相关政策，保障民办幼儿园在审批登记、分类定级、评估指导、教师培训、职称评定、资格认定、表彰奖励等方面与公办幼儿园具有同等地位。

3. 建立山区"早教点"，探索学前走教新模式

针对瑶族山区群众居住分散的特点，结合幼儿年龄小无法寄宿、家长接送难等实际情况，可在部分人口较少的村屯的小学设立"早教点"，采取孩子不动、老师走教的办法，让瑶族山区的孩子在家门口就能接受早期教育，同时也为瑶族群众节约教育成本。"早教点"可以依据"一个村只要有10名学前儿童就设点"的原则灵活设置，不同年龄的儿童混合编班，实行小班化游戏教学，人数从六七名

到二十多名不等。走教的幼儿教师可聘用早教志愿者，一周中轮流到两个"早教点"授课，比如周一和周二，到甲教学点为孩子们上课；周三和周四，到乙教学点为孩子们上课；周五，和其他早教志愿者一起到乡中心幼儿园交流学习。

建立山区"早教点"提供走教服务，主要采取"混龄班"式的教学，不仅可以发挥"以大带小、以小促大"的作用，培养孩子们互助友爱的精神，而且通过使用符合幼儿教育特点的专门教材、配备比较专业的早教志愿者，可以改变传统学前班"小学化"的师资和"小学化"的教学内容，有效促进幼儿德智体美的全面发展。

（二）切实办好瑶族地区村屯教学点

近年来，中央和地方各级政府进一步认识到农村教学点的特殊价值和重要性，在办好原来学校布局大调整时保留的村小学和教学点的基础上，在相对偏远的农村地区恢复了一批必要的教学点，缩小了小学生家校之间的平均距离，义务教育学校布局进一步优化。以广西为例，2006、2011、2016 年全区小学教学点数量分别为 11 860、8 732、10 381 个，增减数分别为-3128、+1649 个，增减比例分别达到-26.4%、+18.9%。

对瑶族山区而言，教学点的保留和恢复，让瑶族农村儿童能够"在家门口上学"，这对瑶族儿童教育起点的公平，无疑是一种积极的保障。然而，仅有起点的公平是不够的，要确保教育过程及教育结果的公平，就必须下大力气办好教学点。具体到瑶族山区来讲，要切实办好村屯教学点，一是加大村屯教学点的经费投入；二是提高教学点师资队伍素质。

1. 农村教育经费要对教学点有所倾斜

近年来，各级政府已逐步将农村义务教育投入作为公共财政支出的重中之重，新增教育经费主要用于支持农村地区、贫困地区、少数民族地区义务教育的发展。但对于农村教学经费分配不足问题，还没有规范和长效的经费保障机制，尤其是没有向村屯教学点倾斜的相关措施。就数量而言，2016 年广西全境小学校数为 10 173 所，而村屯教学点数为 10 381 个，二者大体相当。长期以来，农村小学教育经费绝大部分用于村完小以上学校，用于教学点建设和发展的经费十分有限。从区域内义务教育均衡发展的要求来看，这种情况必须改变。不能因为教学点学生少、老师少，经费分配就另眼看待，变成"被遗忘的角落"。俗话说：麻雀虽小，五脏俱全。因此，建议村级教学点要有独立的教育经费来源。可以考虑在县域内的义务教育经费中设立"农村教学点建设专项账户"，综合教学点的学生数量、校舍面积、危房改造、师资现状等多种指标参数，将定额后的农村义务教育经费直接划拨到各个农村教学点，或者由乡镇中心校统管，但必须专用于农村教学点的建设和开支，从而保证教学点有稳定的教育经费来源。

2. 教育资源的供给采取区别对待的策略

采取有所倾斜的措施，针对不同的教学点的办学条件、师生状况、民族差异，对更薄弱的教学点给予优先补偿。在近年的走访中，笔者发现各瑶族支系经济发展的差距比较明显，对于大石山区的布努瑶和交通不便的土瑶、过山瑶，应以"差别对待""薄弱优先"的策略，逐步实现教学点间教育资源供给的相对均衡。省（自治区）、市（区）、县各级教育行政部门要根据当地实际财政情况，给予村屯教学点一定的补助资金，以解决长期以来农村教学点发展远远落后于中心小学及村完小的现状。

3. 农村义务教育经费的监管要到位

县级政府要建立健全对农村义务教育经费的监管机制，成立专门的监督管理委员会，对义务教育经费的拨付、使用及效果进行严格的监督管理，保证"农村教学点建设专项账户"及划拨教学点的补助资金能够专款专用，从根本上改善农村教学点落后的办学条件、提高农村教学点教师的工资待遇，保障农村教学点的有效运转。

除了经费投入的倾斜，更重要的是要加强教学点师资队伍的建设。师资队伍素质是解决任何一个阶段教育发展难题和困境的关键因素，更是个难点问题。这个问题将在本节第二部分展开论述。

（三）完善瑶族地区寄宿制学校建设

寄宿制学校建设是我国义务教育均衡发展的必然要求和重大举措之一。农村寄宿制学校的建设，有利于扩大学校规模，节约办学成本，发挥资源效益，提高教育质量，有利于解决义务教育学校布局调整所带来的孩子上学不便问题，有利于帮助解决农村留守儿童缺乏照料问题。多年来，中央及地方各级部门在寄宿制学校建设方面投入了大量的财力物力人力，总体上取得了很大的成效。

然而，由于种种原因，各地寄宿制学校建设发展不平衡，贫困地区、农村地区、民族地区、边远地区、革命老区等寄宿制学校建设还相当落后。比如，寄宿条件相对较差，学校的宿舍、食堂、操场尚未达到寄宿制学校的要求；学生的身心健康问题较为突出，尤其是女生，心理健康问题较男生突出，学习焦虑、敏感、不敢与人交往等方面较为突出；学校的生活管理和后勤服务人员不足，待遇不高、流动性大，教师也存在结构性不足，临时代课教师比例较高，且都要兼管学生生活，负担过重，身心疲惫，教学质量不高。

从笔者到瑶区调研的情况看，瑶区寄宿制小学和部分寄宿制初中无法满足学生每人 1 个床位，"大通铺"现象仍然比较严重；在洗澡条件方面，基本无淋浴设施，许多学校连自来水都没有。严重缺水的地方，比如都安布努瑶地区的一些寄宿制小学，师生日常饮水都靠购买并需用车运到学校，实行定量控制，因为无法提供卫生用水，宿舍脏乱现象严重。大化、都安的瑶族聚居区小学均未能提供早餐，相当多学生早上空着肚子上课。

为此，要进一步完善瑶族地区寄宿制学校建设，对于极其贫困的地区，应当由国家财政增加对学生的补助，解决好学生的早餐问题及生活用水问题。在此基础上关注学生心理健康，努力提升学校办学水平和教育质量。

1. 要树立正确的教育质量观，改变学校教育评价标准

要充分认识到乡村教育不能走城市教育模式，尤其是少数民族地区中小学，不能只追求升学，只求提高分数，这样会制造许多学业失败者。地方教育行政部门管理和评价学校，眼里不能只看升学率，教研部门研究和指导教学，不能只看课堂和学业成绩，乡村学校的当务之急不是提高学生分数，而是如何提升学校的吸引力，帮助学生们获得信心与快乐。事实上，瑶族山区绝大部分学生与高校无缘，有望考上三本或大专的学生也寥寥无几。如果学校的教育目标全部指向中考和高考，则会因为极少数尖子学生而忽视大多数学生，背离了教育方针。因此，地方教育行政部门、教研部门（主要是市县一级）在推进教育均衡发展和学校内涵提升中，不应该给高中学校下达高考指标；在评价乡村学校办学质量时，应该适当降低学生成绩和升学比例所占的权重，而应从校园文化、课堂改革、教育质量、师生满意度、学生个性发展、与当地劳动生产结合程度等方面来综合评价。

归根结底在于人们如何看待教育，如何对待考试。如果将初中完全视为高中教育的基础阶段，又把高中视为大学的基础阶段，那么整个中学生涯注定要被中考、高考所绑架，教育的价值也只能是把受教育者通过一级级的链条传送到什么高度。应该跳出一级一级教育选拔的藩篱，认识到教育是人生的基础，基础教育不只是高等教育的基础，更是人的心智成长、行为养成的基础阶段，使学生发现自己的潜力，找到自己前进方向与动力，走出校园后勇于去追求自己的理想，这才是让学生终身受益的教育。

2. 要改变传统的办学理念与手段，丰富师生校园生活

总体上看，城市学校的校园生活比乡村学校丰富多彩。一方面，城市学校师资相对充足，设施设备及其他教育资源比较完备，能开齐开足课程，满足学生的多种学习需求；另一方面，开发有一定的校本课程，学生社团、兴趣活动、综合实践等可供学生个性化选择学习。乡村学校则不同，由于诸多原因，相当一部分学校除了上课、作业、测验、考试，其他活动少之又少，美音体课程缺乏专业教师，学生的唱歌、跳舞、绘画、游戏等需求得不到满足，兴趣得不到激发和培养，体育项目和课间操单调乏味甚至没有开设，学生在这样的学校里生活自然会感到压抑。在与瑶族女童进行访谈时，绝大部分都说最渴望学校里开展更多的音体美活动。她们说，虽然我们也很希望学习好、能升学，但更希望在学校的生活有趣，同学之间多一些开心和快乐。

在当前瑶族山区教师不足的情况下，教学与管理的压力很大，无暇顾及学生艺体等课外活动，对于心理健康状况，没有精力做更多的改进。近年来，一些公益组织在探索通过信息化手段来改进农村学校的教育，取得了一些成效，很值得借鉴。譬如公益组织"歌路营"依靠信息化等方式，立足于儿童的视角开发产品，充分利用学校空余的时间，提供对学生有益的故事、音乐、视频、阅读材料等。例如，每天清晨学生起床时播放一首选自全球多语言、多元文化、多种音乐风格背景的、适宜儿童的音乐，配合恰当的故事解说，让孩子们在音乐享受中开启美好的一天。这一方面可以降低寄宿儿童早期的空虚寂寞感，另一方面可以弥补农村音乐教育匮乏及孩子们在艺术素养方面成长的不足。宿舍里安装喇叭，每天晚上睡前15分钟给孩子播放一个睡前故事，陪伴住校的孩子们在温暖的故事中入睡。每一个故事都独立成篇，配合不同年龄段和性别的需求，包含了100部经典儿童文学和书籍，制作成7大类的故事，可以陪伴学生6年的住校生活。2016年，歌路营与北京大学联合课题组在135所农村寄宿制学校中，开展了"新一千零一夜睡前故事"的随机控制实验研究。结果发现，听睡前故事对改善农村住校生和寄宿留守儿童的心理健康及校园关系有积极影响效果，起到了一定的心理疗愈作用。①

如果能将歌路营的研究成果更广泛地推广，并能结合瑶族地区实际有所创新，如音乐可以增加当地民间音乐，故事也可以增加一些与瑶族历史及生活相关的主

---

① 歌路营. 2017. 寄宿留守儿童心理问题解决方案的探索. http://www. growinghome. org.cn /resource /site_1/ 2017/02/20/14-03-420743-1058188472. pdf. html.[2017-03-16]

题，特别是创造一些针对瑶族女童自信心不足的励志主题故事，对于瑶族女童将会有更大的帮助。

3. 充分利用瑶区教育教学资源，因地制宜开展课外活动

实际上，瑶族山区蕴含着丰富的教育教学资源。教师要有意识地挖掘瑶族传统地方性教育资源，如注重家庭伦理教育、历史传统教育，并注意将教育与生活实践相联系，在教育中注重现代性与地方性知识并举，鼓励学生的文化自觉与自信。在具体的课程中，教师可以发动学生，一起研究、制作适用于教学活动的教具、学具、活动器材等，比如，利用山上的山棕、竹子、杉板、野藤等，自己动手制作乒乓球桌、球拍、拔河绳、爬杆等；还可以将瑶族经常开展的传统体育活动，如顶木杠、打陀螺、打猎操、打长鼓、芦笙长鼓舞、串春珠、伞舞、刀舞、盾牌舞和瑶拳等引入学校，让学生了解并有选择地学习。瑶族女童则可多开展跳皮筋、丢沙包、画画、瑶歌、瑶舞、针织、刺绣等活动，还可以要求瑶族孩子们就地取材，收集家中的矿泉水瓶、饮料盒、吸管、蛋壳、羽毛等制作手工作品，提升瑶族孩子的创新思维和动手能力。

4. 重视生产劳动教育，建立学校种植基地

乡村教育要有乡村的气息、味道，要培养孩子们对农村的感情和对劳动的热爱。有条件的学校要建劳动基地。学校本身有学农空地的，可以开发成菜地，足够大的可划分每班一块，不够大的各班轮流劳作和管理。若是学校没有学农空地，可将学校围墙边沿、操场边角空地改造成菜地，或者利用废旧花盆、塑料储物筐、木栅围栏等种菜。还可以租用农民的土地种菜。如今瑶族山区外出打工的人不少，有些地方、有的家庭甚至把田地都撂荒了，长满了杂草。因此可以与农民商量，租用他们的土地来种菜。

这样一来，乡村学校学生就多了一个活动课堂：若干亩菜地，师生共同经营小型"开心农场"。通过劳动基地的教学，既是对瑶族热爱劳动思想的传承，又能培养学生劳动的习惯和基本技能，激发其热爱农村、热爱家乡的情感，还可以帮助食堂补充新鲜食材。

学校重视生产劳动的教育意义与家庭劳作是不一样的，由于是集体的教学活动，有互动、有交流，可以促进良好的师生关系、同学关系的形成。而且结合劳动，老师还会布置并指导学生作文、演讲、日记、画画等，动手又动脑。还可以将劳动过程编成"劳动操"，与学科教学穿插安排，调节脑力与体力劳动，帮助瑶族学生发挥所长，学生们自然开心、快乐甚至充满期待。

二、破难点：加强瑶族山区教师队伍建设

无论是学前教育还是义务教育，无论是教学点、村完小还是寄宿制学校，要办好它们，要提高教育质量，都必须加强教师队伍建设。而要解决瑶族山区教师队伍数量不足、结构不好、素质不高及女领导、女教师少等问题，需要抓好三个环节，即如何保证教师"进得来""留得住""教得好"。

（一）解决瑶村山区教师"进得来"

1. 关于教师编制问题

适当放宽教师编制，尤其是教学点的教师编制，并向女教师倾斜。由于教学点规模小、学生人数少，可以考虑采取单独核编的方式。即在核定农村教学点教师编制时，不仅要考虑教学点的生师比情况，还要考虑教学点教师数与年级数之比、教师数与班级数之比、教师数与任课门数之比、教师数与周课时数之比等方面的情况，为农村教学点制定合理灵活的教师编制方案。有代课教师的地方，各地每年应拿出一定名额的教师编制，分配给那些在教学点兢兢业业、恪尽职守的代课老师，让其转为公办教师，解决他们的后顾之忧，让他们能够安心地坚守教学点。为了能有更多的女性担任乡村教师，要优先考虑女教师。一些发展中国家，为了鼓励女同学能够留在学校，要求学校聘请更多的女教师，并对教师进行性别敏感教学培训，能为学生提供咨询与辅导。[①]瑶族地区缺乏女教师已经成为影响女童上学的一个因素，因此，要通过政策倾斜、专项经费支持等措施增加女教师的数量和比例。

2. 关于全科教师和特岗教师问题

努力吸纳"全科教师""特岗教师"。近几年，广西加大了小学"全科教师"的培养和"特岗教师"的招聘力度。2011—2015 年五年间，广西共培养小学"全科教师"5 500 名、招聘小学"特岗教师"20 000 多名。这些"全科教师""特岗教师"大部分都到了乡镇一级小学任教，由于村小和教学点条件艰苦，能到村小和教学点任教的"全科教师""特岗教师"所占比例较小。要进一步规范农村教学点的教师调配方式，保证"全科教师""特岗教师"能够服务于农村小学和教学点。各地要根据国家政策要求全力落实这些教师的工资待遇及医疗、养老、住房公积金等社会保障制度，地方财政给予的特殊津贴要足以吸引这些年轻的教师特别是

---

① 楼世洲. 2009. 从 UPE 到 UBE：尼日利亚推进基础教育的政策分析. 外国教育研究，（03）：1-4.

女教师能够安居乐教，服务期满后还愿意扎根基层，继续为农村教学点的发展贡献自己的力量。

3. 关于教师交流问题

完善教师交流机制，开展县域内的教师对口支援项目。针对当前县城、农村中心小学教师超编情况，可以考虑将这些老师轮流到指定的农村小学和教学点服务一定的期限，服务期满、表现合格者方可聘任上岗。积极开展县域内城乡间"校对校"对口支援项目，定期指派一些责任心强、吃苦耐劳、教学经验丰富的优秀教师去村小或教学点任教、挂职，帮助培训农村教学点的教师。对于音美体、英语、信息技术等教师稀缺的课程，由中心小学采取巡回教学的方式，或者对口支援的学校采取走教送教的方式，让教学点的学生同样能够享受到相应的优质教育资源及较为专业的学科教学。

（二）确保瑶村山区教师"留得住"

要解决瑶族山区教师"留得住"问题，从根本上讲要走民族地区乡村教师本土化道路，这是既治标、更治本的办法。[①]

1. 用好本乡本村的教师

乡村教师本土化的第一项重要工作，就是培养、招聘、使用好本乡本村和本民族的教师。在招生环节，要把现行的免费、定向培养师范生的政策和"全科教师"培养政策结合起来，对有志于从事乡村教育的高考生特别是本土学生采取降分录取、免费培养、定向就业的方式，要有一定的性别比例，确保少数民族地区女乡村教师的输送。在培养环节，要注重并持续强化师范生职业思想教育和诚信教育，帮助学生树立正确的就业心理定位，同时要创新"全科教师"专业课程的设置，可根据学生的实际和乡村教师岗位的需求，开设系列选修课，指导学生辅修音体美、英语、计算机、心理学、民族学及社会性别学等专业，培养"一专多能"的全科教师队伍；在招聘使用环节，建议采取倾斜招聘政策，对应聘回乡任教的本地毕业生，特别是会讲当地少数民族语言的学生，采用降分录取、直接面试等形式，确保在基本条件具备的前提下优先录取；应发挥他们对本民族本地文化相对熟悉的优势，支持他们挖掘优秀的民族传统文化，应用到教育教学中来。

---

① 乡村教师本土化概念是由钟海青教授在边境民族地区调研时提出来的，对偏远少数民族地区也极为适用。

2. 外乡教师本土化

乡村教师本土化的第二项重要工作，就是要促进外乡教师本土化。这里所说的外乡教师主要指外县或虽是本县但距离比较远的乡镇的教师。在调研中发现，在民族地区乡村学校任教的外乡教师总体上比本土教师稳定性差，在教学点尤其如此，能够长期坚守教学点工作的多是本村或本乡镇的教师，特别是一些年纪较大的老师，或者代课老师。因此，要留住外乡教师，各地应出台相关的"支援偏远少数民族教育"的鼓励政策。地方政府可考虑设立支边乡村教师荣誉制度，对长期在边远村校或教学点从教、成家立业的外乡村教师授予荣誉称号，比如从教20年授予特别荣誉称号，从教30年授予终身荣誉称号，并对他们子女的入学、就业予以支边政策的照顾等，以推动外乡教师本土化的进程。①

3. 提升乡村教师的信心

乡村教师本土化的第三项重要工作，就是要加强人文管理、感情留人，提升乡村教师的信心。乡村教师无论是本地的还是外乡的，他们的去留，取决于教师本人的信心，包括自信和对当地社会环境、工作环境、政策环境、工作平台供给的信任之心。

1）落实激励措施。落实《乡村教师支持计划（2015—2020年）》中关于乡村教师荣誉制度的有关规定，营造尊师重教的良好社会氛围，提高民族地区乡村教师的地位，激发乡村教师的职业自豪感与积极性，特别是要创造条件吸引更多女教师加入乡村教师队伍。史静寰曾指出：为了鼓励更多的优秀女教师留在乡村，尤其要重视对达到任职标准的农村女教师的提职晋升工作，特别是要增加拥有高级职称的女教师比例；同时要注重对女校长的培养与任命，增加女性从事教育管理工作的比例。②

2）加强人文关怀。发挥当地政府和学校工、青、妇的作用，建立适合中青年教师年龄特点、旨在丰富乡村教师业余文化生活，创造结交朋友沟通交流的平台，主动关心乡村教师的精神生活，为他们创造良好的人文氛围。要根据女教师的特点，通过创建更好的生活与工作条件，吸引她们留下来，关心她们的情感及心理需要，激发她们的爱生之情，从而安心乡村教育工作。

3）增强归属感。鼓励乡村教师参与当地的公共事务，如挖掘乡土资源、编写

---

① 钟海青，江铃丽. 2017. 本土化：边境民族地区乡村教师队伍建设的重要途径——基于广西边境民族地区的教育调查. 民族教育研究，28（06）：5-11.

② 史静寰. 2000. 关注西部女性的教育问题. 群言，（03）：14-15.

本土教材、促进地方优秀传统文化的传承与发展等，以积极的心态融入当地的生活，加强与当地人的沟通，建立与民众之间的感情，强化对自身职业的认同感、归属感，以此不断增强他们在当地安家乐业的信心。

（三）帮助瑶村山区教师"教得好"

要解决瑶村山区教师"教得好"问题，除了要让教师"进得来""留得住"，还要在加强在职教师的培训上下功夫。尤其是要重视瑶村山区村小和教学点教师的持续培训，由于种种原因，长期以来他们所获得的培训机会最少。

1. 统筹好"走出去"培训

要完善顶岗培训政策，由地方教育行政部门统筹、协调培训资源，安排村小、教学点教师"走出去"，到师范院校参加时间集中、针对性较强的培训学习，与此同时相关院校派出硕士生或师范生到教学点顶岗实习，确保派出学校的正常教学运转。

2. 规划实施校本培训

要加强校本培训，解决村小和教学点教师不足、难以外派的问题。校本培训的特点之一是立足于本校，与教师外出培训不同，校本培训更多的是将培训者请进校园，这就有效地化解了边境民族学校教师人数不足、工学矛盾严重、难以外派教师的困境。要加大培训经费倾斜，对自治区级、市级的特级教师工作坊或工作室的特级教师给予专项补助，用于支持其定期深入瑶族山区村小和教学点开展校本培训，以巡回形式或以师带徒方式，现场指导教研活动，提高校本培训的实效。

3. 针对瑶族实际需求的培训

县级教师教育部门要开展具有针对性的专项培训，比如，通过开展复式教学、远程教学、网络化教学等培训，有效提高村小和教学点教师的教学效果。由于瑶族学前教育比较薄弱，小学低年级学生的汉语水平基础较差，母语思维惯性大，因此应面向瑶族教师举办一定的瑶汉双语辅助教学培训班，不一定教学瑶族文字，只需侧重于瑶族的语言、瑶族文化历史、瑶语辅助教学技巧等，为瑶族教师的教育教学工作提供尽可能的帮助和便利。

4. 开展性别敏感性培训

前文已经论述了性别作为人的一种基本属性，对教育的过程和结果具有重要影响。美国教育哲学家简·罗兰·马丁提出了"性别敏感教育"的设想，主张教育活动要敏于关注性别差异，尤其是社会文化造成的既定的性别刻板印象及其根源和后果，并采取在性别上更具包容性的措施，以实现性别的公正。[①]该观念得到理论界的认可，但由于性别研究尚处于起步阶段，性别敏感教育也还只是一些学术会议上的论题，尚未被广大教师知晓，也未能引起教育界的重视，大家对于性别偏见习以为常。女性主义者以社会性别视角来研究教科书等文本，发现学生使用的教科书存在严重的性别偏见，例如，一项由法国、西班牙、瑞典、苏联和罗马尼亚共同进行的对教材的性别分析研究发现：除瑞典外，其他国家的教材都是男性角色多于女性；在教材中所反映的男女两性所起的传统和非传统的两性作用方面，大多数国家的教材中的人物都起着传递传统性别角色的作用。[②]

在我国中小学的教育实践中，多数教师还鲜有性别敏感意识，甚至可以说，教育中的性别因素处于无意识状态的性别盲视现象还较为突出，在瑶族地区中小学亦是如此。性别盲视者虽然不一定赞同"性别不平等"，但在性别不平等的社会环境中，他们更容易受到文化的潜移默化的影响，不具备批判性别刻板定型的能力，因而更有可能导致性别不平等的维持甚至扩大。

正因为如此，性别偏见甚至歧视的言行广泛地存在于学校教育实践之中，影响着女童的自信与成长。所以，很有必要通过培训帮助教师提高性别敏感性。相对于知识的建构，性别意识首先是一种态度与理念，在培训方式上宜采用参与式方式，受训教师的积极参与及思想互动十分重要。可多采取讨论、观察、实作、表演等形式，使教师能在交流与经验分享中进行角色互换扮演的活动，从而更加了解与体谅异性，更加尊重不同性别的学生。

此外，创造条件对教师进行系统的社会性别理论培训，了解人在社会化过程中性别文化现象的存在，从而更新自己的性别观念，反思自己的性别身份。作为教师要思考自己作为知识的传播者所处的立场是什么，自己是否不自觉地强化了某种性别优越的意识等问题。对于这些问题的反思有助于矫正男性中心的教育取向。此外，帮助教师理解社会性别角色社会化、性别角色刻板印象及其在个体的职业和日常行为、价值观念、态度等方面的表现，并能深入思考，从而具备较强的社会性别意识。

---

① 丁学玲. 2014. 走向性别敏感教育——简·罗兰·马丁的教育哲学思想述评. 华东师范大学硕士学位论文：18-19.
② F. L. 丹玛克，李美格. 1981. 儿童读物中的男性和女性：交叉文化分析. 心理科学通讯，（03）：15-20.

三、显特点：扩大、办好瑶族女童班

在少数民族女童教育发展相对落后的地方，通过举办女童班的形式，尤其是办好初中、高中女子班，对提高少数民族女童入学率和学业成绩、降低辍学率，推动少数民族女童教育发展具有巨大的促进作用。在 20 世纪 80 年代，西方女性主义者通过研究教室中师生互动，发现教师更多地关注男孩。教师花更多的时间解决男孩的纪律问题和行为问题，教师常常批评男孩，同时也给予他们更多的个别指导、更多的耐心帮助和更多的课堂参与机会。由大卫·塞德克和迈拉·塞德克夫妇进行的一项对美国中小学课堂教学的研究表明：在课堂上，男生回答问题的次数远远多于女生。即使男生不主动发言，老师也往往会点名叫他们发言，而女生不发言，却常常被忽视。[①]德国历史学教授伊娃·萨蒙（Eva Salomon）的研究证明，教师在分配自己的精力时只有 35% 给了女生。最糟的是男孩经常在课堂上练习其优势地位，他们在言辞上歧视女性，有时甚至用武力来显示其优势。[②]在世界很多地方，女权主义者极力促进女子学校的建设，希望分班教育能使女生从男生的影响下解脱出来。吴衍在对红瑶女童班进行研究后也指出："女童班具有独特的价值，如教会女童寻求生命的意义，发现了自身的社会价值；充实了女童的生命历程，使她们认识到其人生不再是单一黑白的，而是多姿多彩的；唤醒了女童的主体意识。"[③]

笔者在龙胜泗水小学女童班、上思民族中学瑶女班看到：女童更加自信，更富有学习热情，学业成绩更为优秀，对未来有更高的追求。上思 201 级瑶女班的同学除一名因身体原因休学之外，55 名同学中有 45 人升入高中，10 人升入中专学校，其升学率远远高于男女混合班学生。实践证明，办好女童班是保障少数民族女童平等接受教育、促进民族地区男女两性教育公平的一种特殊而有效的形式。遗憾的是，多年来各地举办的少数民族女童班数量较少，对促进少数民族地区教育公平推动力不大，且随着全国义务免费教育的实施，原先得到企业或基金会资助的为数不多的女童班面临着停办的趋势。

笔者认为，由于瑶族女童处于比较特殊的文化心理环境，为了保障瑶族女童不仅在入学机会上与瑶族男童平等，而且在教育过程、教育质量及教育结果上获得公平，各地应在继续办好原有的瑶族女童班基础上，采取更加有力的措施，适当增加举办一些瑶族初中女子班、高中女子班，让更多的瑶族女童获得学业进步、升学成

---

①　史静寰. 2000. 现代西方女性的教育理论与实践. 山西师范大学学报，（3）：5-10.

②　Salomon E. 1993. Girls Don't Move Up. Comparative Education Review，（4）：57-60.

③　吴衍. 2012. 女童班的价值解读——龙胜各族自治县女童班的价值分析. 基础教育研究，9（4）：24-32.

才的成功体验，改变其个人的命运，进而改变她们的家庭经济落后的面貌，改变瑶族地区不够重视女童读书的传统观念和陈旧习俗，改变瑶族家乡的面貌。

（一）高度重视女童教育，发挥政府举办瑶族女童班的主体作用

各级政府特别是瑶族自治县、瑶族乡要高度重视瑶族女童教育工作。要把瑶族女童教育作为推进教育均衡发展、实现教育公平、提高本地区和本民族成员素质的重要工作来抓。要充分认识举办瑶族女童班是瑶族教育的特殊办学形式，是贯彻落实民族政策的具体措施，关系到瑶族地区教育发展水平、瑶族人才培养及瑶族发展的大局。

要发挥政府举办瑶族女童班的主体作用，凡是瑶族女童入学率、巩固率、毕业率、升学率与男童差距较大的地方，当地政府应当在中小学校适当举办小学高年级女童班、初中女子班、高中女子班，甚至女子职业班，全程提供免费教育，实行奖学金、助学金制度，为瑶族女童特别是品学兼优者提供"一条龙"的教育服务，帮助她们获得学业成就和就业技能。只有落实政府的主体责任，确保经费投入的稳定性，瑶族女童班才能可持续发展，才能真正发挥其特殊的作用。

（二）整合教育项目资源，统筹相关组织和社会力量办好瑶族女童班

瑶族聚居地区要充分利用国际、国内设立或组织的教育发展项目，结合项目的实施和推进，在经费保障、师资队伍、教学设备等方面，对举办瑶族女童班的学校给予倾斜支持，改善瑶族女童班的办学条件，让瑶族女童在良好的教育环境中生活、学习、成长。在学习中适当融入民族优秀传统文化的内容，喜闻乐见的校园文化和班级活动，可聘请能工巧匠、民族文化传承人，购置相应的教学设备，落实必要的实践场所或实习基地，这些都需要有相关经费的投入作为支撑和保障。

同时，充分发挥妇女儿童组织作为党和政府联系妇女儿童的桥梁与纽带作用，继续把实施"春蕾计划"作为重要工作来抓，积极宣传"春蕾计划"的服务宗旨，提升社会影响力，唤起更多人的关注与支持，引导社会各界和爱心人士踊跃参与到这项活动中来，在全社会形成关爱女童的浓厚氛围。要强化管理，务求实效，建立一套科学、系统、规范的运行机制，管好用好捐赠资金，扎实推动"春蕾计划"健康、有序地发展。在整合社会爱心的资源中，将社会各界对女童教育的支持和资助，包括财力、物力、人力等，相对集中地投放到瑶族女童班，促进瑶族女童获得更大程度和更高水平的公平教育。

（三）通过办女童班探索女童学习特点，摸清女童成长规律

创办单一性别的瑶族女童班，实质是在承认男女差异的基础上，探讨如何真正挖掘女子自身的巨大潜力，实行真正意义上的"因性别施教"，充分展示女性天性中最和谐最优秀的因素。以卡罗尔·吉利根（Carol Gilligan）为代表的女性主义学者看来，女性的发展与男性的"独立性"不同，她们始终与家庭及他人的"联系感"、责任感和关怀相联系，"妇女不仅在人际关系背景下定义自己，而且也根据关怀能力判断自己。"①因此，女生更适合在宽松愉快、个体之间有更多亲密交流的环境中学习。尤其是那些一直生活在不平等家庭和社会环境中的女童，形成了内向、胆小、不敢与人交往等特点，在男女合班中，她们较少能争取到自我表现的机会，容易失去学习兴趣与热情，而在单一的女生班里，如果教师引导得当，她们更能找到自己的位置，焕发出生命的活力。因此，学校领导与教师要了解女童班的长远价值，从提升瑶族女童生命质量的高度来认识女童教育的作用。

对瑶族女童班除了纳入学校的常规管理外，还应加强相关方面的特殊管理。比如，学校应选派热爱民族教育、业务能力强、责任心和事业心较强的教师担任瑶族女童班的班主任和科任教师；重视对教师性别平等及多元文化方面的培训，鼓励教师在瑶族女童班进行教育教学改革，开设一些有利于女性成才的专题讲座，帮助女童了解本民族历史，增强民族认同，了解各民族女性在历史上的贡献，激发女童建立社会理想，鼓励女童探索自己的爱好、展示自己的特长，丰富其生命体验，最终能帮助女童形成面对社会的能力与自信，只有这样她们才有可能冲破传统与贫困。如果能在办女童班的过程中进行这样的探索，不仅有利于瑶族女童的成长与成才，也将会有益于我国各民族女童教育的发展。

第三节　改进农村学校课程教学，激发瑶族
女童学习信心

要提升瑶族女童教育质量和水平，从微观上讲，应从调整课程内容、开展瑶

---

① 卡罗尔·吉利根. 1999. 不同的声音——心理学理论与妇女发展. 肖巍，译. 北京：中央编译出版社：14.

语辅助教学、加强数学教学、关注女童学习心理等方面入手。

一、调整课程内容

1. 降低课程难度，让瑶族女童学得懂

由于全国实行统一的课程标准，使用统一的教材，对于条件差、基础差的瑶族女童来说学习难度太大。因此，要求科任老师根据瑶族儿童的生活经验、知识背景和认知水平，在教学中主动降低难度，不要只顾教学任务，一味地赶进度。要切实明白，学生的学习兴趣是学习行为得以持续的前提，而兴趣一则源于新鲜和好奇，二则源于成功的体验，如果瑶族女童对于所学知识根本听不懂或一知半解，那么后续的学习就难以进行。这要求教师认真分析瑶族女童的学情，依据学情来设计教学，尤其是在数学及其他理科教学中，更要针对女童思维的特点和弱势加以调整，务必使女童听得懂、学得会、跟得上。争取不要出现数学或理科考试中，女童的成绩多数不及格甚至只有个位数的情形，因为这样只会打击女童本来就不够强的信心。

2. 增加民族元素，让瑶族女童乐于学

针对瑶族女童酷爱歌舞与手工制作的天性，在学校或班级的相关课程或活动中，多增加些民族文化元素，比如，在音乐课堂融入瑶族山歌教学，在体育课堂融入板鞋、高脚、蹴球、陀螺、竹杆舞的教学，在韵律操、集体舞中融入瑶族长鼓舞的动作和韵律，在美术课中融入瑶族刺绣教学，在瑶族女童班开设民族手工艺制作课程等。一方面调动她们的生活经验和活泼特性，满足她们的兴趣和需求，开放她们的身心，另一方面可以培养女童对瑶族乡土文化、乡土艺术的认知和理解，还能锻炼瑶族女童的动手能力，培养她们的审美情趣和创新能力，增强她们对生活和学习的信心。通过这种兴趣和快乐体验的迁移，进一步引导和促使瑶族女童学好其他文化科目，促进她们德智体美劳全面发展。

二、开展瑶语辅助教学

在日常教学中，老师会发现瑶族语言的表述方式与汉语的表述有所不同，导致不少习惯讲瑶语的学生在说话、写作时出现语言错误。

语言的障碍使少数民族学生在学校里感到自己好像是被孤立的，上课听讲有困难，也融不到学校的集体生活中，感到不适应，辍学的思想也就容易产生。由于语言隔膜和思维、表达机制的转换障碍，少数民族儿童要在相同的学时里吸收

同样的知识量，显然是力不从心。因母语和教育用语不一致，少数民族儿童要得到同样的知识量，需要付出更大努力。一般情况下，少数民族儿童要在同类学校里比同龄人慢一至两年才能掌握相应量的知识。

根据双语教育理论，儿童的教育用语跟母语不一致时，最好是采用母语教育来开启他们的心智。母语教育是儿童基础教育的必要环节。开展"双语"教学是宪法、民族区域自治法赋予瑶族人民的基本权利。由于历史原因和自然环境的影响，一些地处偏僻山区的瑶族儿童只会说本民族语言。所以，有条件的地方，尝试开发瑶文教材，有会瑶汉双语双文的教师，可开展瑶汉双语教学实验；暂无条件的地方，可在小学低年级使用瑶语辅助汉语教学，待瑶族学生的汉语水平提高后，再逐渐过渡到以汉语授课为主。当然，这就要求瑶族村屯小学或教学点，要配备既懂本民族语言又懂汉语言的老师。

三、帮助瑶族女童学好数学

调研中发现，绝大部分瑶族女童对数学学习兴趣不高、学习能力弱、数学成绩差。要让瑶族女童保持本来就很微弱的学习信心，教师必须想办法找到她们的学习难点，增强她们的数感和学习能力，帮助她们克服对数学的恐惧心理，激发她们学好数学的信心和决心，提高她们的数学成绩，避免她们因数学学不好而厌学，甚至辍学。如何改进瑶族小学低年级数学教学，根据调研观察与访谈研究，借鉴一些地方的先进经验，笔者提出如下策略：

1. 数学教学生活化

小学生的生活经验比较缺乏，对数学知识在实际生活中的应用价值知之甚少，认识也比较模糊，无法真正认识到数学学习的重要性。为此，教师要将所学内容与学生为数不多的生活经验紧密地结合起来，引导学生运用自身的生活经验来解决课堂上的数学问题，从而在教会学生数学知识的同时，让学生认识到数学的重要性，进而推动学生认真地学好数学。比如引导学生寻找生活中的数学：平时买生活日用品要用到哪些数学知识？卖玉米、土豆、八角、鸡蛋、山羊等有数学知识吗？计算时间、日期、路途距离时涉及哪些数学概念？此外，测量身高、体重、体温要用数学，做木工、造房子、下地干活、上山打猎等，都要用到数学知识。要联系学生生活实际和已有经验，把学习数学建立在日常生活中，使学生明确学习数学是为了更好地适应生活、理解生活。

由于数学比较抽象，学生学习起来总感觉数学概念、知识离实际生活太远，难以理解，加上女童的记忆和思维又以形象性为主，因此在数学教学中，教师要善于使用生活化的语言来设计问题。比如问瑶族女童，数一数你们身上的衣服共有多少种颜色？你们上学走路到学校用了多长时间？如果每天往返一次，假设来回路上所用时间相同，一天用去多少时间？一周之内共用去多少时间？女童班共有 30 个女生，每个女生一天吃 1 斤大米，按此计算，全班一天共吃多少斤大米？一个月（按在校时间 22 天计算）呢？设计这样的问题，与学生的实际生活比较贴近且比较实用，学起来就会感觉比较容易，能够听得懂、学得会。从易到难，由浅及深，循序渐进，她们有了成功的体验，学习数学就不会那么困难和害怕，考试成绩也会逐步提高。

2. 借助游戏活动，调节课堂学习氛围

在调查所到的瑶族聚居区学校，数学课堂多数仍是教师讲、学生听的"灌输式"教学为主，而小学生的注意力保持时间往往不太长，容易开小差，而且比较好动，如果教师上课只是一味地讲，只顾赶教学进度，就会出现"教师讲得辛辛苦苦，学生听得马马虎虎"的低效局面。教师要多设计一些活动，特别是儿童喜欢的游戏方式，让学生动起来，在玩中学、学中玩，这样既能够激发瑶族儿童学习的兴趣，又能较长时间地保持他们的注意力，调动起学生的学习积极性。比如，在教计算题前，教师可以事先叫几个学生去摘不同数目的树叶，上课时请两个学生上讲台，每人手中拿不一样数目的树叶，分别让大家做加、减运算；左右手变化树叶数，再做；可集体口算，可点名口算；还可以换人上讲台。又如，教师可以在黑板上贴出两排水果图片，图片背面写有算式，把学生分成两组，比赛看看哪组算得快、算得准。做法是：每组轮流上去一个人，可以把自己喜欢的水果拿下来，看看背面的算式，算出得数，正确的拿下图片，不正确的放回去，最后看哪组先完成而且正确率高。通过这样的游戏活动，能够较好地调节课堂气氛，激发儿童的兴趣，活跃他们的思维，还培养了学生动手、动口、动脑的习惯，加深儿童对所学内容的理解和应用，同时，学生们从中体会到乐趣，更喜欢学数学。

3. 改善师生关系，增强女童信心

有研究表明：相比男性而言，女性更倾向于和他人交流，并从这种交流中获得情感支持。[①]因此，良好的师生互动关系对促进女生的发展显得更为重要。教师要具有亲和力，主动关心女童，在教学中注意与学生的互动性，这将会大大增强女童对学习的热情。

对于那些离开教学点到乡镇中心校就读的瑶族女童，教师更要理解她们心理的敏感性和脆弱性，不能过于严肃，那样容易使女童产生畏惧心理，不敢看老师、不敢回答老师的提问，遇到不懂的问题更不敢问老师。对于她们暂时学不懂的科目，不能给予她们消极的心理暗示，如女生脑子不够灵，数学难学等。这种暗示，往往会加重孩子对数学的恐惧心理，进而她们就以学不好为借口逃避学习，形成恶性循环。而当她们有进步的时候，老师应该及时给予鼓励。

教师不要吝啬表扬学生，对瑶族女童更应如此。在笔者访谈的多位瑶族女大学生中，几乎每一位女生都有一位令自己终生难忘的老师，从她们的叙述可以看到，成绩很一般的同学因为得到了某位老师特别的关爱和称赞，从此开始爱上学习，一朵红花、一句表扬的话可能就成为改变她们人生的一个起点。在小学阶段，对于学生的点滴进步，老师要及时给予表扬。在这种氛围下，瑶族儿童特别是女童也会喜爱并有信心学好这门课。

总的来说，无论哪个学科，除了课堂上用心改进教学，舍得花一些时间，帮助她们弥补知识点的遗漏或弱项，指导她们掌握学习方法，学会及时复习与总结外，更为重要的是能够走进她们的内心世界，融入她们的生活，能长期陪伴她们，教育才会产生更大的力量。正如卢安克所说："留守儿童在心里深处想的是：不管你怎么说我，怎么评价我或想象我的样子，这都与我无关。只有你承受我给你带来的，你才能接触并感动我，才能改变我。"他还说："作为外地来的老师，我只是被吸引进来，感受了这里的生活，有了认识也有了感觉，就知道这里需要什么并去做，这样一来，我们就没有了冲突。"[②]

四、关注女童心理需要，激励瑶族女童自信自强

（一）营造平等的学习环境

在教育现代化和民主化的大背景下，学校教育需要为男女学生提供平等和谐

---

① Rostental K R，Gesten E L，Shiffman S. 1986. Gender and Sex Role Differences in the Perception of Social Support. Sex Roles，14（9）：481-499.

② 卢安克. 2014. 是什么带来力量——乡村儿童的教育. 北京：中国致公出版社：234.

的学习环境和发展空间。对瑶族女童来说，平等应当有两个方面的含义，一是性别平等，二是民族平等。

1. 性别平等

在学校教育中，学校领导与教师可以说是最大的环境，他们左右着学校的物质环境与心理环境，因此校领导与教师的性别平等观念的建立尤其重要。由于大多数成人生活在"性别不平等"环境中且已经习以为常，并不能自觉去检视刻板的传统性别观念对女童产生的不良影响，但事实上，性别不平等会大大地挫伤女生的自信与自尊，增强女生的性别自卑感，甚至导致其最终辍学。因此，每位教师要从自身做起，改变头脑中"男强女弱""男生聪明、女生勤奋""男生独立、女生顺从"等定型的观念，鼓励每一个女生敢于挑战种种自我设限。在课程教学中，目前中小学教材还存在一定的性别刻板印象，教师如果不能对教材进行选择，则应向学生说明性别刻板印象对男女两性发展的不利，并补充其他材料以弥补教科书的不足，以帮助学生克服性别刻板印象。在教育过程中，教师应审慎选择教学语言和教学策略并注意营造良好的无性别偏向的环境。如避免使用具有男权倾向的语言和贬抑女性的语言，增强两性的合作与学习，合理安排座位等。此外，由于瑶族女童成长于重男轻女的家庭环境中，教师要帮助她们认识到自身性别的优势，帮助她们突破头脑中的种种性别刻板定型，并营造良好的班级及校园友好氛围，鼓励男生尊重女生，站在女生的立场上体验她们成长中的困扰，更多地参与性别平等环境的建设中。

2. 民族平等

尽管从总体上来说，各地方的民族学生相处比较和谐，但在一些乡镇中小学，由于生活习惯的不同，占比例较多的民族如汉族和壮族学生，因受外界及成人的影响，仍然存在对瑶族学生的偏见与歧视，甚至部分老师也因为瑶族学生成绩不好、没有养成良好的卫生习惯而不太欢迎他们在自己的班上。一些学校还出现两个民族的学生打架的事件，甚至还出现瑶族学生因害怕被欺负而不敢上学的现象。学校在民族团结教育方面要引起足够的重视，并且要落到实处。可以从以下几方面入手，帮助学生改变偏见，平等相处。

1）通过各种途径宣传相关民族的历史与文化，让不同民族的学生增进相互了解，让少数民族学生增强民族自尊心和自信心。在学校举行民族团结表彰大会，开展"我身边的少数民族朋友"演讲比赛等活动，改善主体民族学生对少数民族的态度。

2）在学校树立少数民族学生成功的榜样，改变瑶族学生"低能力"印象，让他们担任学生干部、参与班级甚至学校活动等，使其成为全校学生的榜样。增加学校师生对瑶族学生积极品质的关注，改善主体民族中小学生对他们能力的刻板印象。

3）多开展文体活动，使各民族同学有更多交往和相互学习的机会，如举办趣味民间运动会，将各民族的体育游戏作为比赛项目，如抛绣球、三人板鞋；举办文艺晚会，鼓励学生展现本民族的歌舞；要让不同民族学生以平等的地位共同合作，追求集体的胜利，在最佳的条件下增加学生间的直接接触。

（二）帮助女童发挥性别优势

一般来说，在记忆力方面，女生比较偏重于机械记忆和形象记忆，记忆面广，记忆量大，短时记忆较强，但也因此影响了长时记忆的效果；在注意力方面，女生的注意力多定位于人，对人际关系比较敏感，并在这种关系发生变化时很快做出反应，所以她们听课时容易受到教师情绪的影响，情绪波动幅度比较大。柏兰吉等人的研究，重新阐释了女性的认知方式，颠覆了刻板印象，传统认为属于男性的理性、思辨性和创造性思维在女性中也有明显体现。女性内部并不存在某种统一的认知方式，女性之间的认知方式存在着差别，但研究证明最有利于女性的认知方式是联结建构型的。[①]

为此，教师在教学中要有意识地关注女生的心理特点、学习风格、认知方式及情感表达，努力创设对女生友好的教学环境，充分发挥她们的心理优势，避开她们的心理弱势，及时发现她们学习上的困难和情绪上的变化，以表扬鼓励为主，少批评呵斥，不断强化她们的信心。也让她们自己改变女生不够聪明，数学学不好等思维定势，树立积极的性别角色定位。

（三）处理好青春期交往心理问题

由于本民族文化习俗的影响，早恋问题在小学高年级以上的瑶族女童中较为普遍，对她们的学习、交往及身心健康产生一定的不良影响。部分女童还会因此产生心理困扰，严重影响她们的学习和生活。处于青春前期、青春期的瑶族女生，情感丰富却难于驾驭，渴望交往又有较强的闭锁性，这往往是她们产生人际困扰的主要原因。

为此，学校要加强人际交往和心理健康方面的教育，要兼顾对学生家长及其

---

① 周小李，胡修银. 2007. 文化女性主义视野下的教育性别平等. 教育评论，（5）：14-16.

他方面的宣传。作为父母、教师要充分认识瑶族女生生理心理发展特征，理解她们在交往活动中出现的问题，积极引导，耐心细致地教育，以提高她们的交往意识和交往能力。面对女生的早恋困扰，教师和家长必须全面引导，及时疏导。应帮助她们建立正确的友谊观和爱情观，用性别平等的思想来指导女生树立健康的恋爱观和性爱观，即女性在婚恋关系中与男性具有同等地位，不能以依附心态来处理与异性的关系。由于贫困的山区单亲及留守女童较多，对于这些从小缺乏家庭温暖的女童，学校要给予更细致的关怀与帮助，因为这些内心脆弱的孩子更容易在还不懂爱情的时候陷入恋爱，会带来更多的伤害，包括身体与心理的伤害。对于这类学生，需要老师走入其内心世界，给予心理上的支持，让她们发现自己的价值，从而不过早涉足爱情，成为早婚早育的牺牲品。

（四）进行抗挫折教育

瑶族女童带着特有的民族心理特点进入新的学习环境，面临着较多的心理压力：学习跟不上、家庭经济困难、青春期的生理心理变化所造成的烦恼与忧虑，以及想家，害怕与老师、同学相处的压力等，这些都需要瑶族女童在生活中去面对，慢慢提高心理承受能力。为此，学校要进一步加强对瑶族女童的心理辅导。针对女童的生理心理特征，及时消除不利于其心理发展的因素，例如，提供更加温暖的人文环境，帮助她们更好地了解自己的个性特点及其产生的文化环境，鼓励她们以积极的态度去对待自己的心理冲突。只有她们的心理素质得到提高，才能自觉克服、纠正心理困扰。

对瑶族女童进行心理辅导，可以通过多种途径：①把心理辅导课程化，定期或不定期地开设女生心理健康教育专题讲座，教给她们一些自我调控的方法，正确认识已有的困扰或障碍；②组织心理辅导活动，进行个别辅导与咨询，并在日常教育教学活动、团队活动中渗透心理辅导内容；③通过与校外专家建立心理咨询信箱，结合瑶族女童的心理疑难问题，组织开展专题研讨活动，从而使广大教师更好地了解瑶族女童学习心理特点，能针对其心理困惑及时疏导，激发她们对学校生活的信心和学习、成才的决心。

（五）提高女童自我保护意识

瑶族女童生活的环境比较闭塞，她们思想单纯，不能很好地识别较为复杂的环境。学校应当通过青春期生理知识及性健康教育，让瑶族女童认识到自己身体的变化及所带来的心理发展，认识到自身对异性产生关注和爱慕及被异性关注和爱慕时可能出现的情况，培养她们适度的性安全意识。对女生受性侵事件的案例进行剖析，帮助女生增强自我保护意识，特别是对以资助为名的性诱骗，以性需要为目的的恋爱提高警惕。此外，还要从防非礼、防跟踪、防绑架、防新型安全侵害等方面，教会女童掌握有效的安全防范措施。在学校缺乏相关教师的情况下可以更好地利用社会资源，目前爱心蚂蚁公益组织在广西都安、大化等少数民族地区开展"青葱课堂"公益项目，该项目聚焦于山区青少年青春期的生理、心理健康，通过社工专业授课、主题活动等多样化形式，帮助儿童正确认识自己的身体，积极应对青春期生理心理变化带来的困扰，正确处理与异性间的关系，学会预防和应对性侵犯。该项目在少数民族地区产生了一定影响，对于有需要的学校都无偿提供教学支持，同时也乐于培养授课志愿者。教育部门可以加强与公益组织的进一步合作。

虽然重在预防，但学校也要有对性伤害等紧急意外事件的应对措施，平时加强对女生辅导教师的培养、培训。如果出现女童受性侵的情况，学校方面要注意保护女童的隐私，做好保密工作。比如知会警察、知情人等可能了解信息的人，严守消息，保护好当事人在学校生活不被干扰，以免二次甚至多次伤害。此外，要及时对该学生进行心理辅导，建立同伴支持系统，帮助她尽早走出心灵的阴影，渐渐遗忘受伤害的往事，使其相信人性中还有善良与美好，促其相信未来的生活还可以充满阳光，从而能乐观地面对未来的生活。

后 记

本书是我所主持的教育部人文社会科学规划课题"广西瑶族女童教育问题的社会性别分析"（课题编号：11YJA880044）的研究成果之一。

这个课题之所以立项，缘于我对广西瑶族山区教育的接触、感受和体验，以及后来学习社会性别学课程时受到的触动和启发。诚然，瑶族山区的教育是比较滞后的，相比平原、丘陵地区和城市的孩子，瑶族山区的儿童所享有的教育资源较为贫乏，他们全面发展的空间相对狭小，其中瑶族女童比之于男童受到的限制更多，男女童在基础教育公平上存在诸多问题。为此，我决心对瑶族女童学校教育不利的状况及根源进行研究和探讨。

本课题自立项至结题并出版最终研究成果，历时六年，其间经历诸多人生大事，遭遇不少困苦艰难，值得庆幸的是我不仅一一战胜了它们，而且收获良多，阅历更加丰富，生命更加顽强，身心也更加成熟了。

在课题实施中，我深入广西瑶族主要聚居县、乡：桂东的贺州、桂西的河池、桂南的防城、桂北的龙胜及桂中的金秀，深山瑶寨、学校、教学点，都有我的足迹。有时我带领我的几个研究生一起下乡调研，多数情况我一个人下去蹲点，开展田野研究。这期间，我们结识了不少朋友，包括基层教育、民族管理部门的领导干部，学校领导、教师、瑶族学生，以及部分瑶族孩子的家长，他们为课题的研究提供了许多无私的支持和帮助。回到南宁以后，我也常常和一些校长、班主任及瑶族女童保持交流，通过微信、电话、电子邮件甚至是书信等方式进行沟通，进一步丰富研究资料和素材。有时，我会邀请几位初中以上的瑶族女童暑假到南宁的家中聚会，在增进情感交流的同时，也让她们增长见识、开阔视野。

本书得以出版，要感谢恩师钟海青教授和王政教授。钟海青教授是我本科的授业老师，又是我目前在读的博士导师。我十分钦佩老师的博学睿智，敬仰他的平易谦和。跟随老师学习多年，无论在学业上，还是工作上，都得到了恩师的关怀和指导。王政教授是美国密歇根大学的终身教授，她致力于社会性别的研究及社会性别平等的实践推动，她也是我的社会性别学导师，她对学术的专注、对妇女发展的使命感都是我行动的指南。对于两位恩师的教诲与帮助，我铭记在心，并会在以后的学习、研究中加倍努力，以更加优异的成绩向老师汇报。

　　本书得以出版，要感谢我的课题组成员罗树杰教授、毛小玲老师及同事王瑜、张凤娟和欧阳明昆等三位年轻博士，他们给予我很多帮助，或联系出版，或提出建议，或参与调研。有他们的支持，我备感温暖与力量。还有我带的几届研究生，他们是：蔡蕊莉、艾桃桃、戴立刚、袁果、郭蕊、徐冉、高广明、叶玮瑛、黄忆雯、卢静、朱乐筠和韦淑群，他们都曾陪同我深入瑶族山弄入户调研或到学校与孩子们进行访谈、收集资料，还有本科学生王欢欢、韦金玲和黄春香，她们为我提供了瑶族学生心理健康调查的数据。感谢他们在求学期间所做的工作和付出的努力。

　　本书的出版得到了科学出版社与广西民族大学教科院各位领导和老师的大力支持，尤其是乔宇尚等诸位编辑为本书的出版付出了热情和辛劳。没有他们的帮助，我是无法完成本书出版的，在此谨向他们表达我的敬意。

　　本书的写作过程参阅了许多学术同仁的研究成果，有的已在书中注明，有的可能疏忽未注。在此，一并致以诚挚的感谢。

雷湘竹

2017 年 8 月